LANDMARKS
IN ART HISTORY
美术史里程碑

美术史里程碑丛书 / 主编：陈平

古典艺术
意大利文艺复兴导论

〔瑞士〕海因里希·沃尔夫林　著
潘耀昌　陈平　译

Heinrich Wölfflin

北京大学出版社
PEKING UNIVERSITY PRESS

图书在版编目（CIP）数据

古典艺术：意大利文艺复兴导论 /（瑞士）海因里希·沃尔夫林著；潘耀昌，陈平译. —北京：北京大学出版社，2021.10
（美术史里程碑）
ISBN 978-7-301-32422-6

Ⅰ.①古… Ⅱ.①海…②潘…③陈… Ⅲ.①文艺复兴—研究—意大利 Ⅳ.①K546.32

中国版本图书馆CIP数据核字（2021）第171749号

书　　　名	古典艺术：意大利文艺复兴导论 GUDIAN YISHU: YIDALI WENYI FUXING DAOLUN
著作责任者	〔瑞士〕海因里希·沃尔夫林　著　潘耀昌　陈　平　译
责任编辑	赵　维
标准书号	ISBN 978-7-301-32422-6
出版发行	北京大学出版社
地　　　址	北京市海淀区成府路205号　100871
网　　　址	http://www.pup.cn　新浪微博：@北京大学出版社
电子信箱	pkuwsz@126.com
电　　　话	邮购部 010-62752015　发行部 010-62750672　编辑部 010-62707742
印　刷　者	天津图文方嘉印刷有限公司
经　销　者	新华书店
	720毫米×1020毫米　16开本　19.75印张　335千字 2021年10月第1版　2021年10月第1次印刷
定　　　价	128.00元

未经许可，不得以任何方式复制或抄袭本书之部分或全部内容。
版权所有，侵权必究
举报电话：010-62752024　电子信箱：fd@pup.pku.edu.cn
图书如有印装质量问题，请与出版部联系，电话：010-62756370

献给

雅各布·布克哈特

目 录

中译本前言 ... 1

序 言（赫伯特·里德） ... 3

英译者按语 ... 9

首版前言 ... 13

第二版和第四版前言摘录 ... 15

导 言 ... 17

第一部分

第一章　先辈们 ... 23

第二章　莱奥纳尔多 ... 39
  1.《最后的晚餐》 ... 41
  2.《蒙娜·丽莎》 ... 46

  3.《圣母子与圣安娜》 ... 51
  4.《安吉亚里之战》 ... 53

第三章　米开朗琪罗（1520 年之前） ... 57
  1. 早期作品 ... 58
  2. 西斯廷礼拜堂天顶画 ... 68
    历史画 ... 71
    《先知》和《德尔斐的女预言家》 ... 79
    《奴隶》 ... 81
  3. 尤利乌斯二世陵墓 ... 86

第四章　拉斐尔 ... 93
  1.《订婚》和《下葬》 ... 97
  2. 佛罗伦萨的若干圣母像 ... 102
  3. 签字厅 ... 107
    《辩论》 ... 108
    《雅典学院》 ... 113
    《帕尔纳索斯山》 ... 117
    《法学》 ... 120
  4. 赫利奥多罗斯厅 ... 121
    《驱逐赫利奥多罗斯》 ... 121
    《解救圣彼得》 ... 124
    《博尔塞纳的弥撒》 ... 126
  5. 挂毯底图 ... 129
  6. 罗马肖像 ... 139
  7. 罗马祭坛画 ... 146

第五章　巴尔托洛梅奥修士 ... 161

第六章　安德烈亚·德尔·萨尔托 …… 175
　1. 圣母领报教堂的湿壁画 …… 176
　2. 赤足修士修道院的湿壁画 …… 181
　3. 圣母像和圣徒像 …… 190
　4. 安德烈亚作的一幅肖像 …… 198

第七章　米开朗琪罗（1520年之后） …… 203
　1. 美第奇礼拜堂 …… 203
　2.《最后的审判》和圣保罗礼拜堂 …… 215
　3. 衰退 …… 219

第二部分

第一章　新的理想 …… 225

第二章　新型的美 …… 251

第三章　新的图画形式 …… 273
　1. 平静，开阔，团块与尺寸 …… 274
　2. 单纯性与清晰性 …… 278
　3. 复杂性 …… 290
　4. 统一性与必然性 …… 303

中译本前言

沃尔夫林这本名著的中译本首版于 1992 年，是我与潘耀昌先生合作的产物，也是我初学美术史翻译的起点，它保存了近三十年的珍贵记忆。那是我从中国美术学院（当时称浙江美术学院）史论系硕士毕业留在学校出版社工作的第二年，有机会能与潘先生合作翻译，是我极佳的学习机会。潘先生是国美史论系的创办者之一，当时从美国访学归来，不久任史论系主任。他胸襟开阔、学贯中西，在中国近现代美术史与美术教育、西方美术史理论以及中西美术交流等方面的研究都卓有建树，成绩斐然。于我而言，更重要的是他思维开放，性情豁达，为人谦和，与他相处时时如沐春风。先生年长我七岁，在我心目中他宛若长者，又如兄长。译本出版数年之后，我有幸成为他的博士生，毕业后在他的引荐下我离开了西子湖畔，来到上海大学任教。所以无论从学术翻译、教学工作还是为人处世上，潘老师都对我产生了至深的影响。

中国读者对于沃尔夫林的理解与接受，在很大程度上与潘老师的工作相关联。早在 20 世纪 80 年代后期，他就翻译出版了沃尔夫林的方法论著作《美术史的基本概念》（当时书名为《艺术风格学》，辽宁人民出版社，1987 年），后经修订收入我主编的"美术史里程碑"丛书（北京大学出版社，2011 年）。在我们合作的《古典艺术》中译本出版之后，他又马不停蹄地组织并亲自参与了希尔德布兰德的《造型艺术中的形式问题》（河北美术出版社，1997 年；中国人民大学出版社，2004 年；商务印书馆，2019 年）的翻译工作，这位 19 世纪下半叶的德国雕塑家和美术理论家对沃尔夫林的艺术史观念有着重要的影响。潘先生还在国内重要刊物上发表了数篇有关沃尔夫林形式理论的论文。他对沃尔夫林的兴趣,一方面是出于国内美术史学理论建设的需要,另一方面或许也与他对绘画艺术的终身爱好有关。作为近代中国著名水彩画家潘思同的独子,他情性中的艺术基因与理论喜好是那么自然地融为一体。

《古典艺术》是沃尔夫林最好的著作,不仅贡布里希做如此评价,而且此书之前的中译本自1992年面世以来多次重版与重印,也证明了它对于中国读者具有的持久吸引力。作为此书的译者之一和当时实际上的执行编辑,我目睹了20世纪90年代美术学院师生和业余爱好者对此书的购买热情。毕竟,改革开放之后国内美术界讨论最多的便是形式问题,而80年代美学与文化热在90年代延续了下来。进入新千年之后,中国人民大学出版社出了修订版,虽说是个彩印豪华本,但遗憾的是插图太过随意,且有错置之处。

这里奉献给读者的是第三次修订的新版中译本,承蒙潘先生信任,修订事宜委托我全权处理。我以费顿出版社(Phaidon Press)1980年第四版英文版为底本,参照潘先生提供的1983年巴塞尔施瓦伯出版社(Schwabe & Co. Ltd. Verlag)的德文版,对旧译进行了彻底的修订。我去除了旧版本中的大多数介绍人物的中译者注释,将极少数确需说明的注释内容移入正文括号之中;原英译者的注释保留下来,置于脚注的方括号内。在修订的过程中,我的研究生冯思远、张逸云、柯文欣、侯咏萱同学协助做了大量图文编辑工作,博士生陈明烨协助处理了部分图片。由于北京大学出版社大力支持和责编赵维的辛勤工作,这本名著得以以更完美的内外品质呈现给读者,在此一并致以深深的谢忱。

陈 平

2019年国庆于上海大学

序　言

赫伯特·里德（Herbert Read）

　　海因里希·沃尔夫林（Heinrich Wölfflin）于1945年去世，时年81岁。当时他发现艺术批评处于一种主观的混乱状态，并使之成为一门科学。1893年，他继任了雅各布·布克哈特（Jacob Burckhardt）在巴塞尔大学的美术史教授职位。布克哈特本人也是一位伟大的美术史家，拥有天才的直觉，其概括能力也令人信服，但他没有提出可对艺术现象进行分类的**方法**，也无法控制他个人任性的先入之见。沃尔夫林的卓越之处在于他使美术史批评中的这种科学方法臻于完善，他之后重要的艺术批评家无不有意无意受到他的影响。

　　沃尔夫林本人也有他的前辈，他从这些前辈那里获得了富有成效的启示。布克哈特当然是这些前辈中最重要的，然而更为关键的人物是著名的德国雕刻家希尔德布兰德（Adolf Hildebrand）。沃尔夫林在为希尔德布兰德的短论《形式问题》（*The Problem of Form*，1893）撰写的前言中，称这篇论文为"久旱土地上的一场凉爽清新的甘霖"。希尔德布兰德则受到费德勒（Conrad Fiedler，1841—1895）的影响，这是一位卓越的但不太讲究体系的哲学家，他对绘画、雕塑和建筑的格言体评论见解独到而透彻。就是说，沃尔夫林是艺术科学一个发展阶段的顶点，而艺术科学本身则是1850—1950年间人类思想总体历史发展的一部分。我们可以称它为那个时代的科学气质，当然它的起步远远早于1850年。但对于艺术现象的智性分析是非常缓慢的而且是试探性的——甚至就连布克哈特这样一个平心静气的观察者，也感觉其中有某些神秘的个人因素是无法分析的。沃尔夫林的突出之处首先就在于，他让眼睛紧盯艺术作品，开始分析他所看到的，并对这些视觉分析的结果进行分类。

沃尔夫林的第一本书（除了论建筑心理学的博士论文外）是《文艺复兴与巴洛克》(Renaissance und Barock)，出版于1888年。它比本书早十年问世，论述了我们称为盛期文艺复兴的艺术。他于1915年出版了首版《美术史的基本概念》(Kunstgeschichtliche Grundbegriffe，1932年英译本 Principles of Art History 出版)，此书的重点转向了巴洛克时期。他的系列著作之间具有某种连续性，其中最后一部是1931年出版的《意大利和德国的形式感》(Italien und das deutsche Formgefühl)。这绝不是沃尔夫林出版物的全部，此外还有一本论丢勒的书（1905），一部文集（《对美术史的思考》[Gedanken zur Kunstgeschichte]，1941），以及一卷他身后出版的论文集（《短文集》[Kleine Schriften]，1946）。沃尔夫林始终关心他所谓的"风格发展问题"，这当然是客观美术史研究的主要问题。为了解决这个问题，沃尔夫林以特定的术语创造了一种形式形态学（mophology of form）。虽然这套术语随着《美术史的基本概念》的出版才臻于完善，但是已尝试性地出现于本书第二部分。因此读者应当对此有所了解，这是可取的。

沃尔夫林假设在造型想象力*之中*存在着一种发展规律，一种循环论，用来说明在任何独立时期诸视觉艺术之间可识别的平行关系，并且说明某种普遍特征从一个时期到另一个时期的交替出现。他系统阐述了五对对立的概念——艺术精神似乎在这若干对立的两极之间摆动：

（1）线描的与涂绘的
（2）平面的与纵深的
（3）封闭形式与开放形式
（4）多样性与统一性
（5）题材的绝对明晰和相对明晰

这里我们不必详尽阐述这些概念，不熟悉它们的读者应当参看《美术史的基本概念》一书。然而有一个词需要说明，即"涂绘"（Painterly），该词的发明是用来转达德语 malerisch 一词的含义。它是讨论艺术风格问题绝对关键的一个词，语言纯正癖者必须允许它进入我们的语言中，因为找不到别的更贴切的词了。它指线条

（轮廓和可触表面）的减弱和渐渐消失，并指轮廓和可触表面融入事物"流变着的外表"——尝试说明事物模糊不清和难于捉摸的本质。熟悉布莱克（Blake）在"诚实的、坚实硬挺的线条"和被他斥为"粗劣的""破碎线条、破碎块面、破碎色彩"之间所做出的区分的英国读者，已然领会了这个词的全部含义。

凭借这些概念，沃尔夫林发现自己能够阐明西方艺术在任何时期之内错综复杂的风格发展的各个阶段，并能够清楚地指出从一种风格向另一种风格的转变。这未免太过容易，批评家们不乏有人指出，"形式"并不是一件艺术作品中的一切——内容也很重要，而且艺术家在某一特定时间画**什么**可能比他理所当然所接受的形式惯例更为重要。此外，如何从形式上说明像毕加索（Picasso）这样的现代艺术家如万花筒变幻似的风格变化呢？毕加索似乎轻而易举地实践了沃尔夫林的全部成对概念。沃尔夫林对这些批评并非麻木不仁，他在后来的著作中充分考虑到艺术作品中截然不同于结构形式的象征图像。沃尔夫林绝非始终是顽固的形式主义者。他极其敏锐的视觉感受力，直接打动着至今不熟悉他著作的读者。但他拥有的是一种感受力，而不是一部计算的机器。他没有错过一幅画或一件雕刻作品中的任何东西，他说明着一切东西。他揭示的多样性总是与统一的总体印象相联系，而这印象只能是直观的。他特别热衷于在那些对浅薄的眼光来说似乎不存在统一性的地方去发现统一性，如西斯廷礼拜堂的天顶画。我强调这一点是因为对沃尔夫林这类形式批评的通常指责认为，它损害了审美的愉悦——"我们为了解剖而杀人"。这对沃尔夫林的一些追随者的研究方法来说，可能是正切中要害的，但是至少在本书中，按我们现在的标准来看，沃尔夫林倒是热情得令人尴尬。他对安德烈亚·德尔·萨尔托（Andrea del Sarto）的一幅肖像画的描述是他方法的完美实例。虽然他对构图做了非常精确的几何分析（垂直与水平轴向，等等），但他毫无顾忌地运用了像"神奇的魅力""高贵"（noblesse）"微妙的""神圣的"——之类词语，这些都是非分析性的。像所有优秀的艺术批评家那样，沃尔夫林是一位语言大师——只有语言大师才具备用文学媒介充分表达如绘画这种造型媒介的特性所必需的资质：两种艺术共有一个宽广的"诗"的领域。在这方面，沃尔夫林所写过的东西，比不上佩特（Pater）的两三篇耐人寻味的杰作——在描写艺术作品的文字中，甚至罗斯金（Ruskin）都未能完全具备那种令人屏息的美妙感觉。但佩特和罗斯金写的东西我们似可含糊地称为"散文诗",而散文诗仍然是诗。沃尔夫林本质上是一位散文艺术家,但仍然是一位艺术家。

在对总体趋势的描述方面(如本书中论"新的理想"和"新型的美"两章),沃尔夫林堪与前辈布克哈特媲美。也许沃尔夫林的方法更为精确,但缺少那么宽广的眼界——布克哈特毕竟对近乎所有领域都拥有深刻的历史洞察力。在预示着《美术史的基本概念》的最后一章中,沃尔夫林表现出了他的独创性。他将一个时期的那些一般特征提出来讨论,这些特征不宜做细致的形式主义分析,但决定着任何特定时期的表现方法或图画形式(观看方式)。他将某些概念——平静和庄严、单纯和清晰、复杂性、统一性、必然性视为观察世界之新方法的基本依据,以及无论什么主题、无论哪个艺术家都会表现出的品质。我们在说明这些概念时没有将它们称为时代精神之表现,或许沃尔夫林的基本解释并不充分——为此我们不得不期待原型(archetype)的概念,我们应把这个概念归功于另一位瑞士学者荣格(C. G. Jung)。但沃尔夫林却使我们掌握了艺术原型的某些维度,本书最后一章是极有启发性的。他的"结论"表明他在探寻这样一种美术史观念:一方面能避免对艺术做肤浅的主观解释(艺术是时代精神的表现),另一方面又能避免纯形式主义艺术批评的枯燥乏味。在后来的著作中,他仍然在探寻着并更接近了这种新的美术史观念。

沃尔夫林对世界各地的美术史批评都有巨大影响。在英格兰我们应提到罗杰·弗莱(Roger Fry),他早在1903年就给这本书写了书评(载《雅典娜神庙》[*The Athenaeum*],No.3974,第862—863页)。数年之后,在为《伯灵顿杂志》(*Burlington Magazine*,卷xxxix,1921年9月,第145—148页)撰写的《美术史的基本概念》书评中,他对沃尔夫林的特点做了如下描述:"不同于许多美术史家,沃尔夫林博士带着对创作者的问题的某种理解力来观看艺术。他不仅看到艺术作品中有什么东西,而且也知晓那种格局暗示了艺术家怎样的精神状况。事实上,他在大多数美术史家止步的地方起步,他们仅满足于证明某幅画是某个艺术家在某一年代制作的,而沃尔夫林却试图说明,为什么在这样的年代和在这样的环境中这幅画具有了我们所看到的形式。"

毫无疑问,弗莱本人的艺术观(以及艺术批评方法)受到了沃尔夫林的深刻影响。沃尔夫林对贝伦森（Bernard Berenson）的影响同样是明显的，而且已得到了承认。

在我们的时代，形式主义批评之所以过度发展，也许是因为这样的事实：批评家们（至少在英语国家中）经常间接地吸收沃尔夫林的观念。现在我们有沃尔夫林两部主要著作的优秀译本，可以回顾他本人关于批评家任务的更充分和更富于哲理性的观念。我们最真诚地期盼这位启蒙大师其他著作的译本问世。

英译者按语

此译本译自德文版第八版（巴塞尔，1948），而这第八版在文本上是第六版，即沃尔夫林亲自监印的最后一版的重印本。《古典艺术》最初出版于1899年，于1903年被译成英文，当时沃尔夫林的许多术语在英国尚未为人知晓。自首版问世以来的半个世纪中，这本书已成为美术史经典著作之一，而且由于《美术史的基本概念》英译本的问世，本书中的许多术语已为人所熟知。然而，由于后来的研究必然会使某些段落在一定程度上失效，这就使我们碰到了棘手的注释问题。首先，本书译者希望尽可能多地保持沃尔夫林的本色，因而将他所有的注释都全部译出；另一方面，译者们也希望避免使原作者"变得时新"而擅自对他进行"改良"，也就是说借译者注释之机塞进自己的观点。然而，不可否认，沃尔夫林注释中所给的许多信息对现代英语读者是没什么用处的——例如，让译本读者参看1894年《普鲁士艺术收藏年鉴》（*Jahrbuch der preussischen Kunstsammlungen*）是没有什么意义的，读者可以从一本随手可得的英文书中获得同样的信息。美术馆的重新布展也使某些作品从沃尔夫林所见的地方挪走——例如，从佛罗伦萨美术学院挪到乌菲齐美术馆。这些变化已尽可能注明了，但在目前情况下不能指望完整无缺。因为这些原因，当译者觉得必要或有益的时候，便增添了一些注释，放在文下方括号内，但尽可能少加。这种折中办法对语言纯正癖来说可能是不合意的，而且学者们当然会感到这些注释是不适当的，但他们将会参阅沃尔夫林自己的引文。译者希望这些注释也许对不懂德语的人有用，此外别无他求。

出版者已增加了相当多的新插图，因此书中所讨论的所有作品都有了插图。这也许是为这本迄今所撰写的最重要、最有影响的美术史著作之一的书,所提供的最好服务。

译者想对瓦尔堡学院的 L. D. 埃特林格尔(L. D. Ettlinger)博士以及埃特林格尔夫人表示谢意,他们对照原版极其仔细地校阅了英译本,使沃尔夫林思想的微妙之处尽可能充分地体现出来。译者也乐于向 A. F. 伯雷姆莱(A. F. Bramley)先生致谢,他把一份字迹有些不清的草稿打印出来,提供了及时而又令人由衷赞赏的帮助。

伦敦,1950 年 12 月

彼得·默里(Peter Murray）

琳达·默里(Linda Murray）

后　记

本书初版于 80 多年前,因此毫不奇怪,它反映的是维多利亚时代而非我们当今时代的思想和趣味。诚然,对安德烈亚·德尔·萨尔托的创作,特别是对《圣母降生》(图 106)中华美而丰满女性的强调,与其说是维多利亚时代的,不如说是爱德华七世时代的趣味;或许,与其说是盎格鲁-撒克逊的,不如说是德国-瑞士的趣味。一本在这么久之前出版的书必定不但反映了著者的思想和偏爱,也反映了瓦萨里(Vasari)的思想和偏爱。因为瓦萨里仍然是 16 世纪艺术资料的主要来源,无论是第一手还是第二手资料,因为那时还没有什么美术史的现代经典著作问世——贝伦森著名的《艺术家名人录》(*Lists*)与他的《文艺复兴时代的威尼斯画家》(*Venetian Painters of the Renaissance*)于 1894 年同时问世,随后是 1896 年的《佛罗伦萨画家》(*Florentine Painters*)……

列维(Michael Levey)在其论盛期文艺复兴的名著(1975)中,对沃尔夫林忽略威尼斯人和追随瓦萨里强调赋形（*disegno*）之首要地位的观点提出异议："沃尔夫林那部过誉的、影响恶劣的《古典主义》，其英文版提供了差不多 40 幅拉斐尔作品的插图，而提香的只有 4 幅……"然而，喜欢素描（drawing）胜过色彩依然是合理的（如米开朗琪罗那样）。尽管注意到由瓦萨里的来自佛罗伦萨的狭隘性（*campanilismo*）所造成的偏见是正当的，但瓦萨里可能是对的。无论如何，温克尔曼（Johann J. Winckelmann）在没有看到很多希腊雕像的情况下写了一部美术史经典著作，而现在沃尔夫林的书本身就堪称一部经典了。

彼得·默里和琳达·默里，1980 年

首版前言

当代观众的兴趣,就其与视觉艺术的联系而言,现在似乎希望回到特定艺术问题上。读者所期望的不再是一部仅仅交代传记性轶事或描写时代背景的美术史书;他们希望知道构成艺术品价值与本质的某些要素,渴望获得新的概念——因为旧有的词语不再有用——而且开始重新注意到了曾被束之高阁的美学。一部像希尔德布兰德的《形式问题》这样的书,就像久旱土地上的一场凉爽清新的甘霖:终于出现了一种研究艺术的新方法,即一种新视点,它不仅被新材料所拓宽,还深入到了细节研究。

写就这本现在经常被引用的著作的艺术史家,在书中编织了一个多刺的花环,作为对我们为美术史所付出的努力的褒奖。他说,历史的观点已导致被日益推向前台的种种艺术表现之间产生了差异和变化;这种观点把艺术视为具有个性的不同个人所释放出的东西,或者看作各种不同历史环境和民族特性的产物。由此便产生了错误的看法,即认为艺术从根本上来说是与个人以及人类的非艺术方面相关联的东西,于是判断艺术的所有标准都丧失了。次要的关系被当作主要的东西;而遵循其内在规律,不受一切时间变化之影响的艺术内涵,却被人忽视了。

希尔德布兰德继续说,在他看来,这就像一个园丁,为使灌木按不同形状生长,在不同形状的玻璃罩下培育植物,此后人们就只关注这些植物的不同形状,只对形状的差别感兴趣,完全忘记了他们是在对待具有自身内在生长及自然规律的植物。

这种批评是片面而严厉的，但或许是有益的。[1]对艺术个性特征或个人及时代风格特征的描述，将永远是美术史的任务，并将永远引起人们强烈的兴趣。但实际上历史研究几乎已放弃了"艺术"这个较大的题目，而将它交给了另一项研究，即艺术哲学，历史研究却常常否认它存在的权利。每一部美术史专著同时也包含某种美学观点，这是自然而然的事情。

笔者有这样一个目标：意在强调意大利古典艺术中的艺术内涵，这是在16世纪臻于成熟的艺术。任何想了解它的人最好别怕困难，就是说，要让自己了解充分展开的现象，因为只有在这种现象中这一艺术的全部本质才暴露无遗，而且只有在这种现象中才能首先获得批评的标准。

这项研究仅限于中部意大利的若干艺术大师——威尼斯沿着类似的路线发展，但如果讨论从那里获得的特殊情况，便会把问题搅混。不用说，我们所提到的只是杰作，但即便如此，笔者在选择和处理这些作品时也应有一定的自由，目的不在于描写个别艺术家，而在于从总体上把握风格的一般特征。为了更有把握地实现目标，第一部分，即历史部分，就像第二部分一样，有一个系统的目标；而第二部分并不是按人物而是按概念编排的，同时打算对现象做出解释。

本书不打算写成一篇学院式论文，但读者在书中可能会看出某种教学上的特色。笔者乐于承认，在大学里与年轻艺术爱好者交流思想的体验，在教授美术史课程中教人们观看和学习观看的乐趣，即促使其贸然决定将自己对于像古典风格这样重要的艺术问题的见解公之于众的主要原因，虽然笔者本人并不是艺术家。

海因里希·沃尔夫林

巴塞尔，1898年秋

---

[1] 在这则园丁故事中，看不出与美术史家应受指责的行为有真正的相似之处，倒不如说在一种仅仅对植物地理分布进行研究的植物学中可见出这种相似性。

第二版和第四版前言摘录

……处处对实例做更充分的论述或更广泛的讨论，似乎是称心如意的，但笔者的主要目的却收效甚微，希望能全面论述并阐释一个完整时期的艺术。为了尽力把握住这一现象，这些问题无疑本应得到更全面、更确切的系统阐述——整个色彩课题完全被略去了——但是眼下我们应将力量投入到使分开的考察条理化的工作中去。"理想""美""图画形式"等概念阐明了主要趋势，坦白地说，几乎不可能比提出取消论"美"和"图画形式"两章之间的区分更严重曲解笔者了。现在美术史应当考虑它自己的形式问题了，这些问题不是由界定一种美的理想与另一种的对立，即在两种风格间做出鲜明区分所能解决的，因为这些形式问题很早以前就已提出，而且对再现概念本身是十分重要的。在这方面仍有大量工作要做。如果美术史不只是对文明史的说明，而是自身也是独立自足的，就应对制图术（draughtsmanship）的发展、明暗对照法（chiaroscuro）的处理、透视和空间表现等等做全面而系统的研究。目前这样的研究显得有点陈腐，但如果这些迹象不是欺骗性的，那么现在是着手进行这些重要的补充性研究，并对"艺术视觉通史"做出贡献的时候了。

……虽然笔者的观点保持不变，但本想做全面的修订，希望增加论证与叙述，然而很快便明白了，拼凑的东西不会达到预期的效果。为此，笔者所能做的是打算写一部有翔实分析的专著以填补所意识到的缺憾，在某种程度上它可以作为现在这部书的第二卷。

海因里希·沃尔夫林

导 言

对我们来说,"古典"这个词听起来有点令人打寒噤。我们会觉得它把我们从生机勃勃的光明世界拖到令人窒息的房间中,那里居住的不是健康热情的人们而只是影子。"古典艺术"似乎永远是死灭的、古老的,是学院派的产物,是学识而非生活的成果,而我们对生动的、现实的和可触摸到的东西的期待却是那么迫切。现代人首先要求的是一种有强烈世俗气息的艺术,所以我们时代所钟爱的是15世纪而非16世纪的艺术,因为它具有鲜明的现实感和视觉与知觉的朴实性。作为一种妥协,我们接受某些古色古香的表现,因为我们如此渴望赞美它们并同时获得乐趣。

老大师们质朴而真实地讲述着他们的故事,这就使佛罗伦萨的游客们怀着无穷的乐趣凝视他们的图画,感到自己被邀请到佛罗伦萨人令人惬意的房间中,那里有一位躺在床上的产妇,在产后接见来访者;或被邀到这座古老城市的街道和广场上,那里到处都是人,有些人以漫不经心但令人困窘的坦率目光从画里注视着我们。每一个人都知道新圣马利亚教堂(Santa Maria Novella)中吉兰达约(Ghirlandaio)的绘画。他以极大的热情讲述着圣母和圣约翰的故事。资产阶级的——而不是小资产阶级的——生活,看上去有如节日般辉煌,带有一种对丰富明亮的色彩,对豪华的衣服、装饰、家具和精致建筑的不加掩饰的愉悦感!还有什么比佛罗伦萨大修道院(Badia)中的菲利皮诺(Filippino Lippi)的图画更有魅力?画中圣母在圣伯尔纳(St. Bernard)面前显现,把纤细的小手放在他的书上。陪伴马利亚的高雅的少女天使多么优美自然,她们只是习惯地双手合十做祈祷,从圣母的披风后面怀着羞怯好奇的目光倾身注视着这位陌生的非凡男子。甚至连拉斐尔也在波蒂切利

（Botticelli）的魔力下黯然失色了；一旦拉斐尔发现圣伯尔纳眼睛里有种忧郁的神情，他还会觉得《椅中圣母》(*Madonna della Sedia*) 有趣吗？

对我们来说，早期文艺复兴唤起了这样一种视觉景象：姑娘们衣着鲜丽、苗条可爱，纱巾迎风飘拂，芳草地上鲜花盛开，大厅宽敞通风，修长的圆柱支撑着宽阔的拱券；这意味着无限多样化的青春与力量，真实自然但带有一抹神话故事的光彩。我们极不情愿步出这个欢乐明朗的世界而走入古典艺术巍峨而肃穆的殿堂。这里是些什么样的人呢？他们陌生的姿势使我们心神不安，我们失去了早期艺术中的纯真自然。在这里，没有一个人以老朋友的亲密眼光看着我们，没有舒适的、布满居家什物的房间，只有空白的墙壁和厚实的建筑。

实际上，现代北方人看到《雅典学院》(*School of Athens*，图1) 或相似的作品，因完全没有准备而感到困惑，这是很自然的。如果一个观者暗自纳闷，为什么拉斐尔不去画罗马花市，或农夫在星期天早晨来到蒙塔纳拉广场（Piazza Montanara）刮脸的鲜活场景，他不应受到责备。这些经典作品打算解决一些形式难题，而这些难题超出了现代艺术趣味的范围。当试图欣赏这些艺术作品的形式时，我们对古怪有趣的东西（the quaint）和富有画趣的东西（the picturesque）的偏爱从一开始就妨碍着我们。我们喜欢原始纯朴的语言，喜欢生硬稚拙的构图、粗犷热烈的风格，而精心构建的奥古斯都时期既不受人重视也不被人理解。

但即便对于我们较为熟悉的观念，对于16世纪所表现的老旧而简单的基督教主题的处理，我们表现出厌倦也是可以理解的。能否将古典艺术的姿势与观念视为正宗，我们缺乏信心与把握，因为我们已被迫吞食了那么多虚假的古典主义，以至我们见到它就倒尽了胃口。我们渴望的是更简单、更纯正的食物。我们对夸张做作的姿势已失去了信任感，变得虚弱而多疑，到处都能发现舞台效果和空洞辞藻。最后，那些反反复复的暗示，即这种艺术并非真正具有独创性，它是从古代借来的，久已死亡的古代大理石世界将它僵尸般枯萎的手放到文艺复兴时期绚丽多彩的生活上等等，逐渐瓦解了我们的信任感。

然而古典艺术不过是15世纪的自然延续，是意大利人完全自发的表现。它不是对外来原型（古代）的模仿，不是暖房中纤细的花草，而是露天原野上茁壮生长的植物。这种密切关系对我们来说是朦胧不清的，因为——这是对意大利古典

图1 拉斐尔,《雅典学院》,梵蒂冈

主义抱有偏见的唯一可能的原因——纯民族的特征已被误认为一般的东西,人们试图在完全不同的条件下模仿那些只有在特定土壤上和特定天空下才拥有其生命与意义的形式。意大利盛期文艺复兴的艺术仍然是一种意大利艺术,如果"理想"是被用来提升现实的,那么这种现实不仅已得到了非常彻底的研究,而且理想化本质上也是意大利现实的升华。

* * * * *

瓦萨里本人做出了这样的划分:16世纪开创了一个新时代,而较早的时期则使人觉得只是这个时代的初级阶段和准备。瓦萨里关于艺术家历史记载的第三部分从莱奥纳尔多写起,这位大师画于15世纪最后一个十年的《最后的晚餐》(Last Supper)是新艺术的第一件伟大作品。然而,几乎比莱奥纳尔多年轻二十五岁的米开朗琪罗已在他的第一批伟大作品中讲述着全新的东西了。巴尔托洛梅奥修士(Fra Bartolommeo)是米开朗琪罗的同时代人,拉斐尔约迟十年,安德烈亚·德尔·萨尔托与他相距不远。总而言之,从1500年至1525年的二十五年是佛罗伦萨-罗马艺术中古典风格发展的最重要时期。

要对这个时期有一个总体把握是不容易的。无论我们从年轻时代起通过版画和各种复制品对这些杰作如何熟谙，一幅结出了这些硕果之世界的连续而生动的画面也只是慢慢才形成的。15世纪情况不同。在佛罗伦萨，15世纪在我们面前仍然是活生生的。诚然，许多东西亡佚了，很多作品被人们从原来的环境中分离出来，囚禁于监狱般的博物馆之中，但也足以为我们重构出那个时代生活的鲜明印记。16世纪的艺术保存得更为残缺不全，而且没有得到完整发展。在佛罗伦萨，人们有这样的感觉，15世纪深厚的基础缺少最终成就的顶点，因为人们未能完全看到这一发展的完成阶段。我的意思并不是说这是因为镶板画被输往了国外，例如，实际上莱奥纳尔多的作品没有一件留在意大利，而是因为从一开始这些力量便被挥霍掉了。莱奥纳尔多的《最后的晚餐》从根本上说是一件佛罗伦萨的作品，而它却在米兰；米开朗琪罗成了半个罗马人，而拉斐尔则完全成为罗马人。在后两人的罗马杰作中，西斯廷天顶画是一桩荒唐事，对画家和观众都是一种折磨；拉斐尔不得不在梵蒂冈分段地在墙壁上画一些图画，人们永远无法恰当地观看它们。因此人们感到奇怪，到底有多少作品已付诸实施，有多少作品在短短的几年高峰期之后仍然只是一项方案，或成为早期破坏的牺牲品。莱奥纳尔多的《最后的晚餐》本身只是一片残迹，为佛罗伦萨制作的描绘大战的作品一直没有完成，甚至连底图也亡佚了。米开朗琪罗的《沐浴的士兵》（*Bathing Soldiers*）遇到了相同的命运；尤利乌斯陵墓（Julius Tomb）除了个别几个人物外还未着手实施；圣洛伦佐教堂（San Lorenzo）的立面仍不过是一个纸上的设计，这个立面曾打算充分展示托斯卡纳建筑与雕塑的辉煌；美第奇礼拜堂（Medici Chapel）只算是一个不完备的替代品，因为它已处在巴洛克风格的边缘。古典艺术没有留下那种将建筑与雕塑结合在一起，以充分表达艺术家观念之宏伟风格的不朽之作。而倾注了这个时代全部艺术力量的最伟大的建筑委托工程——罗马圣彼得教堂（St. Peter's），最终也没被人视为盛期文艺复兴的纪念碑。

我们可以把古典艺术比作一座建筑物的遗迹，差不多完成了，但绝非全部完成，应当从非常分散的残片和不完全的描述中重构它原来的形状。而且这样说或许是不错的：在整个意大利美术史上，没有一个时代比这个黄金时代更鲜为人知。

第一部分

第一章

先辈们

乔托（Giotto）立于意大利绘画的开端，正是他使艺术语言流畅起来。他画的东西具有表现力，所描绘的故事成为经验，活在人们的记忆中。他关心人类生活的整个领域，讲述《圣经》故事和圣徒传说，将它们描绘成一幅幅生动的、令人信服的故事画。他准确地抓住事件的核心，将事变置于自然环境之中并呈现在我们面前，好像它一定已经发生了似的。乔托讲述《圣经》故事并赋予它们以亲切的、富有个性特征的活泼方式，这得之于圣方济各会的传道士和诗人，他们使人们习惯于这种方法，只是乔托的主要精力不在于诗意的创造，而在于图画的再现，因为他使得以前从没有人能在图画中描绘的东西呈现在人们眼前。他独具慧眼地发现事件的最富于戏剧性的生动瞬间，可以说他比任何人都更多地拓展了绘画的表现范围。请勿把乔托看作某种基督教浪漫主义艺术家，仿佛他兜里揣着"某位圣方济各会修士的衷曲"[1]，仿佛他的艺术是在一种伟大之爱的纯净灵气之下繁盛起来的。这位阿西西的圣徒正是怀着这种伟大之爱使天国降临人间，使人间变成天堂的。他绝不是一个狂热的宗教徒，而是一个注重实际的人；他绝不是一位抒情诗人，而是一个观察者，一个从不允许自己受热情驱使，但总是使语言清晰而富于表现力的艺术家。就创造的精神深度和感情的力量而言，他不如其他人。雕塑家乔瓦尼·皮萨诺（Giovanni Pisano）以其坚硬的材料表现出比画家乔托更深的情感：没有什么地方的

---

[1]［这是有双关含义的引语，引自瓦肯罗德（G. W. Wackenroder）的《一个爱好艺术的修道士的衷曲》（*Herzensergiessungen eines kunstliebenden klosterbruders*），柏林，1797年。这是德国浪漫主义复兴时代的一部名著。——英译注］

"圣母领报"故事能比乔瓦尼在皮斯托亚（Pistoia）布道坛的浮雕更敏锐地体现了这个世纪的精神，在其感情炽热的形象上人们可以感受到某种但丁式的激情。但这恰恰成为祸根。他弄巧成拙，表现情感的能力破坏了他的形式感，以至他的艺术放纵为过火的情感表露。

乔托较为恬静、超然与平和，总是更受欢迎，因为人人都能看懂他。农民的粗犷较之优雅精致的东西更易引起他的兴趣，对含义的执着追求促使他运用清晰性而不是线条美来寻求画面效果。令人惊讶的是，他的作品实际上并没有流露出他那代人的风格——旋律优美的服饰线条，随节奏回转的动作与姿势。与乔瓦尼·皮萨诺相比，他显得笨拙；与安德烈亚·皮萨诺（Andrea Pisano）这位制作了佛罗伦萨洗礼堂青铜门的大师相比，他简直是丑陋。在《圣母往见》（Visitation）中，安德烈亚让两个妇女拥抱，一个侍女立于一侧，这样的组合和姿态具备诗的全部品格；而乔托的人物轮廓清晰，甚至显得非常生硬，但极具表现力。乔托画的以利沙伯（Elisabeth，帕多瓦，阿雷纳礼拜堂）俯身凝视马利亚双眼的身影令人难忘，而安德烈亚·皮萨诺的那组人物能使人们记住的只是优美和谐的曲线。

乔托的艺术在圣十字教堂（Santa Croce）的绘画中达到了顶点。他运用清晰的手法描绘故事，在这方面远远超过了其早期作品。在构图上他所追求的效果，就其意图而言，可与16世纪的大师平起平坐。他的直接追随者不再能理解他了，他们追求丰富多样的效果，尽力将更深妙的含义塞入画中，再度放弃了单纯性和概括性，这就使得画面含混不清，充斥着无关紧要的东西。后来在15世纪初出现了一位新画家马萨乔（Masaccio），凭借着他的力量以及清晰的理解力，使混乱变得有序，并确立了与可视世界相对等的图画。

在佛罗伦萨，应当直接将乔托和马萨乔进行比较，这样便能非常清楚地看出他们的区别。两者的差别是巨大的。

瓦萨里有一句评论马萨乔的话，听起来很简单。他说："他承认，绘画无非是对事物原貌的模仿。"[1] 人们可能会问，为什么同样的话不能用来评说乔托。实际上，这句话中隐含着更深的含义，我们现在觉得绘画应该给人以真实的印象是非常

---

[1] 瓦萨里，米拉内西版（Milanesi），II，第288页。

自然的事情，但在那时并非总是如此。曾有过一个时期，人们从未提出过这样的要求，因为他们觉得在平面上复现真实空间是不可能的。整个中世纪的思考方式，满足于一种只涉及诸物体及其相互之间空间关系的再现体系，而不奢望与大自然一争高下。如果认为那时的人们曾用我们的错觉效果观念去看中世纪绘画，那就错了。当人们开始将这种限制视为偏见，想到尽管获取效果的手段完全不同，但可能更加接近大自然给人的印象的时候，这无疑就是人类所取得的最伟大的进步之一。单靠一个人不可能完成这种观念的转变，甚至一代人也办不到。对此乔托做出了很多的贡献，但马萨乔贡献更大。因此人们完全可以说，他率先突破限制去"模仿事物的原貌"。

首先，他对空间难题的完整把握令我们吃惊。图画第一次变成了由一个统一视点构建起来的舞台；变成了人、树木、房屋在其中各就其位，并可按几何学方法计算的统一空间。在乔托的画中，一切东西都仍然粘贴在一起；他在脑袋上叠脑袋，没有给所有人物的躯体留有足够的空间；背景的建筑只是摇晃不定的舞台布景，在比例上与人物没有任何真实的关系。马萨乔所展示的不仅是合理可居的房屋，而且图画空间非常清晰，以至风景中最远的轮廓都历历可辨。他把视点置于众人头部的高度，使得站在平坦舞台上的人物高度统一于他们的头顶，这样的方法使得前后重叠的一排三个侧面头像具有了实体感，也许还有第四个全正面的头像将它们封闭起来。我们一步一步地被吸引到空间深处，在那里一切物体都被清晰地安排在一个个前后排列的层次中。在新圣马利亚教堂的《三位一体》(*Trinity*) 湿壁画上，可以看到这种新艺术的最高成就。画中利用建筑和相互交搭的各个面，四个层次逐步深入，具有最强烈的空间效果。与此相比，乔托的作品看上去是非常扁平的，他在圣十字教堂中画的湿壁画像一块挂毯，因为天空的均匀蓝色把这组画中上下排列的不同图画联系在一起，以至它们呈现为一个平面。似乎精确再现现实的想法还很遥远：画家充其量将这面墙填满，好像只是个用装饰纹样覆盖墙面的问题。[1] 这些图画的四周环绕着镶嵌图案的带饰，而当这同样的图案也出现于图画之中时，人们的想象力就无法区别什么是框子，什么是被框入的东西，于是必然给人以一种墙壁平

---

[1] 在现代图画鉴赏中，乔托的装饰性平面风格现在被认为是极重要的，是一个进步的信号。但我们必须抵制这种偏见，它会将这种特性当作艺术中最重要的东西。

面的装饰感。马萨乔则用画上去的壁柱框住图画,所以给人以图画深入壁柱之后的错觉。

乔托在他所画的形体上只施以淡淡的阴影,一般不画投影,这并不是因为他看不到投影,而是因为他觉得不必深究此事。他把投影视为妨害图画的偶然之物,对图画的意义毫无补益。而马萨乔画中的光影则是最重要的元素,他寻求以自然效应的充分力量来描绘本质与实在。在这里,决定性的东西并不是他对形体的感受,不是他据以确立人物形象的能力,也不是他那拥挤人群的紧凑组合,而是他给人以全新印象的方法。这体现在处理头像的细节上,仅用寥寥数笔便生动地点出形体的边界,因而体积具有前所未有的力量。其他所有形状的处理也都如此。结果是他早期绘画中的明亮色彩及其非物质性的形相,被之后传达了更强烈的固体感的色彩方案所取代,图画的整个效果变得坚实有力。很明显,瓦萨里的另一句评语是贴切的,他说,在马萨乔的画中,人物形象第一次稳固地站立着。

此外还要谈及的是对个性的敏锐感受,重点是个体人物。尽管乔托也使他的人物各不相同,但他们只有一般的差别。在马萨乔的画中,我们见到的是清楚明确的个体角色。这个新时代被称为"现实主义"的世纪,而这个词现在已被滥用,以至不再有任何现实的意义。社会最底层的人执着于它,暗含一种怨恨与敌视的迹象,好比粗野丑陋之物闯了进来并宣称有被看到的权利,只是因为它也存在于这世上。然而,15 世纪的现实主义本质上是一种快乐的现实主义,因为新的要素产生于愈益增进的价值观念。现在的兴趣不仅在于"角色"的头部,而且所有个别姿态与动作都被包括在图画题材的范围之内,艺术家专注于布料皱褶的纹理和任意下垂,以及本身具有生命活力的欢快线条。老旧的美的公式似乎是对自然的施暴;歪斜的姿势与波动起伏的织物被看成精致的空话,令人厌倦,毫无意义。对于事物真实外貌的渴望必定要得到满足。人们凭借着单纯的信念掌握了一种新近所理解的视象,如果必须证明这种信念,其证据可以在下述事实中找到:人们第一次以一种世俗的外貌来想象超自然的人物,其形体具有个性化的容貌,没有任何理想化的痕迹。

新精神的第一位名副其实的倡导者是一位雕塑家,而不是画家。马萨乔的早逝中断了他要表达的东西,而多纳泰洛(Donatello)的漫长生涯则贯穿了整个 15 世纪上半期。他是一位非常多产的艺术家,也的确是 15 世纪最重要的人物。虽然他采纳了当时的新观念，并以超凡的能力去利用它，但从未沦落为无节制的写实主义。他是一位着眼于人性的雕塑家，甚至在丑陋的深处也探索着独特的形式，然后他突然变得宁静纯洁，表现了他那美丽、平静、高贵而且几乎是魔幻般的想象力。他所做的一些雕塑将对不同寻常之个性的探索推到了至极。除了这些作品之外，还有像《大卫》（David，图2）这样的青铜雕像，从中已能清楚看出盛期文艺复兴对美的感受力。他讲述的故事的生动性无人超越，充满戏剧效果，这些特色使得像锡耶纳的《莎乐美》（Salome）那样的浮雕成为该世纪最优秀的叙事性作品。后来在帕多瓦，他在《圣安东尼的奇迹》（Miracles of St. Anthony）中处理了那些相当于16世纪出现的难题，因为他把兴奋的、情绪强烈的人群引入构图，与同时代绘画中一排排平静的观者构成了充分的、出人意料的对比。

15世纪下半叶，与多纳泰洛相匹敌的人物是韦罗基奥（Verrocchio，1435—1488）。就个人的伟大而言，他比不上多纳泰洛，但显然是新一代人之新思想的代表。

从该世纪中叶起，人们对精美优雅的渴求日益增强，这一点值得注意。粗壮笨拙的躯体消失了，四肢的关节变得更加纤细修长，无聊的动作和琐碎的装饰打破了线条的单纯。人们赞赏并追求精确的造型和最微妙的起伏，兴趣从平静被动的人物转向充满紧张而动作造作的人物，他们的手指故作优雅地张开，头部扭转或低垂，脸上带着甜甜的微笑，或带着感伤的表情向上凝视。面对这种矫揉造作的态度，自然真挚的感觉和方法往往抵挡不住它的影响。

如果将韦罗基奥的青铜雕像《大卫》（图3）与多纳泰洛做的同一人物相比较，就很容易看出这一对比：身体强健的青年已变成四肢纤弱的少年，而且清瘦得足以精确地展示形体；肘部尖尖的，有意叉着腰，以便可以纳入大轮廓中。[1] 他的四肢均处于紧张状态：大腿伸出，膝盖僵直，持剑的右臂紧绷绷的。这与多纳泰洛平静的雕像形成了多么强烈的对比啊！整个母题都被拓展了，以便创造出运动的印象。现在甚至头部的表现也追求运动，因为年轻的胜利者脸上流露出一丝微笑。甲胄的细节刻画满足了人们的装饰趣味，甲胄时而巧妙地紧贴身体优美的轮廓线，时而又

---

[1]关于从全正面拍照的问题，参看沃尔夫林《如何给雕像拍照》（Wie man Skulpturen aufnehmen soll），载《造型艺术杂志》（Zeitschrift für bildende Kunst），1894、1895年。

图 2　多纳泰洛,《大卫》,巴杰罗博物馆　　　　图 3　韦罗基奥,《大卫》,巴杰罗博物馆

把轮廓线打断。如果细察一下裸体的处理,相较于韦罗基奥的大量细部形状,多纳泰洛的概括性处理则显得几乎是空荡荡的。

在帕多瓦的《加塔梅拉塔》(Gattamelata) 和威尼斯的《科莱奥尼》(Colleoni) 这两尊骑马像之间,可做许多相同的比较。韦罗基奥在骑者的姿势和马的运动的处理上强化了紧张感。科莱奥尼骑马的姿势是双腿挺直,他的马则奋力向前,给人以勒马的印象。他手握官杖、头部扭转,一切都表现出相同的趣味。相比之下,多纳泰洛显得极其单纯和恭谦,因为他使大块的表面保持连续与平滑;韦罗基奥却将这些表面分割为琐碎的细部，用马饰来打破这些表面，而他对甲胄和马鬃的处理是15世纪后期装饰艺术最有启发性的实例。但在战马肌肉的处理上他如此走极端，以致很快就招来了批评：韦罗基奥制作了一匹剥了皮的马。[1] 显然，堕落为琐碎表现的危险正迫在眉睫。

韦罗基奥主要作为青铜雕塑家而闻名于世，那时人们发现了这种材料的实际特性。艺术家旨在打破团块，将人物分开，表现优雅的轮廓。同时，以绘画眼光来看待的青铜之美得到了承认和应用。在极丰富的衣褶中，例如圣米迦勒修道院菜园教堂（Orsanmichele，该教堂建在原圣米迦勒修道院的菜园中，故名。——中译注）中的群雕《圣多马的疑惑》（Incredulity of St. Thomas）上的衣褶，不仅考虑到线的效果，也考虑到耀眼的闪光、浓重的阴影和闪烁的反光。

大理石雕刻家也发现这种新趣味对他们有益，眼睛对最细微的造型差别变得敏感起来，现在石头雕刻之精致前所未有。德西代里奥（Desiderio）雕刻了精美的果实花环和美丽的、面带笑容的佛罗伦萨少女头像。安东尼奥·罗塞利诺（Antonio Rossellino）和颇有气度的贝内代托·达·马亚诺（Benedetto da Maiano），可凭他们丰富的表现手法与绘画一比高低。凿刀现在能够表现孩子柔滑的肌肤和头上纤薄的纱巾。如果更仔细地观察，就会发现微风撩起衣襟，吹拂成一簇优美的衣褶。在建筑或风景的透视方面，浮雕的基底向内加深了。实际上，在对表面的处理上艺术家处处力求赋予人物以充满生气的震颤的印象（图4）。

只要有可能，人们熟悉的雕塑题材都改变了风格，以便让新的运动感有充分发挥的机会。跪着的天使手持烛台，单纯而美丽，如卢卡·德拉·罗比亚（Luca della Robbia）所雕的天使（图5），已不再令人满意；现在天使还得向前猛冲，如同在锡耶纳的那件贝内代托的手持烛台的天使（图6）那样。后者的小侍者面带笑容，高兴地歪着脑袋。他一头卷发，长袍在纤巧的脚踝四周飘动。那些奔跑的人物进一步发展为飞翔的天使，他们穿着纤薄的衣服，处于非常激烈的运动之中，似乎掠空而过。这些装饰于墙上的浮雕，具有独立雕像的效果（见安东尼奥·罗塞利诺做的佛罗伦萨圣米尼亚托教堂 [S. Miniato] 中葡萄牙红衣主教的陵墓，图45）。

---

[1] 蓬波尼乌斯·高里库斯（Pomponirus Gauricus）：《论雕塑》（De Sculptura, 布罗克豪斯 [Brockhaus] 版），第220页。[佛罗伦萨第一版，1504年。——英译注]

图 4 罗塞利诺,《圣母》,巴杰罗博物馆

图 5 卢卡·德拉·罗比亚,《手持烛台的天使》,佛罗伦萨主教堂

图 6 贝内代托·达·马亚诺,《手持烛台的天使》,锡耶纳圣多明我教堂

该世纪下半叶的画家们与这群以精巧风格工作的雕塑家相类似，甚至更能代表该时期的趣味。他们构成了我们心目中一幅15世纪佛罗伦萨的图景，因为当人们说起早期文艺复兴时，我们所想到的就是波蒂切利、菲利皮诺，以及吉兰达约的节庆图画。菲利波·利皮修士（Fra Filippo Lippi）在布兰卡奇礼拜堂（Brancacci Chapel）的湿壁画中形成了自己的风格，他是马萨乔的直接追随者的一个实例。大约在该世纪中叶，他在普拉托主教堂（Prato Cathedral）唱诗堂的绘画中完成了一项令人钦佩的工作。他的处理手法不乏宽浑的气度，而且作为一个画家，在这个词的特定意义上说，他具有独特的力量。他的镶板画所处理的题材，诸如昏暗的林间深处，只是到了科雷焦（Correggio）才再度出现。在他的湿壁画中，色彩的魅力胜过了那个世纪所有佛罗伦萨人。在斯波莱托主教堂（Spoleto Cathedral）半圆室的《圣母加冕》（Coronation of the Virgin）一画中，他力图以奇妙的色彩描绘天国的光辉，无论谁到过那里都会承认，它是无与伦比的。然而尽管如此，他的画构图却很糟，失之于空间表现的拥挤与含糊以及注意力的漫散，以至人们不能不抱憾，他运用马萨乔伟大发现的能力多么微弱。还有许多不足之处有待下一代人去改进：他们真的做到了。如果到过普拉托之后，再去看佛罗伦萨新圣马利亚教堂中吉兰达约画的湿壁画，就立即会深深感受到清晰而平静的效果，他是通过空间显现的方式，通过透明而实在的、确定的整体面貌创造这种印象的。与菲利皮诺或波蒂切利的作品做类似的比较，也可看出相似的特点，然而他们血管中的血液远没有吉兰达约流淌得那么平静。

　　波蒂切利（1446—1510）是菲利波修士的弟子，但这一点只有在他最初的作品中才能看出来。他们的气质截然不同：菲利波修士性情平和，对现世事物豁达乐观；波蒂切利性情急躁而多情，内心总是处于激动状态。对这样的艺术家来说，表面的涂绘特性没有什么意义，他在线条的节奏中找到了自己的理想，并赋予所描绘的头像以丰富的性格与表情。想想他画的圣母像，窄窄的面庞，缄口不言，眼睛疲倦而不安，与菲利波所画的心满意足的眼光是完全不同的。他画的圣徒从来都不是健康人，而与他们在一起的其他人却很健康。他画的圣哲罗姆因内火中烧而憔悴，而在年轻的圣约翰身上，他力求表现出狂热与苦行。他很认真地看待《圣经》故事，并且这种认真态度逐年增强，直至他放弃了所有媚人的外貌。他的美包含着痛苦，甚至他的微笑也只是像一道转瞬即逝的亮光。在他的《春》（Primavera，图7）一画

图 7　波蒂切利,《美惠三女神》,《春》之局部,乌菲齐美术馆

中,美惠三女神(Graces)的舞蹈并无真正的欢乐,且看她们有着怎样的身材!未成年的清瘦相已变成了时代的理想,人们追求紧张与生硬的动态而不是饱满的曲线。每一个形体所强调的是纤细和尖锐,而不是饱满和圆润。他对草甸、地上小花、织物以及精致饰物的描绘,有时带有一种近乎怪诞的装饰性。然而,沉溺于细节描写当然不是波蒂切利的作风,即便在裸体人物中,他也很快就对精雕细琢的细节感到厌倦,而以概括的线条探索一种简化的表现。尽管瓦萨里接受过米开朗琪罗的培养,他也承认波蒂切利是一位优秀的线描画家(draughtsman)。波蒂切利的线条总是富于感情地运动着的,含有急躁冲动的精神气质,在表现快速运动方面他是极有成效的。他甚至成功地以这种流动的线条描绘大团块。当他围绕一个中心以统一的构图安排画面时,某种特别新颖的东西便产生了,其结果具有重大意义。人们正是在这

个意义上来看待他的《博士朝拜》(*Adoration of the Magi*) 的构图的。

我们可以像论述波蒂切利那样来讨论菲利皮诺·利皮（约 1459—1504），因为同样的环境赋予这两个不同个性的人的作品以相似的面貌。菲利皮诺从父亲那里继承了运用色彩的天赋，而这是波蒂切利不具备的条件。他陶醉于物体的外表，描绘的肉色调比别人更柔和，所画的头发柔滑而有光泽。对波蒂切利来说只是线条技术的问题，而对他则是涂绘的课题。他用色非常挑剔，特别是蓝色调和紫色调；他的线条更优雅，更波动起伏，甚至可以说颇具女性气质。菲利皮诺早期的图画在感知与描绘上温柔迷人，不过常常显得过于柔弱。1486 年画的《圣母与四圣徒》(*Madonna and Four Saints*，乌菲齐美术馆) 中的圣约翰并不是荒野中的朴素传教士，而是个易动感情的热心人。就在这同一幅画中，那位多明我会的修道士并没有将书握在手中，而是用大拇指顶着书，中间还隔着衣服，柔软灵活的纤指像敏锐的触角伸缩摆动。他后来的作品不及这些早期作品：内心的震颤转变成无规则的外部骚动，图画变得动荡不安。在后来画的新圣马利亚教堂的湿壁画上，人们好不容易才认出，作者就是这位曾知道如何认真谨严地完成卡尔米内修道院（Carmine）的礼拜堂中马萨乔所绘壁画的画家。在外部装饰方面，他有着无穷的创造力，在波蒂切利作品中只是加以暗示的东西——怪诞与夸张，在他的作品中成了鲜明的特征。他抓住这种骚动的特性，常常以大量的运动取得显著的效果——罗马密涅瓦神殿附近的圣马利亚教堂中的《圣母升天》(*Assumption of the Virgin*) 绘有欣喜若狂、如酒神女祭司般的天使，这是对狂喜的完美表现——然后他又退回到纯粹的骚动不安之中，甚至变得粗俗而且琐细。当他画圣腓力（St. Philip）殉难时，不得不选择十字架被绳索拉起在空中晃动的瞬间，更不用说他在此画中描绘的奇形怪状、衣衫褴褛的人群了。人们有这样的感觉，一位非常伟大的天才由于缺乏精神修炼而衰退了。而那些气质不太敏感的人——例如吉兰达约——胜过了他。在新圣马利亚教堂的礼拜堂中，这两位画家的作品毗邻，人们很快便厌倦了菲利皮诺那使人烦躁的故事画，而吉兰达约则以其精妙纯正的技艺，使观众获得了真正而持久的满足。

吉兰达约（Ghirlandaio，1449—1494）从不感情用事。他性情恬静，豁达乐观的天性和对壮观场面的兴趣赢得了我们的好感。他是个讨人喜欢的人，正是通过他的作品人们可以洞察佛罗伦萨的生活。他处理故事内容毫不费力：在新圣马利亚教堂的唱诗堂内，他本应描述圣母和施洗者的生平，虽然他这么做了，但任何事先不知道这些故事的人，几乎不可能通过其作品去领会这些内容。而乔托对圣殿中的马利亚的描绘则完全不同！请看他是多么敏锐透彻地将这一场景展现在我们面前：小马利亚独自沿着圣殿台阶拾级而上，祭司向她弯下身来，父母以目光和手势伴送着这个孩子。在吉兰达约的作品中，我们却见到一个打扮得漂漂亮亮的女学生，尽管行动仓促，仍轻佻地向一旁瞟睨；几乎看不见祭司的身影，他藏在一根柱子后面；父母则无动于衷地望着这一切。在《婚礼》(Marriage) 一画中，马利亚有失体面地仓促交换了戒指，而《圣母往见》只不过是表现两个邂逅于途的女士相互问候的一幅漂亮但很世俗的图画。在那幅天使出现在扎迦利（Zacharias）面前的画中，真正的情节完全被呈现在观者面前的那些在故事中不起作用的众多肖像人物所掩盖了，而吉兰达约似乎对此毫不在意。

他是个画家，而不是个说故事的人，只对事物本身感兴趣。他画的头像栩栩如生，但是当瓦萨里赞美他对瞬息情感的表现时，并没有说到点子上。他描绘平静的场景比骚动不安的场景要成功得多：在诸如《屠杀婴儿》(Massacre of the Innocents) 这类场景中，波蒂切利远胜过他。总的来说，他执着于单纯、平静的表现，只是在匆匆忙忙的侍女或某些类似人物身上顺从了当时人们对运动的趣味。他的观察力并不敏锐。当佛罗伦萨的许多别的画家正以最敏锐的洞察力研究造型、解剖、色彩技巧和空气透视等课题时，他却不敢冒险超越普遍被人接受的知识进展。他不是个实验家，也不是新的绘画效果的发现者，只是一个对当时技术知识具有一般了解并应用它来尝试新的宏伟效果的艺术家。在风格上，他从琐碎的细节转向更为宏大的团块效果；他的风格浓艳而又清晰、鲜明，有时是恢宏的。《圣母诞生》(Birth of the Virgin) 一画中五个女人的群像，在15世纪无人可比。他在构图的母题、故事的集中化以及边角人物处理等方面做的种种尝试，直接与16世纪的大师们相关联。然而，我们必须谨慎，不要过高估计他的创造性价值。吉兰达约绘于新圣马利亚教堂中的画完成于1490年左右；莱奥纳尔多的《最后的晚餐》(Last Supper) 创作于紧随其后的几年中。假如这幅画可以拿到佛罗伦萨做一番比较的话，那么"宏伟的"吉兰达约会立刻显得捉襟见肘。《最后的晚餐》的形式观念非常出色，内容与形式完全融为一体。

人们经常错误地说，吉兰达约将佛罗伦萨15世纪的发明与革新统一在他的艺术之中，此话用在莱奥纳尔多（出生于1452年）身上倒是非常正确的。莱奥纳尔多对细部的观察很敏锐，对整体的把握则气度恢宏；他既是个杰出的素描画家，同时又是伟大的色彩画家；所有艺术家都发现自己的特殊难题被他化解了，并得到了进一步的发展。他那深刻而充实的个性胜过了所有人。

由于人们往往将莱奥纳尔多与16世纪意大利艺术家放在一起来谈，所以容易忘记他只不过比吉兰达约稍稍年轻一点，而实际上比菲利皮诺年长。他曾在韦罗基奥的作坊里工作过，与佩鲁吉诺（Perugino）和洛伦佐·迪·克雷迪（Lorenzo di Credi）在一起做学徒。克雷迪是一颗不靠自己发光，而靠反射另一颗恒星的光辉而闪烁的星星：他的画看上去像是兢兢业业地完成老师所布置的任务的课堂作业。另一方面，佩鲁吉诺带来了属于他自己的东西，这在佛罗伦萨艺术的上下文中具有重大意义，我们以后将进一步谈及。韦罗基奥的这些弟子们使他的教诲闻名于世，显然他的作坊在佛罗伦萨是最具多面性的。绘画与雕塑的结合是有益的，因为雕塑家习惯于对自然做非常有条理的研究，也就是说他们不太会有落入随心所欲之个人风格死胡同中的危险。然而在莱奥纳尔多和韦罗基奥之间，似乎也存在着一种内在的联系。从瓦萨里那里我们了解到他俩有多少共同的兴趣，有多少莱奥纳尔多拾起的线头原先都是韦罗基奥纺出来的。但是这位弟子青年时代的作品仍出人意料。如果说韦罗基奥的《基督受洗》（*Baptism*，图155；佛罗伦萨美术学院[1]）一画中的天使有如从另一世界传来的声音而打动了我们的话，那么像《岩间圣母》（*Madonna of the Rocks*，图8）那样的图画，在15世纪佛罗伦萨的诸多圣母画中是多么出类拔萃啊！马利亚屈膝跪着，身子前倾，呈正面像而不是侧面像。她右手搂着身边的小圣约翰，小圣约翰则向前俯身，热切地向小基督祷告，而马利亚的左手伴随着这一动作往前平推，这是以独特的透视短缩法画的。小基督坐在地上，以祈福的姿势作答，一位跪着的、美丽的大天使正扶着他。天使是画中唯一向外看着观众的人物，那伸出食指的右手意味深长地引导着人们的注意力——这只手完全呈侧面轮廓，单纯而清晰，像是个路标。整个场景布置在岩石嶙峋的荒野之中，寂寥冷落，神秘莫

---

[1]［现藏乌菲齐美术馆。——英译注］

图8　莱奥纳尔多,《岩间圣母》,罗浮宫　　　　图9　莱奥纳尔多,《岩间圣母》,伦敦国立美术馆

测,偶尔可以瞥见一线天光。

　　这里一切都是新颖而富有意味的——表现在母题和处理手法上:局部的自由运动和整体的有条不紊的布局[1];生气勃勃的形体;涂绘式的光线新用法,显然是想赋予黑暗背景前的人物以强烈的造型效果,同时以一种出人预料的方式将想象力引向深处。隔开一定距离看,突出的印象是形体的坚实感,以及通过三角形组合获取秩序感的明显意图。这幅画具有构筑性(architectonic)特质,完全不同于早期大师作品中可见到的那种纯粹的对称。这里有更多的自由,也更有秩序,局部细节服

---

[1] 藏于罗浮宫的《岩间圣母》要比伦敦的那幅(图9)好得多,以至如果人们怀疑它是否为原作似乎是不可思议的。当然,对我们来说,天使伸出食指有点让人感到不舒服,因而在伦敦的那幅画中,按后来美的观念删去这只手是可以理解的。然而,如果是莱奥纳尔多监制了这幅变体画,那么他本可以知道如何填上留下的空隙;现在尽管将天使的左肩向前移,仍在画中留下了一个空处;素描和造型已按16世纪方式增强并简化了,以至许多微妙变化荡然无存,虽然将天使面部的表情画得更为神圣也无济于事。

[关于对伦敦和巴黎两幅变体画争论的一些新内容,参看马丁·戴维斯(Martin Davies)的《岩间圣母》(*The Virgin of the Rocks*),伦敦国立美术馆,1947年。——英译注]

从于局部与整体的本质联系；也就是说，这是 16 世纪的风格。莱奥纳尔多早就展示了它的征兆。在梵蒂冈藏有他作的一幅《圣哲罗姆与狮子》(*St. Jerome with the Lion*)。跪着的圣哲罗姆这个形象，作为一个动态实例是值得注意的，它已备受赞赏，但人们有理由问，除了莱奥纳尔多，还有谁会像这样把那位圣徒的轮廓与狮子的轮廓联系起来？我想不出还会有谁。

莱奥纳尔多早期绘画中最有影响的是一幅未完成的《三王来拜》(*Adoration of the Kings*，乌菲齐美术馆；图 10)。此画大约作于 1480 年，由于画中表现的事件过多，显得有点陈旧过时。这反映了 15 世纪人们对多样性的喜好，但是在强调主要

图 10a　莱奥纳尔多，《三王来拜》，乌菲齐美术馆

图 10b 《三王来拜》局部

人物的方法中,一种新的创造精神产生了。波蒂切利和吉兰达约也画过《三王来拜》,圣母坐在一群人中间,但她总显得太凡庸。莱奥纳尔多第一个懂得如何使主要母题处于支配地位。外围人物靠着边缘,形成坚固且封闭的侧面布景。这种安排对于后来的作品而言又是一个重要母题,而且在拥挤的围观者和悠闲自得地坐着的圣母之间的对比,是一种莱奥纳尔多特有的、具有深远影响的对比手法。即便只看到圣母本人的轮廓,我们也应当将莱奥纳尔多列为有独创性的人,因为圣母的坐姿和她与圣婴的相互关系是那么绝妙。其他人画的马利亚仿佛分开双腿跨坐在宝座上,而他却让圣母采用了更优雅、更富女性气质的双膝并拢的姿势。所有后来的人都借鉴了他的这个形式,而且圣母身体的侧转与圣婴的侧向运动相结合,这个富有魅力的母题几乎完全被拉斐尔照搬到《福利尼奥的圣母》(*Madonna di Foligno*,图 84)之中。

第二章

莱奥纳尔多

在所有文艺复兴时代的艺术家中，莱奥纳尔多（1452—1519）是最欣赏世界万物的。一切现象都吸引着他——物质生活与人类情感，植物与动物的形状，清澈见底的水溪。对他来说，仅能画好人像的画家是不可思议的。

"君不见单是人的动作就有多少且千变万化？君不见有多少不同种类的动物、植物与花草？有多少种丘陵与平地？有多少种泉水、河流、城市、公私建筑物？有多少种适合人类使用的器具？有多少种服装、纹饰与技艺？"[1]

在画家们当中，莱奥纳尔多天生具有贵族气质，感觉灵敏，对纤纤素手、透明的织物、细腻的肌肤很敏感，尤其喜爱柔软鬈曲的秀发。在《基督受洗》（图155）一画中，他画了几簇青草，你马上就会看出这是他画的，因为没有其他人真正具有这种对植物天然魅力的感受力。他刚柔兼备。他若描绘一场战役，在表现奔放的激情和激烈的运动方面便超越了其他所有人。他还善于抓住最微妙的情感，捕捉转瞬即逝的表情。从单个"人物"头像来看，他像是最顽固的现实主义者，然而他突然抛开这一切，热衷于近乎超自然美的理想面孔、温馨的梦幻和发自内心喜悦的甜蜜微笑。他发现了事物外表的绘画性魅力，但又能够像个物理学家和解剖学家那样去思考。科学家孜孜不倦地观察和收集资料，艺术家拥有最敏锐的感觉，这些似乎相互排斥的品质，他兼而有之。作为一个画家，他从不满足于单凭外在面貌去理解事

---

[1] 莱奥纳尔多，《论绘画》（*Trattato della Pittura*），路德维希（Ludwig）意-德版，No. 73。［麦克迪（McCurdy）版英译本，《莱奥纳尔多·达·芬奇笔记》（*Notebooks of Leonardo da Vinci*），II，第256页。——英译注］

图 11　莱奥纳尔多的手法,《少女头像》,银笔素描,乌菲齐美术馆

物:他怀着同样强烈的兴趣积极研究影响着每个造物生命的内在结构和各种因素。他是第一个对人和动物的比例做系统研究,对诸如走、举、爬、拉等运动力学进行探索的艺术家。也正是他对观相术做了最全面的研究,并且为各种情绪的表现设计出一整套方法。

对他来说,画家好比敏锐的眼睛,俯瞰世界,将所有可见之物都置于视界之内。突然这个世界展现出无穷无尽的丰富性,莱奥纳尔多似乎感到自己已经融于对一切生命的大爱之中,瓦萨里所讲的一个故事说明了这点:人们时常在集市上看到他购买囚在笼中的小鸟,为的是还它们以自由。这件事情似乎让佛罗伦萨人大为感动。

在这种如此博大的艺术中,没有主要与次要的问题;最微妙的光影明暗并不比最基本的任务——在平面上表现三维物体的坚实外观更有趣味。不过这位比其他人更善于把人脸作为灵魂之镜的艺术家仍然可以宣称,"凸现的效果是绘画的首要目标和灵魂"。莱奥纳尔多对事物众多方面如此敏感,以至他必须探索新的技法,这使他成为一个从不自满的实验者。据说他在觉得《蒙娜·丽莎》(*Mona Lisa*) 尚未画完之时就允许它离开画室了。从技术上来说,蒙娜·丽莎是一个谜。但是即使在表现手法显而易见的画作上,如在单纯的银笔素描(图11)上,他依然令人惊叹不已。他或许是第一个运用富于表情的线条的画家,他以不同力度的笔触描画轮廓的方法几乎是独一无二的。他以质朴、平行、均匀的笔触塑造形体,好像他只需轻触一下画面就能塑造出立体的形状。从未有更为简单的方法被用以获得更强烈的效果,而这些平行线就像过去意大利雕版画中的平行线那样,赋予素描极宝贵的统一效果。[1]

我们现有的莱奥纳尔多的完成作品为数很少。他孜孜不倦地观察,如饥似渴地求知,接连不断地给自己设置新的难题,但似乎只希望为自己解决这些问题。他永远不能为自己下一个明确的结论或画完一幅画,而且所涉猎的课题那么广泛,以至他完全有理由认为他的解决方案只是暂时性的。

1.《最后的晚餐》

继拉斐尔的《西斯廷圣母》之后,莱奥纳尔多的《最后的晚餐》(图12a)是整个意大利艺术中最受欢迎的画作了。它是如此单纯而富有表现力,给所有人都留下了深刻的印象。基督端坐在长条桌的中央,使徒们对称地分列两侧。他说道:"你们中间有一个人要出卖我了。"这句出人意料的话令举座震惊。只有基督保持着平静,他双目垂视,沉默中他的话音回荡着:"我肯定地告诉你们,你们中间有一个人要出卖我了。"人们觉得描绘这则故事不可能还有其他方式,然而在莱奥纳尔多的画中**所有东西**都是新颖的,正是这种单纯性标志着最高级艺术的胜利。如果我们

图12a　莱奥纳尔多,《最后的晚餐》,米兰慈悲圣马利亚教堂

---

[1]《论绘画》No. 70 [麦克迪版,见前引书,第262页。——英译注] 关于相互交融的光与影论述,"像烟雾"(一种较早的表达法)。同一段中还告诫哪里的线条应该"粗壮",哪里的线条应该"纤细"。

图 12b　拉斐尔·莫尔根（Raphal Morghen），《最后的晚餐》，雕刻铜版画，根据莱奥纳尔多原作绘制

图 13　吉兰达约，《最后的晚餐》，佛罗伦萨万圣教堂

回顾 15 世纪的原型，便可在吉兰达约在万圣教堂（Ognissanti）画的《最后的晚餐》（图 13）中找到一则佳例，此画年代为 1480 年，因此大约要比莱奥纳尔多的早十五年。这幅画是吉兰达约最好的作品之一，保留了典型的旧式构图元素，而这个图式已传给了莱奥纳尔多：桌子两端向前伸出，犹大独自一人坐在近前一侧，其

他十二人为一排，坐在较远的一侧。圣约翰在基督身边睡着了，一只胳膊支在桌面上。基督抬起右手说话，但他一定已经宣告了有人要变节，因为众门徒都陷入极度悲哀之中，有些人在申明自己是清白的，彼得则在质问犹大。

莱奥纳尔多首先在两个方面打破了传统。他不再让犹大处于孤立的位置，而是将其和其他人放置在同一排，而且放弃了圣约翰趴在基督胸前的传统画题——他常被表现为在基督胸前睡着了——这个姿势若与"现代的"桌边就座方式结合在一起，必然变得很别扭。这样，莱奥纳尔多在此场景中就获得了更强的统一性。众门徒可分为对称的两组列于耶稣基督两侧，这是出于构筑性安排的需要。他更进了一步，将众人分为若干组，左右两边各两组，每组三人。于是基督便与其他人区分开来，而成为主导性的中心人物。吉兰达约的图画是一种没有中心的聚合，独立的半身人像一个挨一个坐着，他们被框在桌子和墙壁两条明显的水平线之间，脑袋顶着上楣。糟糕的是，支承着屋顶的一个梁托在墙壁中央凸现出来。吉兰达约会怎么办呢？这个问题并未使他为难，他从容不迫地将基督移向一边。而对莱奥纳尔多来说，强调中心人物是极其重要的，他绝不会容忍有这样一个梁托；相反，他借助背景达到自己的目的。坐着的基督被框在他身后敞开透亮的大门之内，这绝非出于偶然。其次，他打破了两道水平线的限制：当然他保留了桌子，但必须让桌子上方各组人物的轮廓活动自如，以便创造全新的情感效果。房屋的透视、墙壁的形状和装饰物都被用来获取人像效果，一切都服从于其造型和尺度——于是房间有了纵深感，墙面被一幅幅挂饰划分。相互交搭的形体增强了立体的错觉，重复的垂直线则强调了人物不同的动态。值得注意的是，这些线和面都很微弱，因此不会真的与人物相竞争，而像吉兰达约这样的老一辈画家，用背景上的大拱券来确立比例尺度，必定会使人物看上去很小。[1]

正如我们所见，莱奥纳尔多在画中仅保留了一条主线，即必须出现的桌子线，但即便在这里也有某些新的东西。我不是指他去除了桌子两端的凸出部——他不是

---

[1] 莱奥纳尔多图画的边缘与所在房间的边界不吻合。在图画上部边缘的上方有相当大的假想空间。这种空间划分是有可能在较小空间中组织较大尺寸人物而又不显得拥挤的手段之一。15世纪意大利画家有一种以侧面墙壁和整个天顶来表现室内的习惯——参看吉兰达约的《圣约翰的诞生》（*Birth of St. John*）或卡斯塔尼奥（Castagno）的《最后的晚餐》。

第一个这样做的人。他的革新就在于，为获得更强烈的效果而敢于去描绘自然中不可能的东西。桌子太小了，如果连桌布也考虑进去，显然所有人都坐不下来。莱奥纳尔多希望避免出现使众门徒落于长桌之后的效果，这些人物产生的印象是如此强烈，以至没有人注意到空间的不足。只有这样才能以紧凑的组合来安排人物，并使他们与主要人物保持联系。这是一些怎样的组合，怎样的姿态啊！基督的话语像霹雳一般震撼人心，一场情感风暴爆发了：使徒们虽然控制着自己，保持着尊严，但他们就像是要被夺走最珍贵财产的人一样。艺术表现获得了巨大的新能量，虽然莱奥纳尔多并未割断与先辈们的联系，但正是前所未闻的强烈表情使他的人物显得无与伦比。当这种力量发挥作用的时候，显然早期艺术中许多次要的兴趣必然被忽略了。吉兰达约必须应付对每个细节都非常挑剔的观众，必须用奇花异草、珍禽怪兽去讨好他们。他特别留意桌子上的陈设，甚至数得出分给每个人的樱桃。莱奥纳尔多则满足于最根本的东西，他有理由希望，画面的戏剧性内容将转移观众对这些小玩意儿的注意力。后人甚至进一步发展了这种单纯化的方法。

这里不宜详细描述每个人物母题，但必须说一下决定各个角色分布的秩序。处于左右两端的人物是平静的：两个侧面人物将整个场面框起来，而且两者差不多都是垂直的。这种平静感延伸到左右两组的第二个人物，接下来运动便开始了，并在基督两侧的两组人物上得到加强。位于基督左边的人摊开双臂，"他好像在脚下突然发现了万丈深渊似的"，犹大坐在基督右边，离基督很近，正猛然往后缩。[1] 最强烈的对比并排呈现出来：犹大与圣约翰居于同一组之中。

各组人物的对比性安排，以及他们之间所维系的关系——连接的环节一方面趋向画面前景，另一方面向纵深发展——引发研究者不断进行分析，当隐藏于其背后的考量被表面的单纯布局所遮蔽时，情况更是如此。确实，与为主要人物所创造的大效果相比，它们只有次要的意义。基督非常平静地坐在整个骚动场面的中央，他倦怠地摊开双手，像是一个已将该说的话都说完了的人，而不像那些较早的画那样将他描绘成正在说话的样子。他甚至没有抬眼，但沉默比任何言辞都更有说服力。正是这种可怕的沉默使希望化为泡影。基督的表情和姿势表现出一种静穆与伟大，

---

[1] 在这里必须纠正歌德（Goethe）的错误，从他那个时代起这一错误就被人广为重复，即他认为画中突如其来的骚动是由圣彼得从一旁用餐刀打犹大引起的。

就"贵族气派"这个词具有"高贵"的含义而言,这种静穆与伟大则可被称作贵族气(aristocratic)。这个词不适用于任何一个15世纪画家。若我们不了解是莱奥纳尔多本人创造了这个形象类型,还会以为他是根据不同的人类类型画了习作。在这里,他吸取了自己天性中的精华,总之,这种伟大的气质将成为16世纪意大利人的共同特性。从霍尔拜因(Holbein)往后,德国人费了多大气力去获得这种风采的魅力啊!然而必须强调的是,只靠基督的表情和姿势不足以解释是什么使他的形象显得与较早的形象如此不同,但基督在整体构图中的作用更能从本质上说明这一点。在早期大师们的作品中,场景缺乏统一性:在基督说话时,使徒们却在相互交谈,使人搞不清所描绘的这个场景是在宣告有人背叛还是在创设圣餐礼。总之,将讲话之后的沉默作为主要人物的母题,这一点完全超越了15世纪的思想水平。莱奥纳尔多是第一个敢冒这种风险的人,他这么做得到了极大的好处,他想使这个基调维持多久就能维持多久:原先激起的激昂情绪继续回荡着,这一情节既是瞬间的,又是永恒的和完满的。

在这方面,只有拉斐尔理解莱奥纳尔多。有一幅出自拉斐尔画派的《最后的晚餐》,由马尔坎托尼奥(Marcantonio Raimondi)[1]镌刻成了版画(图14)。这幅画表现基督处于心理上相似的瞬间,他一动不动地凝视着前方,睁大眼睛望着画外。他的头部完全是垂直的,而且是画中唯一的正面像。

安德烈亚·德尔·萨尔托的一件作品(佛罗伦萨,圣萨尔维教堂[S. Salvi])并未达到这一水平,虽然画中有一些精彩的细节。当画家选择通过浸面包使人认出谁是叛徒这样一个瞬间时,基督却转向圣约翰并握住他的手表示安慰——这是一个绝妙的想法,但却破坏了主要人物的主导地位和感觉上的统一性。或许安德烈亚觉得与莱奥纳尔多竞争是无用的。

其他艺术家画了一些琐碎的细节,想贡献一些新东西。在巴罗乔(Baroccio)的大型作品《创设圣餐礼》(*Institution of the Eucharist*,乌尔比诺)中,基督说话时一些门徒唤房东再取些酒来,好像他们打算干杯似的。

最后是关于莱奥纳尔多的画与所在地点之间关系的一点看法。众所周知,该

---

[1] 这幅藏于阿尔伯特图形博物馆(Albertina)的羽笔素描(见菲谢尔[Fischel],《拉斐尔的画》,第387页)现在被准确地鉴定为 G. F. 彭尼(G. F. Penni)所作,不可将此画当作马尔坎托尼奥的版画草图,因为二者构图迥然不同。

图 14　根据拉斐尔原作制作,《最后的晚餐》,铜版画,马尔坎托尼奥·拉伊蒙迪作

画装饰了一间窄长餐厅的末端墙壁,只有一边射入光线将餐厅照亮。莱奥纳尔多把实际的光源作为画的光源,这不是什么独特的想法。光线从左侧高处照射下来,所以画中右面的墙壁只有部分被照亮,而且明暗色调变化如此显著,以至相形之下吉兰达约的画似乎总是单调而平板的。桌布被光照亮而十分显眼,光线照在人物头部使其在暗墙衬托下具有强烈的立体感。对这种实际光源的使用还获得了另外一种效果:虽然犹大不像以往那样处于独处状态,而是安排在其他使徒中间,但他依然是一个孤立的人物,因为他是唯一完全逆光而坐的人。所以他的脸部完全处于阴影之中。也许当年轻的鲁本斯(Peter Paul Rubens)在画他的那幅《最后的晚餐》(藏于布雷拉美术馆)时,曾想到过这种简单而有效的人物描绘手段。

2.《蒙娜·丽莎》

在 15 世纪,艺术家们偶尔尝试超越单纯为模特儿画肖像的做法,不再满足于

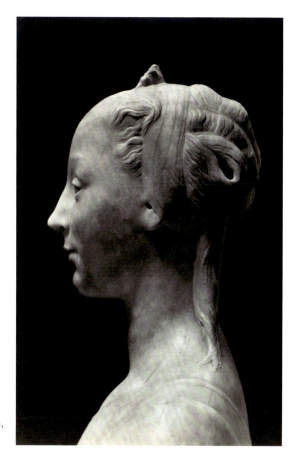

图 15　德西代里奥·达·赛蒂纳诺,《姑娘胸像》,巴杰罗博物馆

画出与他们相像的所有特征,也不再满足于画出体现人物性格的永久性头部外形。他们追求某一时刻精神状态的表现,并通过脸部瞬息变化的情感记录下这一片断。德西代里奥的几件年轻姑娘胸像(图15)就具有这种品质:她们微笑着,这种微笑不是固定不变的俗套,而是快乐时刻的纯真反映。人人都了解这些佛罗伦萨的少女们,她们的嘴角挂着微笑,眼睛上有弯弯的眉毛,即使是大理石像,她们的眼睛也总像闪耀着光芒似的。在《蒙娜·丽莎》(图16)中,人物的脸上也有一种微笑,但只是嘴角一丝淡淡的微笑悄悄地在脸上掠过,就像一缕清风漾起涟漪,拂动了脸上柔滑的皮肤;面部的光影像在窃窃私语,我们倾听着,从不会感到厌倦。波利齐亚诺(Poliziano)在什么地方说过:"她脸上闪现出甜蜜的、温柔的微笑。"[1]我对

---

[1] 波利齐亚诺,《比武篇》(*Giostra*) I,第50页,"lampeggiò d'un dolce e vago riso"。

图 16 莱奥纳尔多,《蒙娜·丽莎》,罗浮宫

这种观念和表情是否会再次出现于 16 世纪这一点表示怀疑，当时微笑已不再流行，或更确切地说，唯有我们在塞巴斯蒂亚诺·德尔·皮翁博（Sebastiano del Piombo）的《多萝西娅》(*Dorothea*, 图 81) 中见到的那种柔和的微笑。

褐色的眼睛从细长的眼睑下向外望着，这不是 15 世纪那种目光直率的眼睛，而是神色暧昧的眼睛。下眼睑几乎是水平的——令人想起哥特艺术中眼睛的形状，那些作品运用相同的母题给人以湿润明亮的印象——而且眼睛下方的所有部分都表现出高度的敏感，以及皮肤之下纤细的神经。

没有眉毛令人吃惊。眼窝曲面毫无过渡地连接着过高的前额，但这不是个人特征，因为在《廷臣论》(*Cortegiano*) 中有一段话告诉我们，妇人们拔掉眉毛是为了赶时髦。[1] 宽阔的额头也被认为是一种美，所以前额上的头发也被牺牲了，这就解释了米诺（Mino）和德西代里奥所做的少女胸像前额宽大的原因。他们怀着柔情用凿子在大理石上塑造洁白的表面，这种乐趣压倒了所有其他的考虑，以至自然的分界被取消，前额的范围不合理地往上扩展。在这点上，《蒙娜·丽莎》是 15 世纪趣味的一个实例，因为后来时尚立即改变了，前额线再度降低，而且现在人们体会到，用眉毛确定形体结构要好得多。藏于马德里的那幅《蒙娜·丽莎》的复制品就有眉毛，是被故意加上去的。

如眼睛那样呈栗色的秀发，同披在头上松开的纱巾一道，像轻柔的波浪似的顺着她的两颊滑下来。

这位夫人坐在扶手椅中，你会惊讶地发现，如此僵直的头部姿势竟会用这么柔和的手法绘成。显然她的举止符合时尚，因为正襟危坐的姿势意味着地位优越，正如可以在吉兰达约那幅描绘托尔纳布奥尼礼拜堂中的女士们（The Tornabuoni ladies）的湿壁画中见到的那样，她们出门做客时身子挺得笔直。后来时尚改变了，关于这个主题更新的想法直接反映在肖像的姿势上。[2]

除此之外，这幅画并不缺乏动感。莱奥纳尔多第一次用半身像代替胸像，将身

---

[1] 巴尔达萨雷·卡斯蒂寥内（Baldassare Castiglione），《廷臣论》，1516 年。在本书第一卷中提到，男人们仿效妇女拔去眉毛和额发（Pelarsi le ciglia e la fronte）。
[2] 当美第奇家族的卢克雷齐娅·托尔纳布奥尼（Lucrezia Tornabuoni nei Medici），豪华者洛伦佐（Lorenzo the Magnificent）的母亲，在罗马贵族中为儿子择偶时，在给丈夫的信中挑剔罗马妇女的举止，认为她们不如佛罗伦萨人挺得那么直（罗伊蒙特［Reumont］，《豪华者洛伦佐》[*Lorenzo magnifico*, I, 272]）。

体拦腰切断。他让模特儿侧向坐着，上身半偏转，而脸部几乎是全正面的，再辅之以手臂的动作。她一只手臂搁在椅子扶手上，另一只手臂前伸，呈透视短缩状；一只手搭在另一只手上。莱奥纳尔多画出这双手并不仅仅是为了装饰，因为这双姿势宁静的手大大加强了性格表现，让人感受到这些灵敏手指的微妙触感。在这方面，韦罗基奥走在莱奥纳尔多前面——如果藏于巴杰罗博物馆的著名胸像确是他所作，而非将它归于年轻的莱奥纳尔多本人的话。

装束简朴得近乎古板——对于一个16世纪的艺术家来说，这件胸衣的轮廓线一定显得太生硬了。带褶的外衣为绿色，这是后来卢伊尼（Luini）所使用的绿色。黄褐色的袖套并不像早些时候流行的短而窄的样式，而是达到腕部并形成很多横向皱褶，因此它们有效地陪衬着圆润光滑的双手和优雅的手指。她手上未戴戒指，颈项上也未佩戴饰物。

背景是一片风光，如某些较早的图画，但它并没有一直延续到人物，因为在风景与人物之间隔着一道矮墙，而且风景的视界被限制在两根圆柱之间。你必须细加观察，辨别出这个带来了重要后果的母题，因为除了基座之外，圆柱看上去只露出两条窄带。后来的风格并不满足于这种微弱的暗示。[1]

风景本身朝着模特儿的视平线之上的远处伸展，这是非同寻常的风景——神奇的、锯齿状的山脉迷宫，其间散布着湖泊和溪流。最奇特的是那种朦胧的手法所暗示的梦境。风景与人物有着不同的现实秩序，就艺术家而言，这不是一种说不清的怪念头，而是增强人物外貌实体感的一种手段。这说明了莱奥纳尔多关于远处物体外观的某些理论，他在自己的笔记中也陈述过，[2] 而且这种方法如此成功，以至在《蒙娜·丽莎》所挂的罗浮宫方厅（Salon Carré）中，所有邻近的画，甚至那些17世纪的画，看上去都显得平板了。风景是以各种褐色、蓝绿色和溶入天空的蓝绿色调画的，这恰恰是佩鲁吉诺在他的小型作品《阿波罗与玛息阿》（*Apollo and Marsyas*）中所用的颜色，此画也藏于罗浮宫。

莱奥纳尔多说，造型是绘画的灵魂。只要站在《蒙娜·丽莎》一画面前，人们就会领悟这句话的含义。外表优雅的波动起伏变成了一种个人的体验，人们几乎就

---

[1] 参见藏于罗浮宫的拉斐尔风格的所谓《为马达莱娜·多尼画的素描》(*Drawing for the Maddalena Doni*)。
[2]《论绘画》(路德维希意-德版，No. 128)。[其中一些理论可见于麦克迪版《笔记》。——英译注]

像用一只意念之手轻轻抚过它们。目标不是单纯的，而是复杂的，任何已对这幅画细心观察良久的人都可证实。它要求人们到近前进行研究，因为如果从远处观看，它的许多特殊效果就会丧失。对这幅画的照片来说情况更是如此。因此照片不宜作墙壁上的装饰品。在这方面，它基本上不同于后来16世纪的肖像，从某种意义上说，它标志着一场起源于15世纪的运动的终结，是优雅风格的顶峰，尤其是雕塑家们为这种优雅风格竭尽全力。而下一代的佛罗伦萨人一点也没有发展它，只是在伦巴第，人们继续纺着这些优雅之线。[1]

3.《圣母子与圣安娜》

与《蒙娜·丽莎》相比较，藏于罗浮宫的莱奥纳尔多的另一幅画《圣母子与圣安娜》(Virgin and Child with St. Anne，图17) 不太为观众所欣赏。这幅画可能并非完全出自莱奥纳尔多手笔，颜色已受到损害。它的素描质量不大为现代眼光所赞赏，也确实不被人理解。然而单是这幅画的底图[2]，在当时（1501年）的佛罗伦萨就引起了极大轰动，吸引人们纷纷前往圣母领报女修道院（the convent of the Annunziata）朝圣。在那里，人们可以一睹莱奥纳尔多新近创造的奇迹。这个主题或许相当枯燥无味；我们想想较早的大师安排三个人物的固定不变的方法，即一个坐在另一个膝上，三人都面向观众；但是在这里，那种枯燥乏味的叠罗汉式布局已转变为最巧妙的组合，死气沉沉的框架中被注入了生气勃勃的动态。马利亚侧身坐在母亲的膝头，微笑着向前俯下身去，用双手去抱小基督；小基督在马利亚脚边正试图骑上一只羔羊。他好奇地抬头向上看，但依然牢牢抓住这只蹲伏着的可怜动物的脑袋不放，尽管他已将一条腿跨在它背上，但它仍竭力退缩。那位长相年轻的祖母微笑着，注视着这场愉快的游戏。

《最后的晚餐》中的人物组合问题在这里得到了进一步发展。构图非常耐人寻味，小小的空间中表达了许多东西。所有人物的动态都形成了对比关系，主要形体

---

[1] 人们早就感到《漂亮的五金商人》(Belle Ferronnière，藏于罗浮宫）不是莱奥纳尔多的作品。这幅漂亮的图画最近已被暂定为博尤特拉菲奥（Boltraffio）所作，但不能令人信服。
[2] 这幅底图已失传，而图画可能很晚才完成。参见库克（Cook），《美术报》(Gazette des Beaux-Arts)，1897年。

图 17　莱奥纳尔多,《圣母子与圣安娜》,罗浮宫

的方向相互对立,但被融入一个紧凑封闭的团块,而这个团块又包含于一个等边三角形之中。早在《岩间圣母》(图 8)中就可以看出,所有这一切都是刻意追求将整个构图服从于简单几何形状的结果;但这幅较早的作品与《圣母子与圣安娜》的被压缩的丰富性相比,看上去多么散漫啊!并不是对精雕细琢的癖好使莱奥纳尔多尝试在不断缩小的空间中表现越来越多的运动,因为印象的强度是按比例增强的。困难在于保持清晰与平静的总体印象,这就是使他的不高明的模仿者失足的绊脚石。莱奥纳尔多取得了非常清晰的效果,而且他的主要母题——俯身向前的圣母,美丽动人而热情洋溢。他以无与伦比的表现技巧使所有次要的美都服从于主要母题,而那些次要的美往往将 15 世纪艺术引入歧途。请看肩膀与头部轮廓的处理方

式：以暗部衬托亮部，对比鲜明，但仍然保持着美妙的柔和感。多么平静又多么富于动感啊！圣安娜的自持态度提供了最生动的对比。在下方，通过圣子与羔羊抬首仰视，画家以最欢乐的方式完成了这一人物组合。

藏于马德里的一幅拉斐尔作的小幅图画反映了这种构图给人的印象。作为一个身处佛罗伦萨的年轻人，拉斐尔曾研究过一个类似的难题，他以圣约瑟代替圣安娜，但很不成功。单是那只羔羊就显得毫无生气，因为拉斐尔从来就不是一个成功的动物画家，而莱奥纳尔多却能成功地描绘任何他所理解的东西。但是现在有一位比拉斐尔更难对付的竞争者加入了与莱奥纳尔多作对的行列，他就是米开朗琪罗。关于这一点，下文将有更多的讨论。

《圣母子与圣安娜》一画中没有《岩间圣母》中的青草、鲜花和碧水辉映的池塘，画面上只有真人大小的人物。但是比实际尺寸更为重要的是他们的尺度，即他们所占画面的比例。他们比早先作品中的人物更有效地充满了画布，换句话说，画面对于它所包容的东西来说，在比例上显得更小一些。这在16世纪成为一种典型的比例尺度。[1]

4.《安吉亚里之战》

《安吉亚里战役》（*Battle of Anghiari*）这幅战争画是为佛罗伦萨议会的大会议厅定制的。关于这幅画不可能谈很多，因为它现在已不复存在，就连一幅底图也没留下来，只有一幅后人画的不完整的摹本。但不能忽略它，因为它提出的问题太有趣了。

莱奥纳尔多对马做了相当深度的研究，或许比任何16世纪艺术家都要深入，他的兴趣来自对这种动物的热爱。[2] 他曾经在米兰花了几年时间忙于设计弗朗切

---

[1] 对同时代人的印象在1501年4月3日弗拉·皮耶罗·迪·诺韦拉拉修士（Fra Piero di Novellara）写给曼图亚侯爵夫人的一份报告中得到清楚的评估。在报告中他谈到这个方面："e sono queste figure grandi al naturale, ma stanno in piccolo cartone, perchè tutte o sedono o stanno curve, et una sta alquanto dinanzi all'altra."（*Archivio storico dell'arte*, I）.［这些人物形象与真人同大，但画在很小的底图上，他们都坐着或向前俯身而且前后重叠。"参见肯尼思·克拉克（Kenneth Clark），《莱奥纳尔多·达·芬奇》，1940年。——英译注］藏于伦敦（皇家美术学院）的草图是两个妇女和两个孩子为一组，画得不太漂亮，很可能是稍早的且不太熟练的作品。它对莱奥纳尔多画派的影响可见于卢伊尼的作品（藏于安布罗斯博物馆［Ambrosiana］）。

[2] 瓦萨里（米拉内西版，IV，第21页）。

斯科·斯福尔扎（Francesco Sforza）公爵的骑马像，此像未曾铸造，但为它做的一个完整模型曾经存在过，其损毁被认为是艺术中的最大损失之一。这尊骑马像原先似乎要在动态表现上超越韦罗基奥的《科莱奥尼》（Colleoni）纪念像，因此莱奥纳尔多创作了一座群像：一匹奔马踩踏着一个倒下的敌人。安东尼奥·波拉尤洛（Antonio Pollaiuolo）曾有过同样的构思。[1] 人们不时感到担忧，莱奥纳尔多的形象是否过于概念化了，但如果这种担忧有任何正当理由的话，也只涉及为这一设计所画的草图，因为腾跃的马的母题不能被视为最后的定稿，而且在创作过程中有一种向更加统一和更加单纯方向发展的趋势。这类似于在《最后的晚餐》的草图中可看到的发展趋势。况且，莱奥纳尔多最后确定了马匹踏步走的姿势，修改了原先旨在表现马头与骑者之间强烈的方向对比的方案。这是意味深长的。只有拿着司令官权杖向后弯曲的手臂未加修改，因为莱奥纳尔多希望使轮廓富于变化，并填补骑者背后右边的虚空之处。[2] 关于佛罗伦萨议会会议厅的战争画，莱奥纳尔多设法利用他在米兰的研究成果，而留给我们有关这件大型战争画的唯一原始资料，是藏于罗浮宫的一幅素描，被归于鲁本斯所作[3]，埃德林克（Edelingk）据此素描镌刻了一幅著名的铜版画杰作。这幅素描几乎不可能表现那幅画中的全貌，但总的来说它与瓦萨里的记述是相符的。

莱奥纳尔多打算痛痛快快地向佛罗伦萨人展示如何画马。他选取了这场战役中的骑兵战斗为主要母题——为军旗而战，有四匹马和四名骑兵，他们进行着短兵相接的激烈肉搏战。以最大程度的立体造型（plasticity）来进行群体组合这一难题，在这里被推至近乎模糊[4]的程度。那位北方铜版画家强调了这幅画的涂绘性特色，所以用较明亮的团块包围着中央那块深色团块。我们完全可以相信这一安排大体上是莱奥纳尔多的。

---

[1] 瓦萨里（米拉内西版，Ⅲ，第297页），参见藏于慕尼黑的素描（贝伦森，No. 1908）。
[2] 关于米兰的纪念像的问题，以及后来第二个为特里武尔齐奥将军（General Trivulzio）设计的立于其陵墓之上的骑马像设计方案问题的论述，见米勒-沃尔德（Müller-Walde）发表于《普鲁士艺术收藏年鉴》的文章（1897年和1899年）。自那时之后，芒茨（Muntz）的大作问世（《莱奥纳尔多·达·芬奇》，巴黎，1899年），该书提供了所有事实的翔实材料。[英语读者可参阅上文所引的肯尼斯·克拉克爵士的书。——英译注]
[3] 我不敢贸然同意那幅藏于罗浮宫的素描的原作者是鲁本斯，而鲁赛斯（Rooses）坚决肯定态度。总之，鲁本斯知道这幅画——他的藏于慕尼黑的《猎狮》（Lion Hunt）以及其他作品证实了这点。
[4] [对于"模糊"（unclear）这个词的用法，参见沃尔夫林《美术史的基本概念》。——英译注]

当时，特别"现代"的任务是将若干团块组织成犬牙交错的构图，而令人们感到惊奇的是，未曾发现更多的战争画。唯有拉斐尔画派绘制了一件这种类型的重要作品，即《君士坦丁战役》(Battle of Constantine)，这幅画代表着西方对古典战争画的一般观念。它取得的一个进步是，从只对一个情节的描绘发展到表现真实的集团作战。然而尽管这幅名画比莱奥纳尔多的画表现了更多的东西，但由于缺乏清晰性，以至人们已经从中看出了视觉敏锐性的丧失和表现手法的衰退。当然拉斐尔与此画无关。

* * * * *

莱奥纳尔多没有给佛罗伦萨留下什么画派。所有人都向他学习，但他所造成的影响被米开朗琪罗所取代了。很明显，莱奥纳尔多向一种尺度宏大的人物观念发展，结果对他来说人物成了头等重要的东西。然而，如果佛罗伦萨更具莱奥纳尔多特色的话，就会呈现出一种不同的面貌，而残存于安德烈亚·德尔·萨尔托或弗兰恰比焦（Franciabigio）和布贾尔迪尼（Bugiardini）作品中的莱奥纳尔多的影响，并没有多少真正的意义。对于他的艺术的直接延续，或者说哪怕是片面的延续，只能在伦巴第找到，但是伦巴第人虽有画家天赋，却完全缺乏构筑感。他们从未领会《最后的晚餐》的结构，莱奥纳尔多的人物组合和复杂运动所提供的解决方案超出了他们的理解范围。他们那些较为活泼的部分由多少显得狂乱的运动构成，其他部分则单调划一。在伦巴第，莱奥纳尔多艺术的女性气质方面最有影响，如那娇羞的情感，朦胧而柔软的年轻躯体，尤其是女性形体。莱奥纳尔多对女性人体美非常敏感，甚至可以说，他是第一个逼真表现肌肤的柔滑肌理的人。他的佛罗伦萨同代人也在画女裸体，但他们所缺少的正是莱奥纳尔多的这种魅力。在他们中间，即使是最富有涂绘感觉的人，如皮耶罗·迪·科西莫（Piero di Cosimo），其主要兴趣也只在于形状而不在于表面的品质。随着莱奥纳尔多所使用的塑造方法所演示的那种微妙触感的觉醒，女性人体在艺术上获得了一种新的意义，即使我们不曾知道他的这些画曾经存在过，但根据这些心理依据我们仍可以推断，莱奥纳尔多一定对这个问题做了大量的研究。

最重要的似乎是《丽达与天鹅》(Leda and the Swan)，我们只能通过一些摹本（图18）了解它。它大抵是这样的形式，一个美丽的裸女稍具动感，她站立着，双

图18 根据莱奥纳尔多原作绘制,《丽达与天鹅》,罗马博尔盖塞美术馆　　图19 詹彼得里诺,《丰裕》,米兰博罗梅奥伯爵藏

膝并拢,正在抚摸着天鹅,而不是在抗拒它。这个人物躯体扭转,头部歪斜,一条臂膀横过身体,一个肩膀较低。这个人物产生了相当重要的影响。(最著名的变体画藏于罗马博尔盖塞美术馆,一度被归为索多马[Sodoma]所作)。[1]因此,在莱奥纳尔多的那些伦巴第追随者中,女性裸体成了一个共同的画题,但是由于他们对影响整个身躯的动态没有感受力,所以放弃了全身人像而满足于半身图式便毫不奇怪了。人们可能会指望在《浴中的苏姗娜》一画中看到对一个人物形象塑性效果的全面研究,但即便像这样的题材,也被限定在乏味的程式之内(见藏米兰博罗梅奥美术馆卢伊尼作的一幅画)。我们在这里刊印了詹彼得里诺(Gianpetrino)的《丰裕》(Abundance,图19)这幅不太做作的半身人像,以作为这一风格的典型代表。[2]

[1] 参见米勒-沃尔德(Müller-Walde)《莱奥纳尔多·达·芬奇对知识的贡献》,载《普鲁士艺术收藏品年鉴》,1897年。米勒-沃尔德在阿特兰蒂克斯抄本(Codex Atlanticus)中发现这个人物形象的一幅羽笔小素描。参看芒茨,前引书,第426页以后。
[2] 此画藏于米兰博罗梅奥美术馆,应当与莱奥纳尔多的《蒙娜·丽莎》做一比较。《蒙娜·丽莎》的一幅变体画,甚至在莱奥纳尔多在世时(也许由他本人)被改画成一幅裸体画。参看芒茨,前引书,第511页。

第三章

米开朗琪罗（1520年之前）

米开朗琪罗（1475—1564）对于意大利艺术进程的影响，如同一股汹涌的山洪，即使土地肥沃，同时又具有破坏作用。米开朗琪罗所向披靡，势不可当。对于少数人，他是一位解放者，而对于更多的人则成了破坏者。从一开始，米开朗琪罗就是一个十足的个性人物，他那专心执着的精神令人敬畏，他认为这个世界就是一个雕塑家，仅此而已。他的兴趣在于形状的确定性，对他来说，只有人体才值得表现，无限丰富的造物根本就不存在；人类并非由千千万万各不相同的个人组成的此岸世界的人类，而是从彼岸迁入这个大世界中的一个不同种族。莱奥纳尔多以万物为乐，与其相比米开朗琪罗显得像一个隐士，一个苦行者，这个世界事实上并未为他提供任何东西。他确实曾创造过一个夏娃，描绘出女性之本性的慵懒、温柔的美，闪耀着肉感特性的全部光辉。不过这只是短暂的行为。无论有意还是无意，他创造的一切都沉浸在苦涩之中。

他的风格旨在集中性，旨在创造紧密的团块；松散而粗略的轮廓与他的性格不合，紧凑的构图和非常克制的姿势对他来说才是气质所必需的。他所具有的把握形式的能力和内部视觉的清晰性是绝对无与伦比的。他对表情没有踌躇不定的摸索，他以最果断的笔触表现任何他想表现的东西，所以他的素描具有一种穿透性。可以说这些素描渗透着形式结构。

内在的结构和运动的力学原理被表现得淋漓尽致，迫使观众去分享他的体验。再者，其肢体的每个转动、每个弯曲都具有一种潜在的力量——微不足道的位移都有着不可思议的强大影响，所产生的印象如此强烈，以至人们会忘记寻觅动态背后的母题。他不懈地努力获取尽可能强烈的效果,以迄今为止人们梦想不到的新效果来丰富艺术,这就是米开朗琪罗的特点。但是,他也因剥夺了人们欣赏简单而平凡事物的全部乐趣,将艺术弄得索然寡味。正是他将不和谐引入了文艺复兴,故意采用不和谐的手法,为新的风格——巴洛克奠定了基础。我们将在以后的部分中对此加以讨论,但1520年之前他前半生的作品依然在述说着另一种语言。

1. 早期作品

《圣母怜子》(Pietà,图20)是米开朗琪罗的第一件重要作品,由此我们可以推断他的各种意图。现在,这件作品被人用野蛮的方式展出于圣彼得教堂的一间礼拜堂内,在那里既看不到精妙的技巧又看不见动态的魅力,因为这座群雕在礼拜堂的巨大空间中很不显眼,而且被放置得那么高,使得人们不可能从合适的视点去观看它。

将两个真人大小的大理石人物组合为一组群像,这种做法本身就很新颖,而将一个成年男子的躯体安放在一位坐着的妇女膝上,也是一项非常困难的工作。我们可能以为会找到一条横贯群雕的直角水平切割线,但是米开朗琪罗完成了在当时没人能做到的事情。由于整个雕像扭曲旋转,所以两个人物十分服帖地结合在一起:马利亚抱住沉重的躯体,但并未被压垮;从所有的视点都可以清楚地看到死去的基督,他的每条轮廓线都富有表现力。向上耸起的肩膀和往后仰倒的头颅使这具死尸具有强烈的悲怆感。马利亚的姿势更令人惊异。泪水汪汪,因痛苦而变形的面庞,昏厥过去的神态,这些早先的大师都已表现过了。米开朗琪罗说:"神的母亲不会像人间的母亲那样哭泣。"她静止不动,头部低垂,脸上没有流露出任何情感,只有垂下的左手富于表情:这只手半张着,伴随着极度痛苦的无言独白。基督没有任何痛苦的迹象,这可以说是16世纪的感伤情调。

从形式上看,这件作品的佛罗伦萨血统和15世纪风格更为明显。圣母的头部不同于任何人物的头部,但属于那种为早先的佛罗伦萨人所喜爱的优雅纤弱的类型,而且这些人物在风格上也相似。几年之后,米开朗琪罗会将人物塑造得更宽厚丰满,他后来甚至感到这组人物的组合太雅致、太简单、太松散;他会将那具尸体

图 20 米开朗琪罗,《圣母怜子》,罗马圣彼得教堂

塑造得更有力、更厚重,轮廓也不那么散乱,而且他会将这两个人物压缩到一个更为紧凑的团块中。衣料有些过于华丽,衣褶明亮,阴影浓重,这是 16 世纪雕塑家喜欢为模特儿采用的手法。按照惯常做法,大理石像被打磨得很光滑而产生了强烈的反光,但已不存在镀金的问题了。

与《圣母怜子》紧密相关的是布鲁日的《圣母子》(*Madonna and Child*,图 21),这件作品完成后即被携离意大利[1],因此未在那儿留下重要的影响,虽然人们可能期望处理这一主题的全新手法给人以强烈的印象。在佛罗伦萨,尽管这一祭坛雕像的主题有许多变体,但以群雕形式出现的圣母子坐像是不多见的。人们看到的更多是以赤陶土而非大理石制作的,通常还上彩,因为人们觉得这种陶土本身并不

---

[1] 在次要部分可以看到能力较弱的助手的痕迹,当米开朗琪罗第二次去罗马时 (1505 年),好像他还没有完成这件作品。

图 21　米开朗琪罗,《圣母子》, 布鲁日圣母教堂, 1505 年　　图 22　贝内代托·达·马亚诺,《圣母子》, 柏林博物馆

好看。但在 16 世纪, 当人们只能以石雕来满足日益不断增长的对纪念性作品的需求时, 这种材料便渐渐被淘汰了。在赤陶土的确还在使用的地方, 如伦巴第, 人们宁可不上色。与早先的各种类型不同, 米开朗琪罗将又大又壮实的小基督从圣母膝上放下来, 置于她的双膝之间, 让他爬上爬下。站着活动的小基督这个母题赋予这一群雕以新的形式内涵, 坐着的圣母双脚高低不同, 增加了这座群像的变化。小基督正在玩着儿童游戏, 但他很严肃, 比那些较早的雕像, 甚至表现为正在祈福的雕像, 都要严肃得多。圣母也陷入沉思, 沉默无语, 没有人敢冒昧与她说话。一种庄严的、几乎神圣的严肃气氛笼罩着他们。应当把这种在神圣事物面

前的尊重与敬畏的新理想，与体现 15 世纪思想感情的人物形象做一比较，例如藏于柏林博物馆的贝内代托·达·马亚诺作的赤陶土群塑（图 22）。这是尊敬的某某夫人，人们确信以前曾见到过她，她正在料理家务，性情温厚。小基督则是一个漂亮快活的小淘气，他还真的举起小手祈福，但人们无需认真对待。他们脸上闪现的轻松愉快的神色以及眼中流露的笑意，都被米开朗琪罗摒弃了。圣母的头部不再像是一个安逸的家庭主妇，她的衣着也不可能使我们的心灵被世俗的财富和荣耀引入歧途。

布鲁日的《圣母子》演示了一种新艺术精神，它发出持久的和音，响亮而清晰。确实人们或许会说，端正庄严的头部本身就是一个超越了 15 世纪一切的母题。在一件非常早的作品（即小浮雕《台阶上的圣母》[Madonna of the Steps]）中，米开朗琪罗试图系统地阐述一种类似的想法，即圣母凝视着天空，小基督睡在她胸前。即使在谨小慎微的素描中，他的新观念也是清晰的。现在当表现力处于巅峰状态时，他在藏于巴杰罗博物馆的未完成的圆形浮雕（即巴杰罗圆形浮雕）中返回到这同一主题上来了。在这件作品中（图 23），小基督倚靠着母亲昏昏欲睡，神情庄严，而母亲面部呈全正面，身子挺直，从浮雕表面朝外看着，就像一位女先知。从另一角度来看，这件浮雕也是值得注意的，它开创了一种女性美的新理想。这种美塑造得更为有力：大大的眼睛，宽宽的脸颊，结实的下巴，与佛罗伦萨较早的优雅趣味截然不同。新的衣纹安排与此相伴随，例如脖颈裸露出来，显示出与身体结构的重要联系。米开朗琪罗所采取的利用空间的新方法，即让人物身体突然触碰到浮雕边缘，加强了力量感。他抛弃了安东尼奥·罗塞利诺那种从最突出部分到表面轻微起伏的持续光影变化的效果，而喜欢在远处产生效果的强音。直挺的头部再次定下基调。

无独有偶，这件佛罗伦萨浮雕在伦敦有一件同类作品，其极度的精致迷人和完善之美，在米开朗琪罗的创作中难得一见，只是瞬间的闪现（藏于皇家美术学院）。

与这些作品相比，藏于乌菲齐美术馆的郁郁寡欢的《神圣家庭》(Holy Family，图 24) 显得多么奇特，它多么难与一长串 15 世纪的叫"神圣家庭"的作品相调和啊！这个圣母是一个如男人般瘦骨嶙峋的妇女，胳膊和脚裸露着，屈腿跪坐在地上。她转身从肩上接过身后圣约瑟手中的圣婴，所以处在动态中的整组人物便奇特地挤成

图 23　米开朗琪罗,《圣母子》,巴杰罗博物馆

了一堆。这绝不是母亲般的马利亚（在米开朗琪罗的作品中绝没有这回事），也不是僧侣式的童贞女，而简直就是一位半神式的女英雄。对于这一题材的各种要求如此明显地相互矛盾，以至观者立即会感到，这只是一种饶有趣味的动态练习以及一个对预设的构图难题的解决方案。这幅画是为一个私人主顾画的，在瓦萨里的故事中曾提到，订购这幅画的安杰罗·多尼（Angelo Doni）在接受它时提出刁难，从皮蒂宫中他的肖像来判断，此人不太会赞同"为艺术而艺术"。很清楚，此画的课题是要在最有限的空间内创造最大限度的动态感，而这幅画的真正意义就在于它集中式的形体塑造。或许应将这幅画看作一件竞赛作品，意在胜过莱奥纳尔多，因为它的年代正是莱奥纳尔多的《有圣安娜的神圣家庭》(*Holy Family with St. Anne*) 的底图以其人物密集紧凑的新风格引起轰动之时。米开朗琪罗用圣约瑟代替圣安娜，但技术问题却是相同的——要将两个成年人和一个孩子配合得尽可能紧凑而不失清晰性，没有拥塞感。当然，米开朗琪罗在各轴向变化方面超过了莱奥纳尔多，但他付出了多大的代价啊！此画中轮廓与造型具有金属般的精确性，所以它不再是一幅画，而像一件上彩的浮雕。立体造型一直是佛罗伦萨人的长处——他们是雕塑家而

图24　米开朗琪罗，《神圣家庭》，乌菲齐美术馆

不是画家——但在这里，这位民族天才上升到这样一个高度，即为对于什么是"好素描"的全新解释开辟了道路。就连莱奥纳尔多也拿不出任何可与圣母伸出的臂膀相比的东西，其每个关节和每块肌肉都充满了生命，在整个构图中充满本质意义——裸露到肩的臂膀并不是没有道理的。

这幅具有鲜明轮廓与透明暗部的图画所产生的影响，在佛罗伦萨从未消失。在这擅长素描的故乡，一而再再而三地出现与明暗对照法倡导者唱对台戏的人。例如在这方面，布隆齐诺（Bronzino）和瓦萨里是米开朗琪罗的直接继承者，尽管他俩在形式感的表现力方面都难以望其项背。

* * * * *

在看了《圣母怜子》、布鲁日《圣母子》坐像、若干圣母浮雕以及《神圣家庭》圆形画之后，我们期待着米开朗琪罗那些最能展示他个性的青年时期的作品——男性裸体。他最初制作的是大型裸体像《赫拉克勒斯》（Hercules），这件作品已佚失。接着，在雕刻《圣母怜子》的同时，他在罗马雕刻了《醉酒的巴克科斯》（Drunken Bacchus，巴杰罗博物馆），不久名声比这些作品都大得多的佛罗伦萨的《大卫》面世了。[1]

　　在《醉酒的巴克科斯》和《大卫》上，人们清楚地看到15世纪意义上的佛罗伦萨自然主义的最终表现，因为它与多纳泰洛将巴克科斯表现为酒醉之后步履蹒跚的想法是一致的，而且米开朗琪罗选择了这样一个瞬间：这位醉汉站不太稳，他扶着一个小伙伴，眯着眼睛看着斟满酒高高举起的酒杯。米开朗琪罗挑选了一个胖乎乎的小伙子作为模特儿，以一种后来再没体验过的极大乐趣塑造了一个富有个性特征的、柔软的、几乎女性化的人体，母题和处理手法具有15世纪的特点。这个巴克科斯没有任何有趣之处，没有人会对之发笑，它却包含了年轻人的幽默感——就米开朗琪罗认为的怎样才算是年轻人而言。

　　由于《大卫》（图25）的外貌有棱有角，所以它更引人注目。大卫像应是一个年轻英俊的得胜者肖像，所以多纳泰洛将他刻画成一个坚定健壮的青年，而韦罗基奥则将大卫塑造为一个清秀苗条、棱角分明、身材修长的小伙子（图2、3），反映了不同的趣味。米开朗琪罗对青年特有的美的理想是什么呢？一个巨人般的小伙子，既非成人也非孩童，而是一个正值长身体年龄的年轻人，硕大的手足与四肢大小不相称。仅此一次，米开朗琪罗的现实主义观念便一定得到了彻底满足，因为他接受了将这个粗野的模特儿放大到巨型尺寸所带来的后果，并不打算去修饰人物姿态的棱角分明的节奏和双腿间巨大的、空洞的三角形，但对轮廓线之美却未做任何

---

[1] 对藏于柏林博物馆的《乔瓦尼诺》(Giovannino，图184)不能只字不提，因为它被归于米开朗琪罗所做，时间大约是1495年，在《醉酒的巴克科斯》之前。但在这里我不想重复自己已经对这件作品发表的意见，即不能把这件雕像同米开朗琪罗联系起来，或甚至同15世纪联系起来（参见沃尔夫林，《米开朗琪罗青年时代的作品》，1891年）。这一形象的十分造作的姿势以及一般化的、光滑的形体处理，使我有理由将它置于16世纪。关节的处理手法出自米开朗琪罗派，但不是年轻的米开朗琪罗。甚至就这位大师本人而言，自由前伸的手臂这个母题在1520年之前也是不可能的，而且那种甚至不允许表示男孩的肋骨和腋下皮肤褶痕的柔弱形式，即便在最为女性气的15世纪艺术家中也是找不到的。那么，谁是这件令人费解的雕像的作者呢？有人坚持认为他一定早夭，否则我们会对他有更多的了解。我认为，他就是那位那不勒斯的吉罗拉莫·桑塔克罗切(Girolamo Santacroce，约1502—1537)，他的生平可在瓦萨里的著作中读到（参见德·多米尼奇（de Dominici），《那不勒斯画家、雕塑家和建筑师传》[Vite dei pittori, scultori ed architetti napolitani]，1843年第二版）。他死得很早，被宠坏得更早。他被手法主义潮流冲昏了头脑，甚至在《乔瓦尼诺》中，手法主义的某些预兆是不可否认地存在的。人们将他誉为第二个米开朗琪罗，并对他抱着极大的希望。与《乔瓦尼诺》非常相似的是在那不勒斯蒙托利韦托教堂(Montoliveto)那座杰出的佩佐(Pezo)家族祭坛，从那里人们可对这位早熟的艺术家的巨大才能做出正确判断。与此相近的是乔瓦尼·达·诺拉(Giovanda nola)做的一件类似作品，他通常被视为那不勒斯16世纪雕塑的代表，但他是一个很次要的艺术家（至于相反的看法，参见博德[Bode]的《佛罗伦萨的雕塑家》[Florentinische Bildhauer]，1903年）。英译为《文艺复兴时代的佛罗伦萨雕塑家》，1908年、1928年。——英译注] 阿洛伊斯·格林瓦尔德(Alois Grünwald)称《乔瓦尼诺》是17世纪初由某个叫皮耶拉蒂(Pieratti)的人做的（《慕尼黑年鉴》，1910年）。

图25 米开朗琪罗,《大卫》,佛罗伦萨美术学院　　图26 米开朗琪罗,《阿波罗》或《大卫》,巴杰罗博物馆

让步。这座雕像是对自然的忠实再现,其忠实程度达到了不可思议的程度。它的每个局部都令人惊讶,整个身体的弹性感永远令人惊奇。然而坦率地说,它太丑了。[1] 相当奇怪的是,尽管如此,它已成为在佛罗伦萨最受人欢迎的雕像。在佛罗伦萨人中,有一种独特的托斯卡纳的优雅趣味:这不同于罗马人的庄重趣味,还有一种对富于表现力的丑的感受力,这一点并未随15世纪的逝去而消亡。不久之前,这座大卫像被人从韦奇奥宫(Palazzo Vecchio)附近的露天位置移入一家博物馆收

---

[1] 手臂的母题令人如此意想不到并难以理解,在这里技术上的困难可能也起着一定的作用。总之,当莱奥纳尔多在他著名的素描中处理相同题材时,他让大卫右手上挂着一个普通的投石器;在米开朗琪罗那里则是一条从背上耷拉下来的粗绳索,一端握在右手中,另一端变宽呈口袋状,握在左手中。从主视点看它一点也不重要。

藏起来，但有必要让人们继续看到他们的"巨人"，哪怕只是一座青铜像。人们给这座青铜像挑选了一个最不适当的位置，说明时下缺乏对风格的辨别力。这座青铜像曾被竖立于一片巨大的露天空间的中央，因此人们在恰当观看它之前，首先看到的是它最怪异的视角。当时，就在铸像完成之后，有关放置地点的问题立即被提交给了一个艺术家委员会，他们的备忘录现仍存世：他们一致认为，铸像应置于一面墙壁前方，要么置于兰齐敞廊（Loggia dei Lanzi），要么置于西尼奥里亚宫（Palazzo della Signoria，即佛罗伦萨市政厅，也称韦奇奥宫。——中译注）的大门附近。[1] 这座雕像需要这样安放，因为它完全是按正面观看而非从四周观看而设计的：人们认为，置于某个中心的位置最容易突出它的丑的品质。

在以后的几年中，米开朗琪罗本人是如何看待他的《大卫》的呢？除了不再想根据模特进行如此详尽的研究之外，他已感到这个母题本身是空洞贫乏的。通过将巴杰罗博物馆中他那所谓的《阿波罗》（Apollo，图26）与早二十五年的《大卫》相比较，我们可以推测出他关于雕塑本质的成熟观点。这是个年轻人的形象，他正从箭袋中拔出一支箭，细部相当简练，丰富性留给了动作本身的发展。他的动作既不费力，也没用姿势表示什么，躯体处理得如一块向纵深塑造的石块，各个面都贯穿着生命活力和运动感，甚至那些离观者最远的面也是如此。与此相比，《大卫》则显得单薄而平板，《醉酒的巴克科斯》也一样。只有在米开朗琪罗青年时代的风格中人们才能发现跨越了面的扩展，四肢被处理为分开的体块，石块被孔洞所贯穿。后来他寻求统一与节制的效果。他肯定很早就看出了这类处理手法的价值，因为这种手法已出现在引人注目的《圣马太》（St. Matthew，佛罗伦萨美术学院）中，这是紧接着《大卫》之后创作的。[2] 裸露的躯体与动态——这些便是米开朗琪罗艺术的表现对象。开始表现它们时，他还是个小伙子，那时他雕刻了《肯陶洛人之战》（Battle of the Centaurs）；在刚成年的时候他如此成功地再次雕刻了这些半人半马怪，以至整整一代艺术家都在学他。《沐浴的士兵》的底图无疑是他第一佛罗伦萨时期最重要的不朽之作，是表现人体新方式的最全面的演示。马尔坎托尼奥根据

---

[1][现在位于韦奇奥宫之外的《大卫》是一尊现代大理石复制品。——英译注]
[2]《圣马太》是为佛罗伦萨主教堂定制的十二使徒组像之一，但米开朗琪罗就连这第一尊雕像也没有完成。

图 27 马尔坎托尼奥·拉伊蒙迪根据米开朗琪罗原作制作,《沐浴的士兵》,雕刻铜版画

佚失的底图所作的一些雕版画(图 27),保存了为数不多的实例[1],但足以使我们了解何为崇高设计(gran disegno)的概念。

有理由猜想,米开朗琪罗参与了这个主题的确定。这不是一个战斗场景,而显然是想成为莱奥纳尔多在议会大会议厅画的那幅绘有武器与甲胄等什物的湿壁画的竞争之作。这位艺术家获准刻画这样一个瞬间:一群正在洗澡的士兵听到警报跃出水面,这是在比萨战争中实际发生的事情。这样一个场景能被选来作一幅纪念性壁画,本身便是关于佛罗伦萨一般趣味标准的最有力证据。这些人或正攀登上陡峭的河岸,或跪着向下探身;站着的人正在披挂,坐着的人匆匆穿上衣服;他们大声叫

---

[1] 巴奇(Bartsch)487,488,472。参见奥格·韦内齐亚诺(Ag. Veneziano),B.423。

嚷着，奔跑着——这一场景完全可以让艺术家表现各种不同的动态以及大量裸体，而且并非没有历史依据。后来的历史画家会十分欣赏这些裸体，但也会感觉这个画题太粗鄙，太风俗化了。

在佛罗伦萨艺术家中，那些精通解剖的人曾刻画过裸体男子的战斗——安东尼奥·波拉尤洛制作了两幅这种类型的版画，据说韦罗基奥画了一幅裸体武士素描，用于装饰一座房屋的立面。我们必须拿米开朗琪罗的作品与这类作品进行比较。这一比较不仅会显示他好像已重新发现了所有的动态，也会表明他最先赋予人体以真正的连贯性与统一性。在较早的作品中，无论武士的动态多么激烈，人物似乎总是受到无形的限制，而米开朗琪罗率先使人体的整个动作幅度获得了充分的发展。与早先艺术家所描绘的所有人物相比，他的任何两个人像之间都更少有相似之处。尽管在此之前已有人进行了各种最认真的探索，但看来似乎是他第一个发现了第三维度和透视短缩法。他能够表现各种各样的动态，只是因为他对人体结构了如指掌。虽说他不是第一个研究解剖的人，但他是第一个认识到人体有机统一的人。更重要的是，他了解动态效果的物理原因，在任何地方都能强调最富于表现力的形状、最富于表现力的分节。

2. 西斯廷礼拜堂天顶画

观者或许有理由抱怨西斯廷天顶画（图28）对自己来说是一种折磨，因为不得不仰面朝天地观看一系列事件和一大群人体，一切都需要留意，把自己拉过来推过去，以至除了向这数量众多的人物投降，放弃这令人筋疲力竭的观看之外，别无选择。这是米开朗琪罗自己造成的，因为原先的方案远为简单：拱肩上有十二使徒，中央区域仅饰以几何装饰。藏于伦敦（不列颠博物馆）的一幅素描告诉我们它原计划是什么样子的[1]，而且一些具有良好判断力的批评家相信，未坚持这一方案是件憾事，因为它是"更为有机的"。当然，比起现有的方案来，它具有更便于观看的优点，因为沿各边而画的使徒看起来很舒服，绘有装饰图案的中央部分不会给观

---

[1] 发表于《普鲁士艺术收藏品年鉴》，1892年（沃尔夫林），更近期的见于斯坦因曼（E. Steinmann）的巨著，《西斯廷礼拜堂》(*Die Sixtinische Kapelle*)，卷二。

图 28　米开朗琪罗，西斯廷礼拜堂天顶画局部

者造成任何麻烦。

　　米开朗琪罗做了长时间的努力，力图推掉这一委托项目。当他最终同意接受这项任务时，完全是按照自己的意愿将天顶画画得如此奢华，因为正是他向教皇声称，仅画使徒会使画面显得单调乏味，结果他最终得到许可，想画什么就画什么。要不是天顶画众人物中造物主的喜悦之情显而易见，人们一定会以为这位艺术家是在发泄他的愤怒，并在报复这项不得不做的令人讨厌的工作——教皇将得到这幅天

顶画，但当他观看时就得让自己颈部的肌肉痉挛。

在西斯廷礼拜堂内，米开朗琪罗第一次提出了一个对整个世纪具有深远意义的命题：人体之外不存在美。根据这个原则，他摒弃了源于植物形状、绘有线条图样的平面装饰，人们在指望看到盘绕的叶饰的地方却看到了人体，除此之外别无其他；目光所及之处，没有填补性装饰的痕迹。当然米开朗琪罗做出了区分，他用了一些从属性的人物，并且用一些石头色或青铜色的人物来丰富色彩。但这并不是一码事，无论你如何看，用人体覆盖整个表面的做法表现了一种莽撞性，为反思提供了材料。

但是，西斯廷天顶画依然是意大利无与伦比的奇迹，这些绘画与下面墙壁上的前代作品相比，有如一股新的力量雷鸣般地呈现。一般来说，人们应该先看那些15世纪的湿壁画，在对它们进行一番研究之后才可以抬眼向上看；那时天顶画汹涌澎湃、生机蓬勃的力量才会得到充分展现，人们才能更容易地欣赏那连接与划分这些巨大团块的雄壮节奏。总之，人们应得到这样的建议：在最初进入该礼拜堂时，参观者应略过祭坛墙壁上的《最后的审判》，也就是说应该背转身去，因为米开朗琪罗晚年的这件作品严重地破坏了自己的天顶画效果。这幅巨型图画使所有东西失去了原来的比例，它所建立的一个比例标准，甚至使天顶画相形之下显得渺小。

若要分析这幅天顶画所产生的这一效果的原因，就会清楚地发现，米开朗琪罗首创的观念决定了各个部分的安排。首先，他将穹隆的整个表面处理为一个统一体，而任何别的艺术家都会将三角形拱肩与其余部分分开，如拉斐尔在法尔内塞别墅（Villa Farnesina）中所做的那样。米开朗琪罗想要避免非连续的空间处理，因此设计了一个综合性构造体系，它带有从拱肩伸出的先知们的宝座，而这些座椅又与中央区域各部分相连接，以至人们不可能将它们看作独立的实体。各主要分割区域并不考虑现有天顶的结构，因为艺术家的意图不是接受并解释现存的结构和比例。他确实使主上楣环绕礼拜堂四周，以便使它与尖拱的顶端大体一致，但是由于拱肩上先知们的座位不受这些部分的三角形的影响，所以一种节奏被引入这完全独立于实际结构的整个体系中。中央开间中宽窄不等的间隔的节奏，以及横向拱肋之间大小不等的区域的交替，同与较小区域恰好吻合的一组组拱肩结合起来，赋予整体极具节奏感的运动，以至在这方面唯独米开朗琪罗超越了所有较早时期所取得的成就。他还给从属部分施以较暗的配色——圆形装饰区域是紫色的，座位附近的三角形部分为绿色——所以主要部分很突出，并使得强调重点从中央转移到边缘并再度返回中央的变化更为明显可见。除此之外，在人物之间有了一种新的比例尺度和一套新的尺寸差别，坐着的先知们和女预言家们尺度巨大，他们旁边有较小的和更小的人物。人们几乎注意不到这尺度的逐渐递减，因为显然被无穷无尽的形状所吸引。在作为整体的构图中有一个进一步的因素，就是画家将有意识塑造出立体感的人物，与仅作为图画的历史画区别开来。先知们和女预言家们，以及他们所有的侍从和附属物，好像存在于实际房屋的空间之中，具有与历史画人物不同程度的现实性，甚至于画面也与坐在画框上的人物（"奴隶们"）相重叠。这种区别与轴向的对比相关，拱肩上的人物与历史画中的人物成直角，所以这两组人物不可能被放在一起考察，但又不可能将他们完全分开；一个系统中的部分总是被包含在另一个系统的视野之中，以至想象力一直保持着活跃状态。

令人不可思议的是，如此众多形状聚合在一起，实际上被用来制造一种统一感，若没有被特别强调的建筑框架的非同寻常的单纯感，这将是不可能的，因为横梁、上楣和座位全都为单纯的白色，这是最初采用单色画的重要实例。15世纪那些漂亮的、色彩鲜明的图样确实已经失去了意义，而重复的白色与单纯的形状极为巧妙地达到了使骚乱平息下来的目的。

历史画

从一开始，米开朗琪罗就宣称有权以裸体人物来讲述他的故事。《诺亚醉酒》（*Drunkenness of Noah*，图29）和《诺亚献祭》（*Sacrifice of Noah*，图30）本身就是裸体人物作品。贝诺佐·戈佐利（Benozzo gozzoli）在他的《旧约全书》场景中画的建筑、服装、配饰和各种华丽的装饰品，在这里不是被完全去除，便是被削减到最低限度。这里没有风景，甚至若非必不可少的话，连一叶小草也没有。各处有一些蕨类植物的痕迹藏在某个角落里——这代表了地球上的植物外观，有一棵树表示伊甸园。所有表现手段都被有节制地应用于这些画中，线条的节奏和空间的深度被结合起来以增强表现力，而且故事讲述得非常简明扼要，虽然这一说法与其说适用于最早的图画，不如说适用于米开朗琪罗进入状态后的图画。我们将按这些湿壁

图 29　米开朗琪罗,《诺亚醉酒》,西斯廷礼拜堂

图 30　米开朗琪罗,《诺亚献祭》,西斯廷礼拜堂

图31 米开朗琪罗,《大洪水》,西斯廷礼拜堂

图32 米开朗琪罗,《堕落》,西斯廷礼拜堂

画的前后发展顺序对它们展开评论。

　　在第一批三幅画中,《诺亚醉酒》因其集中式的构图而占居首位;《诺亚献祭》水平较低,尽管它有着美好的母题,后来的艺术家也充分运用了这个母题;《大洪水》(Deluge,图31)在题材上与《沐浴的士兵》相关,表现了过多的重要人物,从整体上看显得有点支离破碎。《大洪水》的空间观念很重要,暗示了从山后面出来并走向观众的一群人物,因此人们不知到底有多少人,只能想象为一大群人。这种对制造预期效果之手段的洞察力,是面对《横渡红海》(Crossing of the Red Sea)

或类似人群场面的其他许多画家所向往的,而西斯廷礼拜堂各面墙上的湿壁画,本身就是那种陈旧贫乏风格的实例。

一旦米开朗琪罗发现自己可以自由支配更多空间,他的力量便增强了。所以在《堕落》(Fall,图32)中,他能够张开丰满成熟的双翼,翱翔于无人能达到的高度。在较早的艺术中,《人的堕落》(Fall of Man)被表现为两个一组站立着的人,只是稍稍转身彼此相对,只有递上苹果的动作使他们之间存在着松散的联系;他们中间有一棵树。米开朗琪罗创造了一种新的组合:他的夏娃以古罗马艺术中表示懒怠的姿态斜躺着,背对着树,顷刻间她转向大蛇,几乎是漫不经心地接过了苹果。站立着的亚当在夏娃的上方把手伸向树枝——这个姿势的含义不太好理解,而且他四肢的动作不太清楚。但夏娃这个人物表明,这则故事是由这样一个艺术家处理的,他不仅创造了新的形式,也表达了妇女的奢侈懒惰会产生邪恶念头这一思想。伊甸园仅由寥寥几片叶子构成,米开朗琪罗不想以物质方式来刻画这个地方的特征,而力图通过大地的一角坡地与空间深度创造出丰富多彩、生机勃勃的效果。所有这些与该画另一半空旷寂寥的地平面形成了强烈的对比,那里描绘了亚当、夏娃被逐出乐园的惨状。这两个不幸的罪人被驱向画面的最边缘,他们与树之间形成了一片宽大的空隙,就像贝多芬的一个休止符那样高贵壮丽。女子加快了步伐,弓着腰,转过头,悲哀地走着,偷偷向后一瞥;亚当则更加庄重镇定地走着,以一个意味深长的姿势试图避开天使那胁迫之剑,雅各布·德拉·奎尔恰(Jacopo della Quercia)早先已创造了这一姿势。

在《创造夏娃》(The Creation of Eve,图33)中,上帝第一次以创造的行为出现,单凭他的命令就完成了夏娃的创造。他没有握住夏娃的前臂,也没有像以往大师作品中通常表现的那样,多少有点粗暴地将她从亚当胁下拖出来。实际上他甚至没有触碰到她。他没有用力,只是做了一个平静的手势,说道:"起来!"于是夏娃便站起身来,完全仰仗着她的创造者的动态,这一点画得很明白。当她起身时,那好奇的手势包含了无限的美,而这手势又变成了崇拜的动作。在这里米开朗琪罗能够描绘出他关于肉体美的观念,而这正是古罗马的传统。亚当斜靠在岩石上睡着了,他瘫软得像具死尸,左肩往前颓然垂下。他的手无力地搁在一个树桩上,这使得他的四肢更显得扭曲变形。一座小山的轮廓线顺着他身躯的形状起伏并将其围了

图33　米开朗琪罗,《创造夏娃》,西斯廷礼拜堂

图34　米开朗琪罗,《创造亚当》,西斯廷礼拜堂

起来。一棵被砍光树枝的丫杈重复了夏娃身体的主要方向。一切都被紧密地塞入这一空间，并安排得如此接近画的边缘，以至连让上帝站直身子的余地都没有。[1] 创造的行为重复了四次，其动态的力量更为新颖、更为生动。首先是《创造亚当》（*The Creation of Adam*，图 34），在那里，上帝并不是站在斜躺着的亚当面前，而是突然飞向亚当；一群天使陪伴着他，他们被裹在上帝那翻腾着的披风褶层之内。创造的行为是以接触来表现的，上帝恰好用他的指尖触到了亚当伸出的手。斜躺在山坡上的亚当这个形象是米开朗琪罗所创造的形象中最著名的一个，是潜在力量与全然孤弱无助的结合。他以这种方式躺着，人们知道他无法主动起身——他伸出的手和颓然垂下的手指清楚地说明了这点——他只能将头转向上帝。然而在这静止不动的身躯中，在抬起的大腿和扭转的臀部中，在正面的躯干和下肢的轮廓中，蕴藏着多么巨大的动势啊！

《上帝在水面上飞翔》（*God Hovering over the Waters*，图 35）卓越地表现了全能的、无所不在的祈福。造物主从后景飞向前来，在水面上张开手臂祈福，他的右臂透视短缩得很厉害，整个身体戛然而止，恰好顶着边框。接着是《创造日月》（*Creation of the Sun and Moon*，图 36），该画更为有力，使我们想起了歌德的话："巨大的轰隆声通报了太阳的到来。"上帝的身体隆隆向前，他的手臂伸展着，又在行进中突然打住，所以他的上身向后仰，而太阳和月亮就在这瞬间的停顿中被创造出来。他的两只手臂一齐做着创造的动作，但更为强调右手，这不仅是由于上帝注视着那个方向，也由于它具有更强烈的透视短缩效果，因为具有透视短缩的动态总是比无透视短缩显得更有力量。这个人物形象所占据的区域甚至比以前的更大，没有一指多余的空间。奇特的是，这幅画允许有第二个上帝形象出现，他背对观者，像一阵旋风般冲入画面深处。

起初人们以为这是退却的黑暗幽灵，实际上他在"创造植物生命"（Creation of Vegetable Life）。对于这一创造行动，米开朗琪罗认为仅仅用造物主的一个迅疾手

---

[1] 关于这个场景的精神意义有着不同的解释，在考量各位解释者提出的不同见解时，仍存在着猜测的余地。克拉克兹柯（Klaczko）在《尤利乌斯二世》（*Jules II*，巴黎，1899 年）中，称夏娃"完全是欢乐而迷人的……她展现出生的喜悦并表达了对上帝的感激之情"；尤斯蒂（Justi）在《米开朗琪罗》（*Michelangelo*，莱比锡，1901 年）一书中发现，她看上去是无聊而冷淡的，仿佛在摆弄姿势，"她迅速而灵巧地让自己镇定下来，她确切地知道这么崇高的场合需要的是什么。她以一种既顺从又虔诚，既愉快又自信的姿势，献上了应有的崇拜"。

图35　米开朗琪罗,《上帝在水面上飞翔》,西斯廷礼拜堂

图36　米开朗琪罗,《创造日月》,西斯廷礼拜堂

势来表示就够了,而且他的脸已转向了一个新的目标。同一画中人物重复出现显得手法有些陈旧,但如果将这幅画的一半遮起来,你便立即会承认,这个飞翔人物的两次出现是总体运动效果的关键所在。

在最后一个场景中,圣父驾着飞掠的云彩——常见的标题《神分明暗》

(*Division of Light from Darkness*,图 37)肯定是错的——我们不大可能完全领会艺术家的意图。不过这幅湿壁画比起其他画来,更适于演示米开朗琪罗惊人的技巧,因为显而易见的是,就在这最后的时刻(即在实际绘画的过程中),他放弃了预先准备的粗略勾勒的草图而试验一种不同的想法,整个试验是以一个具有巨大尺寸的人物形象完成的。这个形象是由平躺着仰面朝上的姿势而画的,所以他无法判断整体效果。

据说,米开朗琪罗仅仅对诸如此类的形式母题本身感兴趣,并不把它们看作表达一种思想纲领所必需的象征符号。虽然这种说法可能符合许多单个人物形象,但在必须讲述一个故事的地方,他总是注重内容,正如我们可以在西斯廷天顶画和他后期的绘画,即帕奥利纳礼拜堂(Cappella Paolina)湿壁画中见到的那样。在西斯廷天顶画的角落里,有四个三角形的弯曲拱肩,其中有《犹滴把霍洛费尔斯的首级交给她的仆人》(*Judith Handing the Head of Holofernes to the Servant*)的场景,这

图 37　米开朗琪罗,《神分明暗》,西斯廷礼拜堂

是以前常画的场景,但总是画成多少显得有些冷漠的给予和接受的动作。在女仆从精神抖擞的战马背上向前探身接取首级这一时刻,米开朗琪罗使犹滴回首看了看躺在床上的霍洛费尔斯,好像那具尸体动起来了。于是这一场景的紧张感被大大加强了,所以即便这是已知的米开朗琪罗的唯一作品,也能够证明他是一位第一流的戏剧性画家。

《先知》和《德尔斐的女预言家》

在佛罗伦萨,米开朗琪罗已受托为主教堂雕刻十二使徒的立像,而十二使徒坐像也被包括在西斯廷天顶画的最初方案之中,但被先知们和女预言家们替代了。未完成的《圣马太》表明了米开朗琪罗想在一位使徒形象上增强外部动态和内心情感的意图。当他创造了这种类型的先知时,是多么出人意料啊!他并未感觉自己受到任何既定图像观念的束缚,甚至还删去了常用的书卷,超越了这样一种观念:主要兴趣所在是人物的姓名,人物本身只不过是以手势来表示他们活着的时候说过某些重要的话。而他捕捉到了瞬间的精神生活,灵感本身,全神贯注的独白和默默无言的沉思,平心静气的研究和翻阅书籍的兴奋探索,以及一度平凡的、日常生活的母题,如从书架上取一本书,画中所有的旨趣都集中在身体动作上。

这个系列中既有老年人物,也有年轻人物,但对预言家洞察力的表现却留给了年轻人物。这不是佩鲁吉诺式多愁善感的思慕与迷狂的向上凝视,也不是一种消极的感受和放任的感情,如在圭多·雷尼(Guido Reni)的作品中常见的那样。在雷尼的作品中,人们会发现难以将达那厄(Danae)与女预言家(Sibyl)的形象区分开来;而对于米开朗琪罗来说,这是一种积极的状态,是一段从自我出发走向上帝的历程。在这些人物类型身上,实际上不存在任何个性的东西,服装也完全是理想化的。是什么将《德尔斐的女预言家》(*Delphic Sibyl*,图38)与所有15世纪的人物形象区别开来的呢?是什么赋予她的动作以这般伟大崇高,赋予整体以不可避免的必然性面貌的呢?这幅画的母题是:当这位女预言家展开书卷转过头来做瞬间停顿时她那机敏的注意力。头部是从最简明的视点观看的,没有倾斜,完全为正面,但是这种姿势仍保持着紧张状态,因为躯干的上部朝侧面与前方弯曲,而横展的手臂与头部又形成了相反的方向。尽管难以处理,但正是这一姿态赋予正面头部姿势以力量，而在相互对立的元素之间，人体的轴线仍然保持着垂直。再者，头部与水平臂膀的连接呈锐角，增强了头部扭转的力度。此外，光线照射的方向使得人物的一半面庞恰好处在阴影之中，从而增添了另一个元素，以强调垂直的中轴线，而头巾的尖褶又将这条垂直线拎了起来。这位女预言家的眼睛随着头部转动的方向朝右转动，搜索着的、睁大的双眼扫视着远方，若非伴随的线条重复并扩展了头部和眼睛的动势，这双眼睛是不会单独产生这一效果的。人物的头发被吹向同一方向，巨大的披风也是如此，它像一张风帆似的将整个人物裹了起来。服饰的处理手法是米开朗琪罗在左右两边的轮廓之间常采用的对比手法的范例——一边是单纯的封闭线条，另一边是参差不齐充满动感的线条，而且这同一种对比原则也被运用于四肢：一臂抬高而紧张，另一臂则显得呆滞而沉重。15 世纪人们认为，必须同等地使画面每个部分都充满生气，而 16 世纪人们则发现，只强调几个孤立的点更为有效。

《埃利色雷女预言家》(*Erythraean Sibyl*，图 39) 中，女预言家跷腿坐着，看上去大体是侧面像，她一臂前伸，另一臂下垂，完成了闭合的轮廓。人物服饰格外具有不朽的纪念碑效果。回顾一下波拉尤洛在西克斯图斯四世陵墓 (Tomb of Sixtus，位于圣彼得教堂内) 上做的《修辞学》(*Rhetorie*) 的拟人形象，便可做一番有趣的比较。在那里，由于这个 15 世纪雕塑家的奇想和技巧，一个十分类似的母题却产生了大不相同的效果。米开朗琪罗将那些上了年纪的女预言家表现为低头弯腰蹲状：波斯女预言家 (Persian Sibyl) 捧着她的书凑近昏花蒙眬的眼睛；库迈女预言家 (Cumean Sibyl) 用双手抓住身边的一本书，上身与腿之间形成了一种对比的效果；利比亚女预言家 (Libyan Sibyl) 有一种十分复杂的姿态，她没有站起身来，而是双臂向后伸去，从宝座后面的墙上抽出一本书，同时眼睛看着另一个方向，真是小题大做。

男性形象的发展进程始于以赛亚 (Isailh) 和约耳 (Joel) (并非始于扎迦利 [Zacharias])，接着是正在书写着的但以理 (Daniel)，这是以一个不同的、更为宏大的尺度设计的形象，再经过非常简明单纯的耶利米 (Jeremial) 直至约拿 (Jonah)，后者以他大幅度的动作冲破了所有构造上的束缚。如果不对诸母题做准确分析，不对各例中作为整体的诸人物姿态和四肢动势详加考察，我们便不可能恰当地欣

图38 米开朗琪罗,《德尔斐的女预言家》,西斯廷礼拜堂

图39 米开朗琪罗,《埃利色雷女预言家》,西斯廷礼拜堂

赏这些人物形象。我们的眼睛是那么不习惯于把握这些空间关系与人体关系,以至即使看了其中一个母题之后也很难记起它来。如果通过描述使人感到人体四肢似乎是根据秘诀而安排的,那么任何描述都必然是迂腐的,同时也会使人产生误解。相反,显著的特征实际上是各种形式品质与瞬间心理经验的有力表现相结合而形成的。这并非总是保持不变的:天顶画中最后完成的人物之一——利比亚女预言家,在形式方面是非常丰富多样的,但其观念却相当浅薄;而同一组中较后完成的人物,包括冷漠孤寂的耶利米,在形式上比其他人物都简单,但最能打动人们的心弦。

《奴隶》

裸体青年像坐落在先知宝座的墩柱之上,成对安排,彼此面对,每对之间有一只青铜圆盾。他们显然在忙于用果实花环将圆盾缠绕起来。这些人物就是所谓的《奴隶》(*Slaves*,图40—44)。他们在比例上小于先知像,其构图功能与上层区

图 40—41　米开朗琪罗,《奴隶》(位于以西结之上),西斯廷礼拜堂

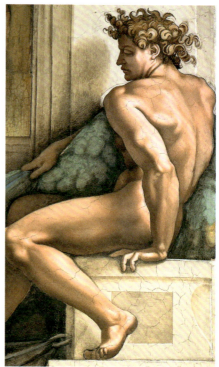

图 42—43　米开朗琪罗,《奴隶》(位于约耳之上),西斯廷礼拜堂

域中的墩柱相呼应。作为顶端的装饰,他们的姿态有着最充分的自由。这二十尊坐像,为艺术家提供了新的机会,因为他们不是正面像,而是侧坐在非常低矮的座位上。除此之外,最要紧的是,他们是一些裸体人物。米开朗琪罗想以裸体充分满足自己的心意,他返回到了他曾以《沐浴的士兵》的底图所开创的那个领域。所以人们完全可以相信,如果说在这项天顶画委托任务中有何处是他全力以赴的,那就是这里。虽说持果实花环的男孩是普通题材,但米开朗琪罗想更充分地拓展人体表现,尽管人们不必过于仔细地琢磨这些人像的个别动作。之所以挑选这个母题,是因为它提供了最丰富的推、拉、提等动作,而且这位艺术家也不必为他对母题的选择做出更实际的解释。

  这组裸体并没有表现出特别强烈的肌肉收缩,但确实具有给观者注入一股生命活力的力量——正如贝伦森所说的,这是"一种传达生命活力的艺术"。发达的肌肉如此有力,四肢通过其方向上的对比产生如此强烈的印象,以至人们会立刻感到自己面对着一种新的现象。在力大无比的人物形象方面,整个 15 世纪能够拿出什么来与这些形象相比呢?米开朗琪罗为了摆布四肢,发现了新的、有效的形式关系。与他的这种方式相比,从这些人体结构的标准类型派生出来的变化就算不了什么了。这里,他将一只胳膊和两条腿组合在一起,形成几条平行线;那里,他使向下伸展的臂膀与大腿相交叉,以至几乎构成了一个直角;同时,他又将人物从头到腿圈入一条几乎是连续不断的轮廓线中,而且这些并不是他作为练习给自己设置的数学变量,因为即使是最不寻常的动作,他也处理得具有令人信服的效果。他可以随意摆布人体,因为他精通人体结构。这是他素描技巧的长处——无论何人看到《德尔斐的女预言家》的右臂都会明白,还有更多的东西将要出现。某个简单的课题,如一条支撑着身体的胳膊,他是以人们可以从中获得全新印象的方式处理的。如果将西斯廷礼拜堂中西尼奥雷利(Signorelli)作的《摩西的誓约》(*Testament of Moses*)中的裸体青年与米开朗琪罗作的先知约耳之上的奴隶们相比较,便可看得很清楚。这些奴隶属于最早的、最顺从的形象之列。后来,他越来越加强了透视短缩效果,直到最后一对人像,具有鲜明的外貌(*scorzi*),甚至动作的变化变得更为显著。一开始,每一对人物大体是对称的,到最后逐渐增强了相互间的对比。因此,米开朗琪罗非但没有对同一课题的反复探讨感到厌倦,相反,他的创造力越来

图44 米开朗琪罗,《奴隶》(位于耶利米之上),西斯廷礼拜堂

越活跃,这一点非常明显。要获得他各个发展阶段的清晰观念,可在最初的一对人像——位于约耳之上的奴隶与最后位于耶利米之上的那对奴隶之间进行比较。在前一对中,我们看到的是简单的侧面姿势,四肢之间仅稍有区别,两个人物有着几乎对称的一致性;在后一对中,两个人体在结构、动态或明暗分布方面都没有任何共同之处,但正是通过它们的相互对比增强了效果。后一对中那个懒洋洋的人物(图44)或许可被看作所有奴隶中的佼佼者,不仅是因为他相貌高贵:这个人物完全是平静的,但仍包含了方向上的强烈对比和奇特姿势。他的头部向前倾斜,给人留下了美妙的印象。紧随最突兀的透视短缩之后的,是绝对清晰的、以其最大宽度呈现的各个面。如果将光线的丰富效果也考虑进去,那么更加令人惊异的是,这一人物

显得如此平静，如果不是将各个面清晰地、如浮雕般横向展开，效果就会不同。同时，人物的整个形体被捏成一个紧凑的团块，几乎可以外接于一个规则的几何图形。由于四肢重心很高，所以尽管力大无比，但仍呈现出轻盈的样子。后来的艺术从未超越这样一个安详的且能轻松加以平衡的坐姿范例。值得注意的是，我们不禁想起了来自遥远的异国他乡的希腊艺术中的某种东西——帕特农神庙中所谓的《忒修斯》(*Theseus*)。

天顶画上其余的装饰人物不能在这里讨论了。那些以轻松的笔法描绘人物的小块区域，就像是米开朗琪罗的一本画有若干有趣母题的速写本，包含了可能出现在美第奇陵墓上的那些人物的萌芽。更重要的是窗户上方的各拱肩区域，那里各组斜躺着的人物分布在宽阔的三角形区域之中，如后来艺术中常常采用的画法。相伴随的半月形区域（lunettes）在米开朗琪罗的作品中是值得倍加关注的，因为在这类地方画有风俗场景和最非同寻常的主题，每一个主题都是即兴之作。这位艺术家本人似已感到，在穹顶内紧张的肉体与精神生活之后，必须让这种紧张状态平息下来。《基督的祖先》(*Ancestors of Christ*) 描绘了平静的日常生活——人类的共同命运。[1]

作为结论，我们可以就这一作品的创作过程说几句。这幅天顶画并不是一件完整的作品：其中有几处接缝，每个人都可以看到。《大洪水》以及两幅相伴随的图画，即《诺亚醉酒》和《诺亚献祭》，其人物画得比其他历史画中的人物小得多，而且因为这部分是最先画的，人们完全可以推测，当从地面向上看时，米开朗琪罗发现尺度不够大。因此遗憾的是，必须改变这一尺度，因为很清楚，原先的意图是要根据人物的类型逐渐向上缩小尺度：从先知到奴隶再到历史画，本来是一个给人愉快宁静感觉的统一进程。后来，内里的人物（历史画中的人物）渐渐变得比奴隶大出许多，平衡被打破了；而原先的比例也允许较小的历史画与相交替的较大的历史画相协调，因为尺度是恒定的，但这种交替也引起了尽管不利却必要的变化。例如，在《创造亚当》一画中，上帝是大尺度的，但在《创造夏娃》一画中，

---

[1] 至于祖先与先知题材之间的相互关系，参看韦伯（P. Weber），《精神景观与教堂艺术》（*Geistliches Schauspiel und Kirchliche Kunst*），1894 年，第 54 页。后来的一种解释（施坦因曼［Steinmann］和托德［Thode］）说，拱肩描绘了与耶利米哀歌相关的被放逐的犹太人。

同一人物却小得多。[1]

第二个接缝位于天顶画的中央，在那里值得注意的是尺度突然加大，但这次所有部分的尺度都加大了，先知和奴隶变得如此之大，以至构筑性体系不可能继续建立在旧尺度上了。那些雕版画家在某种程度上掩饰了这些差异，但照片提供了令人信服的证据。同时色彩体系改变了，较早的历史画着色鲜艳，有蓝色的天空、绿色的田野以及明亮的色调和淡淡的阴影；后来的历史画在这些地方的色调则是柔和的，灰白的天空，暗淡的衣饰，色彩更加薄而透明，完全不用金色，阴影则变得更深。

从一开始米开朗琪罗就在天顶的整个幅面上作画，所以历史画和先知是一同画的。接下来，在一段长时间的间歇之后，下部的人物，即半月形区域和拱肩中的人物，都是他同时快速画入的。[2]

3. 尤利乌斯二世陵墓

西斯廷天顶画是纯正的盛期文艺复兴风格的不朽之作，关于这一点，还不知道或还未出现什么不一致的观点。如果教皇尤利乌斯二世（Pope Julius II）的陵墓是按原计划实施的话，它本应是与西斯廷天顶画相对应的雕刻作品。然而众所周知，该计划直至后来很久才得以实施，而且在规模上大为缩小，风格也有所不同，从先前制作的雕像中仅采用了《摩西》（Moses），而所谓的《垂死的奴隶》（Dying Slaves）则经历了它自己的命运，最后在罗浮宫安了家。因此令人遗憾的是，不仅这座构思宏伟的纪念碑被毁了，而且我们失去了米开朗琪罗的"纯正"风格的一个主要实例，因为与这种风格最相似的，虽然也只是约略相似的作品——圣洛伦佐教堂中的礼拜堂则属于米开朗琪罗艺术的一个新阶段。

---

[1] 尺度的变化也能导致方案的变化并导致以一组新的历史画取而代之吗？很难相信，表现创世的诸个场景以及场景中那少数几个基本人物，若仍采用《大洪水》中的比例尺度便能填满所有空间。在我看来，米开朗琪罗未必从一开始就听任尺度的差异。下面的事实可以支持这种看法，即总体方案有所变化：《诺亚献祭》在现在的位置上显然是秩序颠倒的，所以甚至早期作家们（孔迪维［Condivi］）也把它解释为《该隐和亚伯的献祭》，以保持年代上的连续性，不过这是站不住脚的。

[2] 参见沃尔夫林，《米开朗琪罗的西斯廷礼拜堂》（Die sixtinische Kapelle Michelangelos），收入"艺术科学文库"（Repertorium für Kunstwissenschaft），XIII。

我们要在这里谈谈有关陵墓的一些一般情况。佛罗伦萨人发展出了一种出色的壁墓型制，最佳实例是安东尼奥·罗塞利诺在圣米尼亚托教堂中所建的葡萄牙红衣主教陵墓（图45）。它的特色是将石棺嵌入浅壁龛之中，死者的遗像雕刻躺在石棺的灵床（lit de parade）之上。在它上方有一个圣母圆形浮雕，圣母正朝下面躺着的死者微笑，快乐飞翔的天使扶着以花环装饰的圆形雕饰。两个裸体小男孩坐在棺材旁，尽量做出悲伤的样子。他们上面还有两个天使，像壁柱的端饰一样，看上去个头更大，表情更严肃，手持王冠和棕榈叶，挽起的石帘幕将壁龛框了起来。但要了解这陵墓原本的效果，应加上一个重要的因素——色彩。由于石头是本色，所以仍可看到紫色的大理石背景、壁柱之间的绿色空间以及石棺之下地板的镶嵌图案，但所有涂色的部分已褪了色。色彩被岁月抹去，但痕迹仍然可见，足以使人通过想象恢复古老的光彩。所有东西都是涂过颜色的——红衣主教的祭服、靠垫，刻有浅浮雕图案的锦缎似的柩衣，每件东西都闪烁着金色和紫色的光彩。棺盖饰有明快的鳞状图案，壁柱装饰和勾勒的线脚涂了金，拱腹上的圆花饰也是如此，在暗底子上闪烁着金色。花环及天使身上也涂有金色。只有当想到石头帘幕是彩色的时候，才能容忍它上面花哨的装饰，人们仍可相当清晰地看见帘幕面子上的锦缎图样和衬里的格子图样。

随着16世纪的到来，这种给石雕着色的方法突然终止了。安德烈亚·圣索维诺（Andrea Sansovino）在人民广场圣马利亚教堂（Sarta Maria del Popolo）中建造的那些铺张的陵墓（图46）便没有这种着色法的痕迹。色彩被明暗对比法所取代，白色雕像被又深又暗的壁龛衬托得分外突出。

还有一些东西，如构筑感，也发端于16世纪。早期文艺复兴的建筑仍然带有某种有趣的特色，对我们的欣赏品味来说，人物与建筑的结合具有相当偶然的效果：罗塞利诺雕刻的陵墓是15世纪这种无机风格的突出例子。跪着的天使没有任何构造上的一致性，或者说这种一致性极少，他们以一只脚站立在壁柱顶端，另一只脚则在空中晃动。这与后来的趣味是不一致的，但更糟糕的是那条往后拖的自由的脚横切过了线脚边框。此外，人物与墙面之间也缺乏联系。上部的天使们似乎也在空中飞来飞去，没有定形和相对的位置。嵌入壁龛中的壁柱体系与整件作品的形式没有任何合理的联系，从对入口拱门的拱腹处理中也可以看到大体上还不成熟的

图 45 安东尼奥·罗塞利诺，葡萄牙红衣主教陵墓，佛罗伦萨圣米尼亚托教堂

构筑感，而拱腹从上到下装饰着过大的格子图样，在拱门与拱基之间没有任何区别。对石帷幕的设想是同一情况的又一个实例。

圣索维诺作品的主导原则是有机地利用建筑，在建筑上每个人物都有其恰当的位置，各细分的部分形成了完整的、合理的体系中的一部分——有一个大壁龛，后部是扁平的；还有两个位于两侧的小壁龛，半圆顶呈贝壳状。所有三个壁龛均由半圆柱的柱式连接，该柱式有完整而连续的柱上楣（entablature）。米开朗琪罗的尤利乌斯陵墓本应是建筑与雕刻的结合，它不是一座壁式陵墓，而是一座独立多层建筑，一座精致的大理石建筑物，具有一种类似洛雷托圣屋教堂（Santa Casa at Loreto）那种雕刻与建筑相结合的效果。就雕刻效果的丰富性而言，它超过所有现

图46 安德烈亚·圣索维诺,红衣主教德拉诺维雷陵墓,罗马人民广场圣马利亚教堂

存的作品,而且这位西斯廷天顶画的创作者将是把强劲统一的节奏引入作品的人。

15世纪死者雕像的常见形式是横卧的姿势,双腿伸直,双手交叠,好像睡着了一样。圣索维诺保留了睡眠的构思,但他似乎觉得传统的横卧形式太简单、太一般,所以他使死者侧身卧着,双腿交叉,一只胳膊支着头,手从靠垫上耷拉下来。后来,这个形象变得不安起来,好像在睡梦中受到梦魇惊扰似的。最后,这个形象被表现为醒着,在读书或祈祷。米开朗琪罗的构思完全是独创性的[1],他尝试着表

---

[1] 参见施马索(Schmarsow),《普鲁士艺术收藏品年鉴》,1884年。该年鉴刊登了一幅素描(先前为柏林的冯·贝克拉特[von Beckerath]收藏),虽然它只是一件复制品,但却是我们主要的原始资料。

现两个天使正在安顿教皇躺下休息。教皇稍稍抬起身来,所以清晰可见;后来又躺下,像死去的基督。然而在他所设计的几组其他人物中,这仅仅是附带的枝节。正如已提到的,在那些人物中现在只有三个已完成的——陵墓基座上的两个《奴隶》(图47)和上层的《摩西》(图48)。

这两个《奴隶》是被束缚的形象,与其说他们是被实际的镣铐束缚,不如说是被建筑功能所束缚。因为要将他们置于柱子前面,充当建筑形式的界线,这样便使他们动弹不得了。佛罗伦萨的那尊未完成的《圣马太》已表现了整个躯体的紧凑形式,好像四肢运动不能超越某种严格的限制,这点在《奴隶》中又重复出现,而且更全面地涉及人像的功能。在这里,艺术家无与伦比地再现了正要开始运动的人体:这个睡着的男子伸展着自己的躯体,他的头仍懒洋洋地向后靠着,机械地以手抚胸,大腿相互揉擦在一起。就在获得充分自觉之前,他醒来了,深深地吸了一口气。那块粗凿的石头大大加强了他正在挣脱某种东西束缚的印象,以至这块石头的存在似乎是必不可少的。

第二个《奴隶》的主视点在侧面,它是不打算让人们从正面观看的。

《摩西》的行动也受到了束缚,但在这里,米开朗琪罗是根据摩西自己的一种意志行为来创造这种束缚感的,因为这是在他做出冲动行为,即跳跃起来之前自我克制的最后一刻。将《摩西》与早些时候多纳泰洛及其同代人为佛罗伦萨主教堂(Florence Cathedral)所做的一系列巨型坐像相比较,是饶有趣味的:即使在那时,多纳泰洛也在寻求赋予典型的坐像以瞬间的活力,但他关于动态的观念与米开朗琪罗的完全不同。这座雕像与西斯廷礼拜堂先知的联系清楚地呈现在我们眼前,但与其绘画习惯相反,米开朗琪罗在雕刻中尽可能追求最为紧凑的团块。这是他的长处,因为人们必须追溯到很久以前才能找到可与之媲美的封闭的体积感——15世纪的雕塑。但即使15世纪的雕塑在追求强有力效果之处,也具有一种脆弱的外观。但在米开朗琪罗自己的创作中,《摩西》仍然清楚地保留着他早期风格的痕迹,因为在后期他是不会容忍重重衣褶和深深的刻痕的,就像《圣母怜子》那样,高度抛光的表面是特意用来产生有效反光的。

在我看来,这个人物在现在的位置上能否获得充分的效果是非常值得怀疑的,即便是米开朗琪罗本人将人物安放在那里。他别无选择,很可能观众希望多看到一

 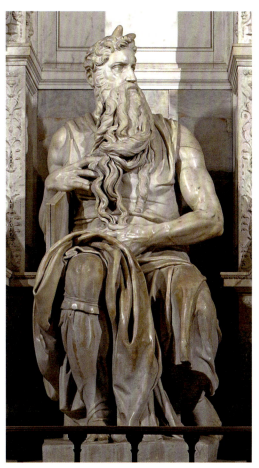

图47　米开朗琪罗,《奴隶》,罗浮宫　　图48　米开朗琪罗,《摩西》,罗马,温科利圣彼得教堂

些左边的部分,在那里向后抽回的腿的全部意义立即变得明朗了——这是整个动作的关键之处,而且从稍稍偏向一边的视点看去,所有主轴线立即非常清晰地呈现出来:臂与腿的交角和左侧台阶状的轮廓线,以及其上处于支配地位的、掉转方向的头部的垂直线;而规避观众的那一侧是草就的,手捋胡须的臂膀不可能取得有趣的效果。

如果从一侧观看这座雕像,就很难看出这个人物的效果,因为这尊巨像现在被塞入一个壁龛之中。这座向前突出的独立式纪念碑已经缩小为一个壁式陵墓,而且是一个规模不大的壁式陵墓。这一工程开始四十年之后,以这种可悲的折中方式告终,而在这段时间内艺术家自己的风格已经完全改变了。《摩西》被置于下方,并有意将他放在一个对他来说太狭窄的环境之中。他被置于一个框子里，好像就要将其挤得粉碎。只有通过邻近的人像才能找到解决这种不谐调问题的必要方案，而这已是一种巴洛克的观念了。

第四章

拉斐尔

拉斐尔（1483—1520）在翁布里亚（Umbria）长大成人，在佩鲁吉诺画派中崭露头角，他完全吸收了老师的温柔风格，以至根据瓦萨里的判断，将这位弟子的作品与师傅的作品区别开来是不可能的。大概没有其他天才弟子像拉斐尔这样深刻地理解师傅的教诲了。在韦罗基奥的《基督受洗》一画中，莱奥纳尔多画的天使因为具有一种个性特征而立即打动了人；米开朗琪罗年轻时代的作品则与任何人的作品都迥然不同，但较早阶段的拉斐尔却与佩鲁吉诺难解难分。他后来到了佛罗伦萨。那时米开朗琪罗已创作了他年轻时代的伟大作品，竖起了《大卫》像，并正在创作《沐浴的士兵》，而莱奥纳尔多在设计他的《安吉亚里之战》的底图，已创造了空前的奇迹《蒙娜·丽莎》，正处于巅峰期并且名声显赫。米开朗琪罗属于将要得到承认的人物，立于成熟时期的门槛上。拉斐尔则刚满二十岁。在这些伟大人物身旁，他能指望获得怎样的前途呢？

佩鲁吉诺是阿尔诺河畔一位令人尊敬的大师，年轻的拉斐尔可以期待他那种图画会有稳定的观众。他有望成为第二个佩鲁吉诺，或许是更优秀的佩鲁吉诺。这一前景令他振奋，他的画也没有表现出更强烈的个性特征。拉斐尔并不具有佛罗伦萨人的现实感，他思想感情单调，仅限于一种基于优美轮廓线的风格。他开始与那些大师们竞争，显得前途渺茫。但是他表现出了一种的确属于自己的才能，即吸收和改造各种潜在因素的可能性。当他抛弃了翁布里亚的传统而投身于佛罗伦萨画派的研究时，他为自己的这一才能提供了第一个有力的证据。在这种境况下，绝少有人能做到这一点，而如果人们审视拉斐尔短暂的一生，就不得不承认，没有人能在

图49　菲利皮诺·利皮，《圣母向圣伯尔纳显现》，佛罗伦萨大修道院

这样短的时间内经历这样一个发展过程。这位翁布里亚的多愁善感者变成了专门表现宏大戏剧场面的画家；这位似乎羞于表现世俗现实的年轻人成了一位表现人性的画家，牢牢把握住了物质的外观。佩鲁吉诺的线描风格在他手中渐渐变成了涂绘风格，对宁静之美的趣味也让位于对大胆的人物聚合的追求——这就是这位已经成年的罗马大师。拉斐尔缺少莱奥纳尔多那种微妙而敏锐的感受力，甚至也不具备米开朗琪罗的强力。可以说，他拥有的是平均值，这一点总体上是可以理解的——如果这样的措辞不至于被误解为贬低他的话——因为那种能带来好运的温和性情现在如此罕见，以至我们大多数人会感到，比起拉斐尔那种坦率开朗、平静友善的个性，米开朗琪罗更容易理解。而所有与拉斐尔生活在一起的人极力赞扬他的正是他那种和蔼可亲的性格，现在依然在他的作品中闪闪发光。

正如我们已提及的，如果不首先讨论佩鲁古诺就谈论拉斐尔的艺术是不可思议

图 50 佩鲁吉诺，《圣母向圣伯尔纳显现》，慕尼黑绘画陈列馆

的，从前人们获取鉴赏家声誉的可靠诀窍就是去赞扬佩鲁吉诺[1]，而现在相反的做法则更为可取。我们知道，佩鲁吉诺为了交易，复制了这些感伤的头像，如果单从远处看它们，我们很难发现什么，但是只要认真看过其中一个头像，我们就仍然会情不自禁地问道，是什么样的人曾在 15 世纪创造了这种紧张而热烈的表情。不难明白乔瓦尼·桑蒂（Giovanni Santi，拉斐尔的父亲。——中译注）为什么会在用韵文写成的编年史《时代与爱情》（par d'etade e par d'amori）中，将佩鲁吉诺和莱奥纳尔多相提并论。此外，佩鲁吉诺的线条有一种抒情的特性，这并非从别人那儿学得的。他不仅比佛罗伦萨人单纯得多，而且具有一种恬静感和平稳流畅的节奏感，这与托斯卡纳人的活力和 15 世纪晚期刻意求工的风格形成了鲜明的对比。让我们比较一下

---

[1] 哥尔德斯密斯（Goldsmith）的《韦克菲尔德教区牧师》（Vicar of Wakefield）。

表现了相同题材的两幅图画:佛罗伦萨大修道院中菲利皮诺画的《圣母向圣伯尔纳显现》(Madonna appearing to St.Bernard,图49),以及藏于慕尼黑绘画陈列馆的佩鲁吉诺作的作品(图50)。前一幅画的线条给人动荡不安的感觉,画中许多物体混乱不清;后一幅画非常平静,有宁静单纯的轮廓、高雅的建筑,展现出一片视野开阔的风景。佩鲁吉诺的画面向很远的地方延伸,群山优美的轮廓渐渐消失于晴空下的地平线;到处一片寂静,因此人们有望听见那些纤纤小树的树叶在傍晚微风的吹拂下发出沙沙声。佩鲁吉诺对风景和建筑都非常敏感,他那简朴宽敞的大厅被构建成和谐效果的一部分,而不是像吉兰达约作品中那样讨人喜欢的装饰附件。在他之前,没有人曾这样有效地将人物与建筑联系起来(参看藏于乌菲齐美术馆的于1493年作的《圣母子和圣塞巴斯蒂安、施洗者圣约翰》,图51)。他对建筑结构有一种天生的感受力,在必须处理几个相关人物的地方,根据一个几何平面对这些人物进行组合。莱奥纳尔多曾批评他1495年作的《圣母怜子》(藏于皮蒂宫)的构

图51 佩鲁吉诺,《圣母子和圣塞巴斯蒂安、施洗者圣约翰》,乌菲齐美术馆

图空洞乏味，但那时它在佛罗伦萨有着特殊的意义。佩鲁吉诺坚持单纯化原则和强制性绘画法则，在古典艺术的黎明时刻是一个重要的角色。显然，他极大地帮助拉斐尔缩短了要走的路程。

1.《订婚》和《下葬》

《订婚》（*Sposalizio*，米兰布雷拉美术馆，图52）所标注的年代为1504年，它是拉斐尔二十一岁时的作品。在这幅画中，这位佩鲁吉诺的弟子展示了他从老师那里学来的东西：我们能轻易地将他自己的贡献与他从老师那里接受的东西区别开来，因为佩鲁吉诺也画过相同的题材（藏于卡昂）。两幅画构图几乎一样，拉斐尔只是颠倒了两边的位置，也就是将女人放到左边，男人放到右边，其他方面的变化似乎不重要。而将这两幅画区别开来的是一位根据一套既定方式作画的画家与一位敏感的、天才的学生之间的全部差异。虽然这位学生仍受老师风格的约束，但他追求将清新的生命气息注入每个传统画题之中。首先必须理解画题本身，因为订婚仪式在这里是以一种让我们有点不习惯的方式进行的。这里不是在交换戒指，因为只有新郎将一只戒指递向新娘，而新娘则把手指伸入戒指中。祭司握住他们二人的手腕，主持这一仪式。仪式的细节给艺术家出了一个难题，我们必须仔细观察佩鲁吉诺的画，才能确切明了这里发生了什么。这正是拉斐尔做出个人贡献之处，因为他将马利亚和约瑟的距离安排得更远些，并在他们的姿势之间做出了区分：约瑟已完成了他的动作，将戒指送到图画的中央，于是马利亚正要向前靠，将观众的注意力集中到她右臂的姿态上。这是整个动作的焦点，为拉斐尔调换男人与女人位置的原因做出了说明——他必须将这重要的右臂放在前景而不被任何别的东西遮挡。不仅如此，整体的运动之流被祭司的形象所承接，他引导着马利亚的手，并未像佩鲁吉诺画中那样在中央形成一条生硬的垂直轴线，因为他的整个身躯伴随着动作，而且上身的偏斜姿势即是发出戴上戒指的指令，无论站得多远都可以听见。这是一位天才画家的作品，他善于将必须讲述的故事以图画的形式表现出来。站立着的约瑟和马利亚的形象是这一画派惯常表现的对象，但拉斐尔却采用了类型形象（type-figures），并总是努力去赋予他们以个性——请注意祭司握住每一只手的不同方式。

图52 拉斐尔,《订婚》,米兰布雷拉美术馆

将其他伴随人物做如此安排，为的是使这一情节集中而不分散，而位于画面右边正折断杖竿的那个年轻人几乎鲁莽地打乱了对称。佩鲁吉诺也画过这一人物，但将他放得更靠后些。背景中那座迷人的小神庙画得很高，以至它的轮廓不会与前景的人物相重叠，这又是以佩鲁吉诺最纯正的风格画的，后者正是以这一方式处理罗马的那幅巨大湿壁画《基督将天国钥匙授予圣彼得》（Christ Giving the Keys to St. Peter）的，结果是人物与建筑像油与水一样相互分离。画家意在以分明的轮廓，使人物形象在具有透视效果的地面的衬托下凸显出来。

如果让一个佛罗伦萨人来讲述圣母结婚的故事，会是多么不同啊！这一场景必定会充满了吵吵嚷嚷的人群，一些人身着鲜艳时髦的服装，旁观者目瞪口呆地站着。一帮身强力壮的年轻人会取代温文尔雅的表示退让的求婚者，甚至殴打新郎。确实他们会打群架，人们不禁要问约瑟怎么可能保持这般平静。所有一切意味着什么？这一母题早在14世纪就出现了[1]，而且具有法律上的意义——人们期望殴打能使婚约令人印象深刻，或许有人会想起伊默尔曼（Immermann，德国诗人、戏剧作家和小说家。——中译注）的小说《奥伯霍夫》（Oberhof）中类似的场面。在这部小说中其合理的意义是：未来的丈夫应该知道挨打是什么滋味。

拉斐尔正是来到佛罗伦萨接受了第二次教育。三四年后，当他画《下葬》（Entombment，图53）时已经判若两人了。这幅画现藏于罗马博尔盖塞美术馆。他放弃了从前拥有的一切特点，如柔软的轮廓线、条理清晰的分组、温文尔雅的情感。佛罗伦萨搅乱了他的全部思想，所以他现在的主要兴趣是裸体人物和运动。他需要生命活力、强大的效果和强烈的对比，因为莱奥纳尔多和米开朗琪罗所创造的效果正对他产生着影响，相形之下他一定已感受到自己的翁布里亚风格显得软弱无力。

绘制《下葬》的委托来自佩鲁贾（Perugia），但当时主顾所期望的肯定不是这一场景，而是类似佩鲁吉诺画的《哀悼死去的基督》（Lamentation over Christ，图54）中的那种场景，后者现藏于皮蒂宫。[2] 佩鲁吉诺的这幅画并不打算表现运动，只画

---

[1] 参见塔代奥·加迪（Taddeo Gaddi）的作品（圣十字教堂），以及吉兰达约（新圣马利亚教堂）和弗兰恰比焦（圣母领报教堂）的作品。
[2] 在这里可以提一下，最右边的那个年轻人与藏于乌菲齐美术馆的《亚历山德罗·布拉切西》（Alessandro Braccesi）完全一致，从前这幅画被归为洛伦佐·迪·克雷迪所作。

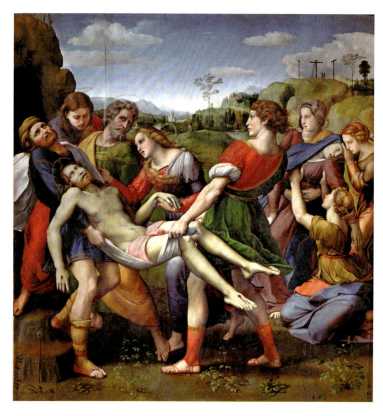

图53 拉斐尔,《下葬》,罗马博尔盖塞美术馆

了站在死者尸体周围的一圈哀悼者——这是一群以优雅姿势表达悲哀之人的脸谱。实际上,拉斐尔最初的念头是画一幅简单的《哀悼基督》(*Lamentation*),此画的一些素描仍然存世。后来他突然想到要表现搬运尸体,画两个人将尸体抬往山坡上的坟墓。他让这两个人在年龄和性格上有所区别,并使一个人倒着走,用脚后跟摸索着走上台阶,从而使这一构思更趋复杂化。业余爱好者在理解这类纯粹身体母题的特色时会反应迟钝,他们更喜欢寻求精神上的表现。但所有人都必须承认,将对比引入画中无论如何都是有优势的,所以将宁静与运动同时表现出来更能打动人。那些只专注于机械性劳动的人表情冷漠,相比之下,与该情节密切相关的人的同情便显而易见了。佩鲁吉诺听任旁观者神情冷漠,因为他画的所有人物面部都具有相同的表情强度,而拉斐尔却能够通过强烈的对比增强戏剧性的紧张感。

这幅画主要的美妙之处就在于基督的身体,他的肩膀向上耸起,头颅下垂——这是一个与米开朗琪罗的《圣母怜子》相同的母题。画中的解剖依然是肤浅的,头

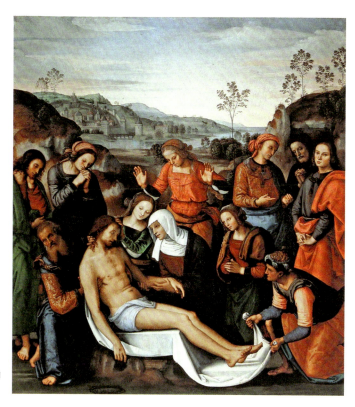

图 54　佩鲁吉诺,《哀悼死去的基督》,皮蒂宫

像缺乏鲜明的个性特征,关节的连接也并不高明。抬尸体的两人中,年轻的那个站立不稳,右手也没交代清楚,令人费解;而年长的那个由于头部与基督头部有着相同的倾斜度,给人以不快的感觉,这一缺陷在草图中倒是被避免了。其次,构图整体上是混乱的——纷乱的人腿常常受人指责——而且第二个老人尼科迪默斯(Nicodemus)在做什么呢?看来这里又一次出现了原本思路清晰却在绘制中变得混乱的现象,因为过去当抹大拉的马利亚扑向前时他注视着她,但现在他却茫然凝视着空处,其余的姿势完全含糊不清,加强了那组四人头部挤在角落中所造成的不适感。抹大拉的马利亚跟随着送葬行列时握着基督的手,这个优美的母题或许来源于一个古代原型[1],但她的右臂姿势仍是难以理解的。昏厥了的圣母位于其中的那组人物,远远胜过了佩鲁吉诺所画的任何东西,跪在她前面的人物肯定来自米开朗琪

---

[1] 藏于卡皮托利博物馆的浮雕(赫克托耳?):里盖蒂(Righetti),《卡皮托利山》(*Campidoglio*),卷I,图版171。格林(H. Grimm)已注意到这种联系。

罗《神圣家庭》中的圣母。值得注意的是，曾是那么敏感的拉斐尔现在要求我们接受如那些手臂一样生硬交错的形状。这组人物在整体上不太恰当地被塞入画面，而拉斐尔原先的想法要合理得多——将这些圣女包含于主要的一组人物的运动之中，让她们在不远处尾随着。但事实上这幅画支离破碎。有必要说一下另一个问题，即正方形的画面本身妨害了该画的效果，因为要营造队列行进的印象，画面本身必须有一个主导方向。提香的《下葬》在很大程度上靠的仅仅是画布的形状。

《下葬》在多大程度上由助手完成仍是有争议的问题。这幅画的确向拉斐尔提出了他一时不能完全解决的难题。在努力学习的过程中想要找到解决佛罗伦萨人难题的方法，这是值得称道的，但他在解决问题的过程中暂时迷失了方向。

2. 佛罗伦萨的若干圣母像

就以手段适合目的这一点而言，拉斐尔的若干圣母像比《下葬》更为成功，因为他作为一位圣母画家赢得了持久的声誉。试图用形式分析这种笨拙的手段来捕捉这些画的魅力，似乎是多余的。从孩提时代起，我们就已通过比世上所有艺术家所拥有的多得多的复制品熟悉了这些圣母画，它们是如此强烈地以母爱与雅气、高贵的尊严和奇特的超自然性等特征吸引着人们，以至我们不用去寻找进一步的艺术含义。但是看一眼拉斐尔的素描就会发现，正如这位艺术家所见，问题并不在于观众会怎么想，也不在于任务只是画出一个优美的头像或各种孩童姿态，而在于构建一组人物的整体结构，在于协调不同头部与四肢的动态所形成的总体方向。这一点不应妨碍任何人从情感和魅力的观点去看待拉斐尔，但艺术家意图中的本质部分，只会向那些能超越第一印象带来的愉悦感，能够从形式观点研究该画的人显露出来。

将这位艺术家题材相同的图画整理为与他各个发展阶段相对应的系列，便有许多东西可谈。在这里，圣母是拿着一本书还是一只苹果，是坐在室内还是室外，是无足轻重的：图式分类的基础不是这些物质上的分类，而是形式上的分类。例如，圣母是半身像还是全身像，她与一个儿童还是两个儿童构成一组，其他成年人是否结合进来，这些是艺术上的重要问题。让我们从最简单的情况，即半身圣母像开始，将《大公的圣母》（*Madonna del Granduca*，皮蒂宫藏，图55）作为例子。垂直轴线上的站立人物和多少显得不太自然的圣婴坐像是很简单的,而这幅画的基本活力来源于头部倾斜方向的一个变化所带来的非凡效果。

　　无论这个椭圆形头像多么完美,无论表情多么神奇微妙,如果没有这种对于方向的相当简单的利用,就不可能获得这一效果。在这幅画中,人物头部虽然倾斜,但仍然是全正面的,其斜线构成了唯一的变化。这幅恬静的图画依然笼罩着佩鲁吉诺式的气氛,但佛罗伦萨所要求的是一种全然不同的、更为自由、更加生气勃勃的效果。藏于慕尼黑的《滕皮家族的圣母》(*Casa Tempi Madonna*)一画已抛弃了圣婴坐姿的直角形式,后来完全代之以半卧的姿势。圣婴转过身来,四肢任性地拍打着(《奥尔良圣母》[*Orleans Madonnas*]和《布里奇沃特的圣母》[*Bridgewater Madonnas*]);他的母亲现在是坐着而不是站着,随着她向前或向侧面弯曲身子,轴向的种种变化立刻使画面丰富起来。从《大公的圣母》和《滕皮家族的圣母》

图 55　拉斐尔,《大公的圣母》,皮蒂宫

图 56　拉斐尔,《椅中圣母》,皮蒂宫

到《椅中圣母》（皮蒂宫，图56），艺术的发展进程以完全有规律的方式展开。《椅中圣母》中增添了小圣约翰，其造型效果在纵深度和复杂性上进一步增强了。由于这组人物紧密地组合在一起，并与紧紧环绕着的边框相协调，所以效果更加显著。

　　对于第二个画题，即全身圣母与耶稣及圣约翰的组合处理，其发展情况相类似。起初拉斐尔缩手缩脚，他在《金翅雀圣母》（Madonna del Cardellino，图57）一画中构建了一个庄重的金字塔形状，其边界由节奏经过细加推敲的轮廓线围成，孩子们对等地分置于圣母坐像两侧，整个构图基于一个等边三角形。轮廓具有一种在佛罗伦萨不为人知的微妙的敏感性，几个团块相互依靠着，以达到平衡，就好比在宝石商的秤盘上那样。圣母的披风为何从肩头滑落下来？这是要为那本书的剪影轮廓凸现出来创造条件，以使衣袍轮廓看上去以更加平稳流畅的节奏往下滑。然后逐渐出现了对更大的动态的需求：为对两个孩童做出更鲜明的区分，圣约翰必须跪下来（《美丽的女园丁》[Belle Jardinière]，罗浮宫藏），或将两个孩子放在同一侧（《草地上的圣母》[Madonna of the Meadow]，图58，维也纳藏）。同时，圣母坐得更低，以使这组人物更加紧凑，而且可使得方向的对比更有力、更有效。直至

图57　拉斐尔，《金翅雀圣母》，乌菲齐美术馆　　　图58　拉斐尔，《草地上的圣母》，维也纳博物馆

最后，出现了《阿尔巴家族的圣母》（Alba Madonna，图59，先前藏于爱尔米塔什博物馆，现藏于美国国立美术馆），它具有浓缩的丰富性，如《椅中圣母》一样，是一件成熟的罗马时期的作品。[1]不可否认，这是莱奥纳尔多的《圣母子与圣安娜》（罗浮宫，图17）的回音。

在画题方面更为复杂的是像慕尼黑的《卡尼贾尼圣母》（Canigiani Madonna，图60）这类描绘神圣家庭的作品，马利亚、圣约翰的母亲和约瑟被统一于两个孩子周围，也就是说必须安排五个人物的组合。在这里，首选的解决方案又是一个单纯的金字塔形，其底部由两位跪着的妇女构成，她们搂着位于她们之间的两个孩子，而站着的圣约瑟形象则是金字塔的顶端。《卡尼贾尼圣母》是一件形式组合的杰作，已远远超出了佩鲁吉诺的

图59 拉斐尔，《阿尔巴家族的圣母》，华盛顿国立美术馆（梅隆藏品[Mellon Collection]）

图60 拉斐尔，《卡尼贾尼圣母》，慕尼黑绘画陈列馆

[1] 罗浮宫所藏《加冕的圣母》（Madonna of the Diadem）享有盛名（其雕版画由韦伯[F. Weber]镌刻），但它表明拉斐尔的这种优势几乎没有传给其最亲密的那批追随者。笨拙的圣母母题，难看的坐姿和手势使它根本不可能是一幅有独创性的作品（据多尔迈尔[Dollmayr]的说法，它由彭尼[G.F. Penni]所作）。

能力,其清澈透明的效果是翁布里亚式的,但却富于佛罗伦萨式的动态变化。在罗马,拉斐尔观念的发展导致了纪念碑式的形式和强烈的对比,而他罗马后期相对应的作品是《神圣之爱的圣母》(Madonna del divin Amore,那不勒斯),虽然此画不是他亲手所绘,但还是提供了有关新观念的完整画面。[1]典型的变化是使原先的等边三角形变成不等边三角形,早先高高的一组人物被降低,轻盈的东西变得沉重而厚实。坐在一旁的两个妇人与另一边的约瑟相平衡,后者是一个被深深推入背景之中的独处人物。画有许多人物的《弗朗西斯一世的圣母》(Madonna of Francis I,罗浮宫),已完全抛开了一组人物的构成,我们看到的是一幅以纷乱的光影团块构成的绘画,这已无法与此前的构图做比较了。[2]

最后,在那幅大型的、重要的《华盖圣母》(Madonna of the Baldacchino)中,这位受佛罗伦萨画派影响的拉斐尔,表达了他关于登上宝座并为众圣徒环绕的圣母的构思。在该画中,佩鲁吉诺式的单纯与出自巴尔托洛梅奥修士艺术圈子中的那些母题结合起来,后者是拉斐尔在佛罗伦萨交往最密切的、具有强烈个性的人物。简朴的宝座完全是以佩鲁吉诺的方法画的,但另一方面,圣彼得的堂皇形象轮廓紧凑,如果没有巴尔托洛梅奥修士的影响是不可思议的。

然而对这幅画的全面评价,不仅必须考虑这两个因素,而且必须考虑后来十分显著的那些增加的部分,即位于顶部的天使,可能还有位于背景中的整个建筑物,当然还有顶部一个相当重要的部分中所增加的东西。[3]

罗马人的趣味要求有更大的空间,如果拉斐尔可以放手这么做,那他也会将两组圣徒紧凑地纳入更密集的团块之中,将圣母形象置于画中较低处,赋予整个人物组合以更厚实的面貌。就在皮蒂宫中,人们可以将其与十年后用以解决这个问题的方式做尽可能清楚的比较,因为人们只需将拉斐尔的画与巴尔托洛梅奥修士的《复活的基督与四福音书作者》(Resurrected Christ with the Four Evangelists,图98)做

---

[1] 多尔迈尔《〈皇家收藏品年鉴〉[Jahr-buch der Sammlungen des allerhöchsten Kaiserhauses],1895》将此作品的观念与制作都归于彭尼,《要素论》(Il Fattore)。
[2] 多尔迈尔(见前引书)并不否认这组画有圣母的人像源于拉斐尔式风格,至少彭尼和朱利奥·罗马诺(Giulio Romano)大概参加了制作。
[3] 似乎有一个相当拙劣的艺术家在画中添加了圣奥古斯丁的形象。另一方面,那些小天使当然属于这幅画的创造性形式,尽管有人持不同意见,例如《古物指南》(Cicerone),第10版。

一比较，后者显得更单纯但更丰富，更富于变化又更统一。比较下来，人们会得出这样的结论，成熟的拉斐尔不会把立于宝座前的那两个可爱的裸体小天使画到画中，因为画中已有了足够多的垂直线：这里所需要的是一种起到对比作用的形状，而巴尔托洛梅奥修士正是出于这一原因才让他的小天使们坐着。

3. 签字厅（The Camera della Segnatura）

拉斐尔很幸运，当他首次来到罗马时，所接到的委托任务并不是表现戏剧性题材，而是表现理想化人物的平静集会。这些描绘平静集会的画非常适合于培养对简单姿势的创造力和人物组合的感受力，而这正是他的拿手好戏。现在他可以大规模地演示自己对于和谐的轮廓以及平衡团块的敏锐感受力，这方面他曾在圣母题材的作品中得到了锻炼。在《辩论》(Disputà)和《雅典学院》中，他将要进一步发展这种构图和各组人物的组合，这为他后来的戏剧性作品奠定了基础。

现代观众难以理解这种艺术的内涵，他们会在别的方面，即在面部表情方面，在个别人物之间的"文学"关系方面寻找这些画的优点。首先他们需要理解这些人物形象的含义。如果所有人物都未附上姓名，他们会感到不安。当他们心怀感激地聆听熟悉画中每一人物名字的导游的介绍时，就会确信这样的解释可以使这些画更易于理解。对于大多数旅游者来说，倾听导游的介绍已足够了，尽管有为数不多的细心人将注意力集中于人物的脸部，想体验人物脸部所表达出来的那种情感。除了脸部表情以外，很少有人能从整体上领会人物的动态，将靠着、站着或坐着的各种优美的动作当作母题本身去欣赏，更少会有人猜想，这些画的真正价值应在总体布局、整体连接和空间处理的生命节奏中寻找，而与细节无关。这些画是宏伟风格（grand style）[1]的装饰品，不过是非凡意义上的装饰品，因为我所指的绘画，其要点并不在于个别头像或心理关系，而在于画面上的人物分布及其空间位置间的关系。

---

[1]勃克林（Böcklin）已用过这个词。在鲁道夫·希克（Rudolf Schick）的《日记》(Journal，柏林，1900）中我们读到（第171页），当他第二次在罗马逗留时，那里的厅室（特别是赫利奥多罗斯厅[The Camera d'Eliodoro]）对他有很大影响。"他清楚地感到是这些画的宏伟壮观的装饰性（Gross-Dekorative）甚至给最不敏感和最缺少教养的人也留下了深刻的印象，而这就是他在自己后来的绘画中试图竭力仿效的东西。"

拉斐尔对于和人的视觉相投合的东西很敏感,这一点是他的前辈中没人具备的。

对于理解这些画有熟悉题材的湿壁画来说,历史知识不是最要紧的。[1] 试图将《雅典学院》解释为一篇有关历史和哲学观念的深奥论文,或者将《辩论》解释为教会史的一个梗概,都是非常错误的。当拉斐尔想使他的含义确定无误时,便使用铭文,但这种情况很少发生,甚至对有些重要人物,即作品中的主角也未加解释,因为拉斐尔的同时代人并未感到有解释的必要。最重要的是表达肉体与精神状态的艺术母题,人物姓名则无关紧要:没有人会问这些人物**意味着**什么,而只关注他们**是**什么。要具备这样的观点就必须拥有一种视觉上的敏感性,而今天这种敏感性极为少见,而且北方民族要充分欣赏拉丁民族建立在肉体风采和仪态上的价值尤为困难。因此,当北方旅游者指望在这里发现最深刻的精神力量之表现时,如果起初感到失望,一定不要对他失去耐心:伦勃朗会以完全不同的方式去画"哲学",这是绝对错不了的。

凡是坚持想要了解这些画中更多东西的人都会发现,只有逐个分析人物形象并将他们熟记于心,再看看他们之间的关联,一部分是如何以另一部分为前提,并使其位置不可改变,除此之外别无他法。《古物指南》(*Cicerone*,副标题"意大利艺术作品欣赏便览",作者为瑞士艺术和文化史家、沃尔夫林的导师布克哈特)给出了所有建议,但我不知道有多少人听从这些建议,因为人们没有这么多时间,而且在取得任何成就之前要进行大量的实践。由于大量仅仅着眼于给人留下大体印象的普通插图的缘故,我们的视觉变得如此浅薄,以至当我们遇到诸如上述那些古老作品时,不得不完全从头开始。

《辩论》

围着一个置有圣体匣的祭坛,坐着教会的四位权威神学家、教义的制定者,他们是哲罗姆、格里高利、安布罗斯和奥古斯丁(图61、62)。他们周围有一群信徒,尊贵的神学家们伫立静思,热情的青年怀着赞美与崇敬之情踊跃探求。画中,一边人们在读书,另一边人们在辩论。这群人中有著名的人物和人格化形象,他们相

---

[1] 参看维克霍夫(Wickhoff)富于启发性的文章,载《普鲁士艺术收藏品年鉴》,1903年。

互挨着,为在位教皇的叔父西克斯图斯四世保留了一个荣誉位置。这是人世间的场景,但在其上部,三位一体的各位格都坐在宝座上,有圣徒环绕着,围成一个浅浅的弧形。在他们的上部有一排平行飞翔的天使。基督的坐像支配着整个场面,他正展示着自己的伤口,由圣母和圣约翰陪伴着;基督之上是正在祈福的圣父,之下是圣灵之鸽,鸽子的头部正好是该画纵轴线的中心点。

瓦萨里将这幅画称为《关于至圣礼的辩论》(*Disputà del Santissimo Sacramento*),这一不确切的标题一直沿用至今。在这群人中根本没有辩论,甚至连任何演讲也没有;其意图是表现至高无上的智慧,表现教会神圣奥秘的确然在场,这是由神的显现所证实了的。

可以试着重构早先人们会提出的解决这一难题的方案。实质上,除了曾为那么多祭坛画的主题所提供的要素以外,这里并不要求任何别的东西:一些虔诚的人平静地相处在一起,他们之上有神的显现,宁静如皓月高悬林梢。从一开始拉斐尔就看到,只有几个站着与坐着的简单母题是不够的,这个平静的集体必须要用处于动态之中的一群人来补充,他们做着一些生动的动作。所以他从区别四个主要人物,即教会权威神学家开始,使他们处于四种连续性状态,即阅读、沉思、幻觉迷狂和口授。他创造了一群拥向前来的青年人的优美组合,以与平静伫立的神学学者的形象形成对比,并且通过那个在祭坛台阶上背对观者的富有表现力的人物,以较为缓和的方式重复了这一对比。作为对照,位于另一边的教皇西克斯图斯,神态镇静而自信,昂首凝视前方,这是一位真正的红衣主教。他的后面有一个纯世俗母题:一个年轻小伙俯在护墙上,另一个男子将教皇指给他看[1];而在另一边相对应的地方,也出现了一组相同的人物,但方向相反,是一个较年轻的男子在指点着。后一组中,较年长的男子站在栏杆后面俯身看一本书,另一些人也正在读这本书,他似乎正要对它做解释,那位年轻人则邀请他到祭坛上,那祭坛正是一切活动的中心。可以说,拉斐尔在这里要画的是顽固异端的人格化形象[2],但这当然不是企图表现

---

[1]正如人们经常观察看的那样,指着教皇的人出于莱奥纳尔多的《三王来拜》,在那幅画中这个人占据了与此画中相同的位置。
[2]参见菲利皮诺的《圣托马斯·阿奎那的胜利》(*Triumph of St. Thomas Aquinas*)中相似的一组人物,此画藏于罗马密涅瓦神殿附近的圣马利亚教堂(Santa Maria sopra Minerva)。

图 61　拉斐尔，《辩论》（局部），圣格列高利和圣哲罗姆，梵蒂冈

为任何特定人物的肖像，甚至不可能属于为他草拟的书面方案中的一部分，而方案必定会列入四位权威神学家、教皇西克斯图斯和一两个恰在这场合中特别重要的名人。拉斐尔满足了所有这些要求，但他保留了为构图所需以任何方式发展各组无名人物的权利。这就将我们引向了问题的实质，因为该画的意义并不在于它的细节，而在于它的赋格曲式的效果，即所有要素的相互呼应。只有当我们弄清每一细节是如何被用来支持总体效果，而且每个细节的设计对清晰展示的整体具有何种影响，我们才能恰当地去欣赏这幅画。不过任何人都不应感到失望，因为心理因素并不是这幅画中最有趣的东西。吉兰达约本可创作更为令人信服的头像，波蒂切利也可对表现宗教情感怀有更大的同情心——这里没有一个人物形象可以与佛罗伦萨万圣教堂（Ognissanti）中的《圣奥古斯丁》（*St. Augustine*）相匹敌。拉斐尔另有所长，因为要画这样大尺寸的湿壁画，并具有如此大的纵深度，如此变化多端的姿态，如此清楚地发展着和如此有节奏地相连接的姿态，是件前所未有的事情。构图的第一个难题是四位教会权威神学家，他们本身是主要人物，必须给予应有的突出。如果将他们的尺寸放大，那么在这个假想的舞台上就不可能

图62　拉斐尔，《辩论》（局部），圣安布罗斯和圣奥古斯丁，梵蒂冈

将其放得太靠后；但如果不将他们置于深处，这幅画便只是一个长条状的队列。为了取得纵深感，在开始犹豫一阵之后，拉斐尔决定将权威神学家们的形象推入背景，并在他们的下面画一段台阶。这是最巧妙的解决方案，因为台阶的母题展现了非同寻常的各种可能性，它将所有人物联系在一起，并将他们向上引向中心。在祭坛另一边，画家又加上了一些姿态生动的人物，从而取得了进一步的效果，他们在那里只是为了烘托坐在后面的哲罗姆和安布罗斯的形象；不过这些人是后来想到的，并且是在最后才加上的。

　　从画面左边向中央有一股明显的运动之流：以手指点着的青年，在做祈祷的人物，背朝观者的富有表现力的人物，都结合在一起形成了一连串相关动作，观者的眼睛愉快地随着这些动作移动。拉斐尔总是考虑到这种对眼睛的引导，甚至在他后来的作品中也是如此。现在，如果几位主要人物中的最后一位，即正在口授的奥古斯丁转向一边，我们就看到了这一动势的要旨——这一动势是作为与右侧相联系的环节而采用的，在那里姿势渐渐减弱并完全停止。这种对形式的深思熟虑，就 15

世纪的习惯做法而言完全是新事物。另外,拉斐尔为权威神学家们选取了十分简单的视点;前两位一个是位置降低的侧面像,一个是位置升高的侧画像,第三人稍有变化,而各种坐着的姿势也尽可能简明单纯。这就是拉斐尔的方法。确实,如果远处的人物形象要想具有宏大的效果,就不可能用任何别的方式来处理它们,正如一幅像菲利皮诺的《圣多玛的胜利》(Triumph of St. Thomas) 那样的 15 世纪绘画所显示的,而菲利皮诺的这幅画在这方面是失败的。当人物接近前景时,姿势变得更为复杂了。最为复杂的动势是那些屈身人物以及他们在角落上的同伴们,这些同伴是对称布置的,同样通过指点着的人物与中央人物相联系。[1] 对称是整幅画的主导原则,尽管多少为细节所掩盖,但不合对称的地方主要在中部区域。不过即使在那里,分歧也不是很大,因为拉斐尔仍在谨慎地继续努力,致力于统一与平静,而不是骚动与混乱。轮廓是以一种微妙的感觉画的,几乎可称之为虔诚的,所以没有一根线条与别的线条相抵触,一种宁静感支配着变化多端的效果。背景的轮廓线在相同意义上统一了聚会的两个部分,并使它们与上排人物相协调。所有这些优雅流畅的轮廓线仍保持着一种更高的境界,这就是拉斐尔赋予每一个人物外表的清晰性。以往的画家将拥挤的人群塞入画中,脑袋挨着脑袋,而他由于受佩鲁吉诺式单纯风格的熏陶,使人物彼此分开,所以每一个人物都可以清楚地显现出来。该画还是当时为人们所考虑的新视觉标准的另一个实例:在波蒂切利和菲利皮诺的作品中,如果你要在混乱的人群中见出某些个性特征的话,就需要对人群的处理方式进行深入细致的研究。16 世纪的艺术,注意力集中于整体,要求将单纯性作为一条基本原则。

正是诸如此类的特性,而不是线描的细节,决定了《辩论》的价值。不可否认,这幅湿壁画包含了相当多的、本质上是新颖的母题,尽管它们大多仍是试验性的、没有把握的。例如西克斯图斯四世的形象相当含糊,他是在移步还是静立不动不甚明了,而且要弄清他是在用一本书撑着他的膝部,要颇费些工夫。在他对面用手指点着的年轻人是一个不成功的创造物,源于莱奥纳尔多式的母题,可从一幅素描中

---

[1] 在一侧有一扇门切入画面,因而产生了加一截护墙的想法。拉斐尔想在门的上面建一截矮墙,并在另一侧建栏杆重复这一母题,以便尽量使这扇门不起眼。后来在 16 世纪,这种对图画空间的侵入是不可忍受的,因此赫利奥多罗斯厅的湿壁画将其底边设定在门框顶部的高度上。在威尼斯有代表性的是提香,在他的《圣母进殿》(Presentation of the Virgin in the Temple) 中,他乐于因门洞而牺牲一些人物的腿部;在罗马这种粗糙的做法是不能被容忍的。

了解到，即所谓的《比阿特丽斯》(*Beatrice*)。有些头像并非肖像，它们如此空虚，以至颇使人不快；人们几乎不敢想象，如果莱奥纳尔多已经以他的创造类型再现了这众信徒的聚会，拉斐尔的这幅画看上去会像什么。

不过，正如我们已指出的那样，《辩论》的巨大贡献及其效果的内在因素是以下诸方面的综合：作为整体之画面的划分，下部人物内聚的方法，上部众圣徒形成的律动的曲线，活动中的人物与那些正襟危坐的人物之间的对比，变化与静止的结合等。所有这一切就构成了一幅经常被人称赞为纪念碑式宗教画风格之最佳范例的图画，其特征源于年轻人所特有的细腻感受力之局限性与生气勃勃的新生力量之间所取得的美妙均衡。

《雅典学院》

在"神学"对面的墙上，我们可以看到一幅表现世俗知识"哲学"的画，称作《雅典学院》(*The School of Athens*，图1)，不过其名称如《辩论》一样是任意取的。如果人们愿意的话，尽可将它叫作"辩论"，因为其主要母题是两位哲学领袖柏拉图和亚里士多德正在辩论，周围簇拥着听众；近旁是苏格拉底和他自己圈子中的学者，他正在讲述他提出的问题，并扳着指头历陈每一要点。穿着苦行僧服装的第欧根尼躺在台阶上；一位上了年纪的男子，可能是毕达哥拉斯，在记着什么，有人把刻有和声音阶 (harmonic scale) 的书板放置在他面前；此外还有天文学家托勒密和索罗亚斯特以及几何学家欧几里得，从而使这幅画的历史内容臻于完备。

在这里，构图上出现了比《辩论》一画更大的困难，因为缺少了基督与众圣徒这一批人。拉斐尔除了求助于建筑之外，别无其他解决办法。所以他建构了一座雄伟的拱顶大厅，前面有贯穿整个画面宽度的四级高高的台阶：他以这一方法获得了一个双层舞台——台阶下面的空间和台阶上面的平台。在《辩论》一画中，所有部分都趋向中央，相比之下，这里整个画面被分解为若干个小组，甚至还有单个人物——这是哲学探索诸分支的自然表达。正如《辩论》的情形一样，在这里寻找特定的历史暗示是没有意义的。各门自然科学的代表人物被组合在一起，置于下部，上面的空间则留给思辨的思想家们，这种构思作为一种观念是很能说明问题的：不过即使如此，这个解释很有可能是不恰当的。

用身体动作表现精神状态的母题在这里比在《辩论》一画中更富于变化。这一题材本身就要求更为多变的处理手法，但显然拉斐尔本人已经成长起来，并变得更富有创造性，因为情境特征更为显著，人物姿势更生动，形象更易为人记住。拉斐尔对柏拉图和亚里士多德这组人物的处理是最主要的。这是一个老画题，可以与佛罗伦萨钟楼上由卢卡·德拉·罗比亚（Luca della Robbia）做的浮雕《哲学家们》（*Philosophers*）做一比较——后者中，两个意大利人进行争论，其激烈程度是典型的南方式的：一个人坚决认为他的版本在文字上是正确无误的，另一人则用双手和十个手指做着手势，坚持认为那一定是荒谬的。在多纳泰洛做的圣洛伦佐教堂青铜门上，也有一些争辩人物的实例。不过拉斐尔必须抛弃所有这些原型，因为16世纪的趣味欣赏有节制的姿势：两位哲学巨匠比肩而立，神态尊贵而镇静，手臂前伸、手掌向下、有叱咤风云气势的人物是亚里士多德是一位"建设性的"人物；另一位是柏拉图，他竖起手指指着上苍。我们不知道是什么赋予拉斐尔灵感，让他以此方式来描绘这两位品格对立的名人，使他们看起来是可信的哲学家形象。

站在画面右边的是另一组令人印象深刻的人物。一个孤零零的、蓄着白胡须的男人，紧紧裹着斗篷，轮廓非常单纯，这是一个尊贵而镇静的人物；他旁边的另一男人伏在壁柱柱脚上，正注视着一个少年，而这个少年正面坐着，跷着腿，弓着背，正在写东西。我们必须凭借这类人物形象来评估拉斐尔的进步。第欧根尼斜躺着的母题是绝对新颖的——正是这位乞丐让自己很舒适地躺在教堂的台阶上。多样性与创造性还在不断增强：几何学演示的场景不仅在敏锐的心理观察方面值得赞赏，表现了不同研究者不同程度的理解，而且每一人物跪下与弯腰等实际身体动作都值得细致研究，甚至值得铭记于心。

围绕着毕达哥拉斯的那组人物更为有趣（图63）。一个侧面的男子坐在低矮的座位上写字，一只脚搁在凳子上；他身后另一些人向前挤过来，俯身看着他，形成了一个由曲线构成的完整花环。另一个人物也正坐着写东西，但他是正面的、四肢的处置更为复杂。在这两个人物之间有一个站立的人物，他将一本打开的书搁在腿上，显然是在引证其中的一段文字。没有必要为这个人物的含义大伤脑筋，因为在这组人物的精神活动中，他没有任何意义，只是作为一个身体母题，仅为形式原因而存在。抬起的腿，伸出的胳膊，扭曲的上身，以及形成对比的歪斜头部，赋予他

图 63　拉斐尔,《雅典学院》, 画有毕达哥拉斯的局部, 梵蒂冈

以自身的造型意义。如果北方观众倾向于认为这是为如此显著而精美的母题找到的一个虚假理由, 那么必须提醒他不要做出过于轻率的判断, 因为这个意大利人远比我们更喜欢用姿态来示意, 所以对他来说自然的界限是完全不同的。在这里, 拉斐尔显然是在步米开朗琪罗的后尘。在更为有力的人物的影响下, 他现在已丧失了自己天生的感受力。[1]

对于这幅湿壁画的分析不应仅限于单个人物, 因为拉斐尔表现个体人物动态的成就不如构建人物群组的技巧, 而且在较早的艺术中, 没有任何东西能以任何方式与这种复调音乐相比较。这些几何学家的组合解决了以前几乎没人试图解决的形式

---

[1] 然而, 这个人物形象的原型见于莱奥纳尔多而不是米开朗琪罗: 它是从《丽达与天鹅》(图 18) 的母题发展过来的, 现在尚保存有拉斐尔仿《丽达》的一幅素描。拉斐尔从多纳泰洛做的帕多瓦的浮雕上借鉴的东西 (参看弗格 [Vöge]《拉斐尔和多纳泰洛》, 1896 年) 只限于这样一些从属性的人物形象, 所以人们可能会认为它们几乎是作为一个玩笑而被画入这幅作品中的。总之, 我们不应认为这些借鉴的东西是想象力贫乏的证据。

难题——五个人物朝向一个点，其空间发展清晰，轮廓完美纯正，而且具有最丰富的姿态变化；对面那组设计得更为尊贵的人物也是如此，在那里最完美的艺术以如下的方式得以显明：最富于变化的姿态互相补充，许多人物不可避免地融为一体，像一首大合唱中的各个声部统一起来，以至整体看上去一目了然且合乎逻辑。如果将这组人物作为一个整体看，就会看出那个站在后面的年轻人的重要作用：有人认为他是某位王侯的肖像，情况可能如此，也可能并不尽然，但他具有在纷乱的曲线中提供必要的垂直线的形式功能，这点是确定无疑的。

此画也同《辩论》一样，最丰富的变化展示于前景。后部平台之上，垂直线林立；而在前部，人物很大，各种线条弯弯曲曲并复杂地相互交织着。在中央人物周围，对称占据支配地位，但在一侧对称松弛下来，让上面的人群如溪水般不对称地沿台阶流淌下来，打破了平衡，而前景中不对称的各组人物又使平衡得以恢复。

的确，非同寻常的是，在人群中站得那么远的柏拉图和亚里士多德仍然能够控制整个构图。当你考虑到比例尺度时，就更加不可思议了，因为根据严格的计算，尺度朝向背景缩小得太快了——躺在台阶上的第欧根尼的比例与前景中的邻近人物迥然不同。通过安排建筑的方法，奇迹豁然明朗：这两位正在争辩的哲学家恰好站在最远的拱门门洞之中，如果没有门洞形成的光环，他们便会消失于人群之中，而且离我们较近的那些拱门的同心线条，重复回旋并强化了这个光环。我想起莱奥纳尔多的《最后的晚餐》中采用的类似母题——如果除去建筑，整幅构图将四分五裂。

然而这里是以一种全新的方式对人物与其所占据空间之关系加以考虑的，巨大的拱顶高耸于众人头上，渐次向后退缩，观者也领略到这座巴西利卡式建筑平静而庄严的气氛。布拉曼特（Bramante）的新圣彼得教堂即是以这种精神设计的。据瓦萨里所说，布拉曼特应被视为这幅湿壁画中建筑物的设计者。

* * * * *

在德国，人们是通过铜版画来了解《辩论》和《雅典学院》的，甚至一幅浅薄的版画也比任何照片更好地再现了这些湿壁画强有力的空间效果。在18世纪，沃尔帕托（Volpato）制作了一组七幅签字厅的版画。世代以来，到罗马的旅游者将这些画作为纪念品带回家去，即便现在这些版画也不会被人轻视，尽管凯勒（Keller）和雅各比（Jacoby）以不同的眼光和不同的方式承担了这项工作。凯勒在 1841 年至 1856 年间制作的《辩论》，凭借印版的尺寸优势取代了早先所有的版本。当沃尔帕托只求复制总体布局，并以此任意增加涂绘性面貌时，凯勒这位德国人则更多地追求原原本本的复制，并试图以他的刻刀再现拉斐尔艺术的所有特征。其明暗对比显得清晰、稳定、强烈，但没有传达出任何涂绘性效果的感觉。他确定了人物在画面上的位置，尤其着眼于形体的精确性，而忽略了湿壁画的色彩和谐，尤其忽略了光线的影调。雅各比正是从这一点着手，他的《雅典学院》是花了十年时间（1872—1882）完成的。这个外行不可能拥有以下这种批评性判断的概念，即要求在铜版上找到与原作每一色调相对应的调子，以再现这幅画的柔和性，并将湿壁画明亮色阶范围内的空间清晰性保留下来。这幅版画看似是一项无与伦比的成就，不过或许他的意图是想克服在这些画例中强加于版画艺术的限制。还有一些艺术爱好者，由于沃尔帕托画幅尺寸大为缩小，更喜欢他那种较为概括性的处理手法及其相对简单的线条方式，这恰恰是因为这样更易于将总体印象中的某种纪念碑式的东西保存下来。

《帕尔纳索斯山》（*Parnassus*）

我们完全可以这么想，拉斐尔并不乐意在一块类似的墙面上去完成他的第三项任务，即描绘诗人们的湿壁画（图 64）。狭窄的墙面，中间有个窗户，本身就暗示着一些新的构思。拉斐尔环绕窗户建造起一座真正的帕尔纳索斯山，并在窗洞以下与两侧获得了两小块前景空间。窗洞之上画有一条宽宽的土墩，这是阿波罗和缪斯们坐的地方。荷马也被接纳到这里，位于背景之中，但丁和维吉尔[1]也能被辨认出来。其余的诗人聚集于山坡上，或独自信步漫游，或站在一起闲聊，或在凝神聆听某段动人的朗诵。要刻画一组具有心理深度的诗人群像是很困难的，因为不易刻画出与他们相伴的诗意。拉斐尔将灵感的表现限于两个人物，一个是阿波罗神，他拉着小提琴，仰视天空心荡神迷；另一个是荷马，他以盲眼向上展望，好像在倾吐充满灵感的诗句。艺术法则要求其余各组人物表现出较少的情感，而且神圣的迷狂只有表现在神的近旁才是合适的：再往下就是与我们为伍的凡夫俗子。在这里同样不

---

[1] 维吉尔不再是衣着古怪的人，不再像波蒂切利还在画的那样戴着尖顶帽，现在他穿的是古罗马诗人的服装，如西尼奥雷利在奥尔维耶托首次画的那样。参看福尔克曼（Volkmann），《但丁式图像志》（*Iconografia Dantesca*），第 72 页。

图 64　拉斐尔，《帕尔纳索斯山》，梵蒂冈

需要知晓这些人物的姓名，虽然通过榜题可以辨认出萨福（Sappho），因为不注明就没有人会知道一位妇女在那里干什么。但显然拉斐尔真的把她画进去，为的是有一位妇女作为衬托。但丁的形象相当小，几乎无关紧要。真正打动人的是那些无名的理想化人物，在这一大群人中只有两个能形象能跃入眼帘：一个位于右侧最边缘，明显是圣纳扎罗（Sannazaro）；另一个以拉斐尔自画像的姿态出现，具有肖像的神气，但他的身份还未得到令人满意的确认。

　　阿波罗坐着，身边还坐着两位缪斯女神。阿波罗是全正面的，缪斯们是侧面的，他们构成了一个钝角三角形。这就是构图的中心，其他缪斯女神安排在这一中心周围。一连串动势结束于右边一位庄重的、背对观众的人物，在左边结束于相对应的荷马正面形象，这两个人物共同构成了帕尔纳索斯山聚会的角柱。一个少年形象使整组人物的宏大结构变得活泼自然，他坐在荷马脚下不远处，正用一支尖笔将荷马的诗记下来。在另一边，构图出人意料地向纵深发展，因为在背对观众的女性人物身边有个男子正从山的另一边大步走入图画中，而他的身体只有三个部位是可见的。从背景中长出的月桂树更增强了这一动态效果。如果我们注意到画中的树木，就可看到其构图是经过了多么精心的推敲，因为它们加强了斜向的运动，打破了呆板的对称。如果没有那些位于中央的树干，阿波罗就会与缪斯们混在一起。

前景中的两组人物相互间形成了对照，左边一组的焦点是那棵树，显得很孤立；右边一组则保持着与上面人群的联系，这是与《雅典学院》相同的一连串动态。

在空间处理方面，《帕尔纳索斯山》一画不如别的图画漂亮，因为在过于狭窄的山丘上有一种拥塞感，画中几乎没有什么人物母题是真正令人信服的，大多数人带有一种琐碎的烙印。缪斯们或许是所有人物中最不成功的，她们只是些空虚的模拟像，并未因其刻意的"古代"漂亮装扮而变得好些。两个坐着的缪斯中有一个模仿了《阿里阿德涅》（Ariadne）中的衣纹，另一个的动作原型或许是如所谓《哀求的妇人》（Suppliant Woman）之类作品中的人物。裸露的肩膀十分显眼地重复出现，这是另一个取自古代的母题。要是拉斐尔展示了更生动的肩膀就好了！尽管他画的所有形体都是丰满圆润的，人们还是会怀旧地想起波蒂切利那瘦削的美惠三女神，但那位站着将背脊转向我们的女人，其颈项带有显著的自然特性——这是真正罗马妇女的颈项。最优秀的是那些简单明确的人物形象：萨福那扭转身体的形象表明，对有趣的动势的追求会达到何等离奇的地步，因为拉斐尔一时迷失了方向，在没有真正理解米开朗琪罗的情况下去与他一争高低。将这个不幸的女诗人与任何西斯廷天顶画上的女预言家相比较，就足以看出真正的区别。伸手向外指点着的那个男人的手臂，具有剧烈的透视短缩效果，这是另一项精湛的技巧，对此我们不必责备，因为这个难题在当时是必须解决的，米开朗琪罗自己对此问题的看法包含在《创造太阳》一画的圣父形象之中。

还必须提一下在空间处理上的一个特点，即这种让人吃惊的处理方式：萨福和与她相对应的人物似乎越出了窗框，这令人感到不快，因为他们似乎要破墙而出。你会惊异拉斐尔怎么会采取这等粗率的做法，但事实是他想获得相反的效果，他以为用来框住整幅画的按透视法画成的拱顶会将窗户推向后部，使观众相信窗户本身就被安装在缩进画面一段距离的地方。结果证明这是一个错误的算计，拉斐尔后来再没做过这种尝试，但后来的铜版画家省略了手绘的窗框，从而散布了这一错误。

手绘的窗框单独提供了空间意图的线索。[1]

《法学》（*Jurisprudence*）

拉斐尔绘制法官聚会的任务被免除了，因为在第四面墙上，只需在窗户两侧画两个取材于法律史的小型仪式场景，而在窗户上的拱券内则要画上象征"刚毅""谨慎""自制"的拟人形象，这些美德对于法律的实施是必不可少的。没有人会为这些美德的拟人化形象所陶醉，因为它们是无趣的女性形象。外侧的两个人物动态很生动，中央的一个则较为平静。三人坐的位置都较低，为的是获得较强的动态对比。"自制"高高举起马勒，具有一种颇为费解的仪式性。她的整个动作与《帕尔纳索斯山》的萨福关系密切，身躯的扭转、臂膀伸出横过身体的动作以及腿脚的姿势全都很相似。不过整个形象是优异的，是以更为恢宏的尺度构思的，并非那么支离破碎，清楚地表明了这位艺术家在风格上的发展。"谨慎"因其镇静神态本身就惹人喜欢，她的轮廓非常优美，其素描与《帕尔纳索斯山》相比，说明画家已更牢固地掌握了清晰性的概念。将她支撑身体的胳膊与阿波罗左边那位缪斯同样的母题相比较，也可看出这一点。而在后者中，缪斯动作的本质并未被清楚地表现出来。从这里出发继续他的艺术发展进程，直到和平圣马利亚教堂（Santa Maria della Pace）中的《女预言家们》（*Sibyls*），标志着在动态变化方面取得了巨大的进展。他在母题的净化方面也取得了类似的进步：我们在这里尤其要提到第三个女预言家，因为他以令人信服的方式把握并表现了人物的头部、颈部和肘部的结构。《女预言家们》被置于深色的挂幛背景前面，而《诸美德》（*Virtues*）则被置于晴朗的蓝天之下，从而映衬出她们的轮廓，这本身就是风格差异的基本特征。

取材于法律史上的两个场景，即授予民法法典和基督教法典，作为仪式程序的图式，是16世纪初人们的主要欣赏趣味所在。但在这幅湿壁画与《辩论》的关联点上，有清楚的证据表明，拉斐尔在签字厅的工作快要结束时，就开始取得了宽宏

---

[1] 我不能同意《帕尔纳索斯山》下面那些纯灰色画（grisailles）与这个厅中其余的画是同时代的。早先将它们解释为《奥古斯都阻止焚烧埃涅阿斯纪》（*Augustus Preventing the Burning of the Aeneid*）和《亚历山大把荷马诗集藏在棺材里》（*Alexander Hiding Homer's Poems in a Coffin*），这个解释似乎对反驳维克霍夫提出的解释（《普鲁士艺术收藏年鉴》，1893年）非常有利，维克霍夫的解释几乎没有说明这些姿势——这不是表现烧书，而是阻止烧书；不是把书稿从石棺里取出，而是把它放进去。我相信所有公正的评论者都会得出这个结论。

与宁静的效果，并且已开始用较从前更大尺度的人物形象进行创作了。

遗憾的是，这间小厅内原先的木质镶板已不复存在，它比现在画在护墙板上的白色站立人像的效果更和谐，因为将人物上下安排总是相当冒险的。接下来的这间小厅（Stanze）也遵循了相同的方案，但要安宁得多——这是一个当代的方案——因为那些富于立体感的女像柱与这些湿壁画的整体涂绘风格形成了鲜明的对比，而且几乎可以这样说，通过强调向后缩进的效果，它们赋予这些画以真正的图画效果。这种关系并不存在于其风格相对来说是非涂绘性的第一间小厅中。

4. 赫利奥多罗斯厅

在看过签字厅的若干寓意画之后，我们发现第二间小厅画有历史画。不止如此，这是一间新颖、壮观、涂绘风格的房间，其人物尺寸巨大，立体感更强；墙上好像开凿了一个洞，人物隐约从黑暗深处浮现出来，甚至构成边框的拱券线脚也以逼真的错觉方式投下阴影。如果我们回顾一下《辩论》，会发现它看上去就像一幅平面的、色彩鲜亮的挂毯。而在这里，这些画所包含的东西更少，但所画的东西具有更强有力的效果。没有微妙的、精心安排的人物组合，只有有力的团块相互对照形成最强烈的对比；没有富于装饰性的半真半假的或者说是按演剧式安排的哲学家和诗人，取而代之的是激烈的情感和富于表情的动作。第一间小厅中的绘画作为装饰可列居较高的地位，而赫利奥多罗斯厅却为后世提供了纪念性叙事绘画的典范。

《驱逐赫利奥多罗斯》（*Expulsion of Heliodoros*）

《玛咯比传》（*Maccabees*）第二卷告诉我们，叙利亚将军赫利奥多罗斯如何受国王派遣前往耶路撒冷，抢劫神殿中属于孤儿寡母的钱财。眼看要遭受洗劫，孤儿寡母们在大街上奔走哭号，大祭司吓得脸色惨白，在祭坛上祈祷。规劝或哀求都不能阻止赫利奥多罗斯，他闯入宝库，将贵重物品洗劫一空。这时突然出现了一个身着金甲的天国骑士，他把这个强盗打翻在地并踏于马下，同时有两个年轻人在鞭笞这个强盗。这就是经文所述。拉斐尔将这一连串事件综合到一幅画中（图65），但

图65　拉斐尔,《驱逐赫利奥多罗斯》,梵蒂冈

并不像先前画家那样从容不迫地将不同场景一个挨着一个地排列,或者做上下安排,而是对时间与地点的统一给予应有的重视。他并未将此场景表现于宝库之中,而是表现了赫利奥多罗斯正要带着赃物逃离神殿的时刻。据故事所述,孤儿寡母们在大街上奔跑哭号,但他将他们画入同一场所,作为神介入的见证人,而正在祈求神帮助的大祭司也因此在这幅画中占据了应有的位置。

对于当时的观众来说,最令人惊叹不已的一定是拉斐尔安排各个场景的方式,因为当时的人们只习惯于将主要情节安排在画的中央这种布局。但在这里,画面中部有一个很大的空当,关键情节出现在最边缘部分。我们现在难于充分欣赏这种构图所产生的效果,因为所受的教育使我们以完全不同的方式处理形式问题。但是当时的人们一定真的感觉到,他们实际上正在目睹突然出现的奇迹,所以画家根据新的戏剧规则设计出了这个报应场面。15世纪人们会如何讲述这个故事是相当清楚的——赫利奥多罗斯在马蹄下鲜血横流,同时还有两个人在两边鞭笞他。而拉斐尔却表现了作恶者被打翻在地,骑士正拨转马头要将他踏在马蹄之下,以及两个年轻人正挥鞭冲向前来这一悬念性的瞬间。这是后来朱利奥·罗马诺画他的《石击圣斯蒂芬》(*Stoning of St.Stephen*,热那亚)的方式:石块被高高举起,但圣徒尚未受到伤害。[1] 在这幅湿壁画中，两个年轻人的动态还另有长处，即他们的快速冲击也反映在那匹马上，所以马匹似乎也成了这一闪电般运动的一部分。画中人物向前冲击的动态处理得极好，他们的脚几乎没有着地。那匹马画得差一些，因为拉斐尔根本不是个动物画家。

在 15 世纪，遭到复仇被打翻在地的赫利奥多罗斯会被表现为一个卑下的恶棍，正如在孩子们眼中那样一无是处。但 16 世纪人们看待事物的眼光不同了，拉斐尔并未使他显得不体面，即使蒙受羞辱，同伴已溃不成军，但他仍保持着镇静和尊贵的神态。他的头部本身就是 16 世纪表现力的一个典范：痛苦地高高昂起的头，寥寥数笔表现得淋漓尽致，这在较早的创作中是无与伦比的，而且其身体母题也是新颖的，对未来产生了巨大的影响。[2]

这组人物的对面是蜷缩成一团的妇女和儿童，呈现被羁押的动势，其轮廓清晰而紧凑。这群人的外观是以最简约的方法描绘的——如果数一下，其人数之少令人吃惊。然而所有的动作、疑问的眼光和应答的手势，向后挤着想藏匿起来的动作，都是以清晰而富于表现力的线条和强烈的对比手法描绘的。

教皇尤利乌斯二世平静随和地坐在轿舆上，位于众人之上。他注视着这一场面，尽管他的那些全都按肖像方式画的随从人员在此情节中并未发挥任何作用。难以理解的是，拉斐尔怎么会允许这幅画的精神统一性因此而受到干扰。也许这位教皇希望自己被描绘于这一事件中，正如 15 世纪绘画的惯常做法那样，这是对教皇趣味的迁就。那些理论性的论文可能会坚决认为，一幅画中的所有人物都应该被表现为在情节中发挥实际作用，但在实践中常有偏差。在这一例中，拉斐尔巧妙地利用了教皇的突发奇想，因为这给了他一个机会，为该画其余部分的整体骚动气氛安排了一个平静的对比。

在后景中，有两个男孩正爬在一根圆柱上：他们意味着什么？如此动人的母题多半绝不只是可以随意忽略的偶然之事。作为与倒地的赫利奥多罗斯对应的人物，他们对于构图的均衡来说确是至关重要的：天平一边向下倾斜，另一边向上升起，

---

[1] 同样的观念也被用于西斯廷挂毯画中的《石击圣斯蒂芬》。
[2] 我不能赞同常常有人提出的看法，即认为这个形象源于古代的一个河神。

图 66 拉斐尔,《解救圣彼得》,梵蒂冈

这一对比赋予倒地的赫利奥多罗斯以真实的含义。[1]

爬上柱子的那对男孩还有更进一步的作用,他们将观者的目光导入画中,引向中央,在那里我们发现了正在祈祷的大祭司跪在祭坛前,他还没有觉察到自己的祈祷已经应验。孤弱无助的乞求这一基本主题是这一作品的中心。

《解救圣彼得》(Deliverance of St. Peter)

拉斐尔向我们讲述了圣彼得躺在监狱中如何半夜被天使唤醒;他如何在睡梦中与天使走出牢房获得自由;当人们发现他逃走时,卫兵又是如何被唤醒的——三幅湿壁画(图66)讲述了所有这些内容,它们被安排在勉强够大的一块墙面上,而这墙面被一扇窗户所打破。中间部分画了一个土牢,前部安装了一个格栅,所以可以看见内景;左右两边都有台阶从前景向上引入,这大大有助于形成纵深感,避免

---

[1] 相似的母题出现在多纳泰洛的浮雕《愚人的奇迹》(*Miracle of the Ass*)中,这一情况也并非对拉斐尔不利。在这里有谁会侈谈借用呢?

图 67 多梅尼基诺,《解救圣彼得》(局部),罗马,温科利圣彼得教堂

产生这样一种感觉:墙壁凹进的空间就位于窗户空当处之上。

　　圣彼得坐在地上睡着了,他双手放在膝盖上,头部稍向前垂下,仿佛在做祈祷。周身焕发着荣光的天使向他俯下身去,一只手触碰他的肩膀,另一只手指点出路。两个身着甲胄的卫兵在两边倚墙而立,昏昏欲睡。这一场景还可能更简单吗?然而,直到拉斐尔才如此看待这个题材,甚至以后再也没人能将这一故事讲述得如此简洁而生动。有一幅多梅尼基诺(Domenichino)画的《解救圣彼得》(图67)十分著名,因为该画悬挂于保存有该圣徒镣铐的温科利圣彼得教堂(S.Pietro in Vincoli)之中。在那幅画中,天使向圣彼得俯下身去,扶着他的肩膀;这位老人醒过来,因天使的出现而恐惧地往后退缩。为什么拉斐尔将他表现为睡着了呢?因为只有这样才能表现出这位囚徒虔诚的顺从,而恐惧是一种区分不出好人与坏人的情感。多梅尼基诺尝试着透视短缩法,并获得了一种不安定的效果;而拉斐尔表现了最单纯的全身像,获得了平和宁静的效果。再者,在多梅尼基诺的画中,那两个卫兵也在牢房中,一个躺在地板上,另一个倚墙而立,但他们的姿态和画得十分完整的头部如同主要人物一样吸引着观者的注意力。拉斐尔做出了微妙的区别：他所画的卫兵倚墙而立，仿佛他们是墙的一部分，是活的砖石建筑；看一下他们那卑俗的样子，就知道他们并无使我们感兴趣之处。不待说，拉斐尔并不想详细表现监狱的墙壁。

较早的艺术家把从土牢中解救出来圣彼得的场景视作这一故事的核心，在这一场景中，圣彼得总是被表现为正在说话，与天使交谈。拉斐尔则注意到《圣经》的经文——他走了出去，仿佛在梦中一般。天使以手引导他，但他既没看见天使也没看见路径，睁大的眼睛凝视着虚空，走起路来像一个梦游者。他从黑暗中隐约浮现出来，加强了这一效果。他部分被来自天使的光辉所遮蔽：在这里拉斐尔以自己独特的语言说话了，他已经在囚室昏暗的光线中创造了某些十分新颖的东西。至于说到天使本身，这个步履轻盈的向导和引路人的表现是令人难忘的。

台阶上上下下躺着睡着的士兵们。《圣经》提到了发出的警报，而且这警报应是在清晨发出的，所以拉斐尔保持了时间的统一。为了给右边的光晕以均衡感，他在天空中画了一弯新月，那时东方已经破晓。此外他添上了一种精湛的绘画技巧——一支火把闪烁的火光以及它在石头与锃亮的甲胄上的微红反光。《解救圣彼得》也许比拉斐尔的任何其他作品都更适合于使那些对他尚不了解的人充分欣赏他。

《博尔塞纳的弥撒》

《博尔塞纳的弥撒》（*Mass of Bolsena*，图 68）讲述的是一位持怀疑态度的祭司的故事。在他做弥撒时，他手中的圣饼开始出血。人们认为这个故事可画出高度戏剧性的图画——祭司恐惧地往后退缩，观者则为奇迹所征服——而且已有人这样画过。但拉斐尔采用了不同的方式。这位祭司跪在祭坛前，侧面朝着观者。他没有跳将起来，但动弹不得，手捧染红的圣饼，陷入内心挣扎，这在心理表现上比他突然变得癫狂更为深刻。由于主要人物是静止的，当奇迹对众信徒起作用时，拉斐尔便可用它作为情感逐渐增强的整个过程的起点：离得最近的唱诗班少年在交头接耳，他们的烛光摇曳着，最靠近的那个少年无意识地鞠躬礼拜。台阶上人群密集、拥挤，直至运动之波在前景一位妇女那里达到了顶点，她跳起来挤向前去，希望看上一眼。她的眼神、姿态以及整个身体确可看作信仰的体现。较早的艺术家们已将

图68　拉斐尔,《博尔塞纳的弥撒》,梵蒂冈

"忠诚"（Fides）设计成像这样的一个人物,如佛罗伦萨国立博物馆中的一件奇维塔莱（Civitale）所做的浮雕,该浮雕中那个后仰的半侧面头像与她最为相似。一连串运动在台阶底层蹲坐着的妇女们那里结束,她们态度漠然,对这一事件浑然不知。

　　教皇再次要求将自己及其随从人员画入画中,拉斐尔辟出画面的一半以满足这一旨意。在开始时的一度犹豫之后,他将教皇安排到与主要人物等高的位置,所以这两个人,即心怀敬畏的年轻祭司和做着祈祷姿势的老教皇相向而跪,均为侧面;他们一动不动,就像这座教堂的石头一样。背景中有一组红衣主教,其肖像画得很精致,但没人比得上他们的教皇。在前景有瑞士卫兵和教皇轿舆,他们跪着,身体刻画得很精确,但没有任何精神上的升华——这奇迹仅使他们产生了一种世俗的渴望,想要弄清正在发生什么事情。

　　因此,这一构图是以诸母题的强烈对比为基础的,而墙面的特性暗示了这种对比,因为这里也有一个嵌入墙壁的窗户。这是必须要考虑的,它使得对一座教堂内部的再现变得不可思议。所以拉斐尔搭建了一个平台,两边都有台阶通到下面,并将祭坛安排在该画的中央。他用一圈扁平的圆弧形护墙环绕着平台，只是在背景中才对教会建筑有所暗示。由于窗户并不位于这堵墙的中心，图画左右两半是不相等的，他便将较窄的左边稍稍抬高，在一定程度上使两边达到相等。这就使伏在祭司后面护墙上的两个人物成为合理的存在，如果他们的作用只是指出奇迹，那他们就是多余的了。[1]

这个房间中的最后一幅画，《利奥一世和阿蒂拉的会晤》(Meeting of Leo I and Attila)，是令人失望的。很清楚，此画的意图是要表现教皇及其随从人员以其平静的尊严控制着匈奴王那群兴奋的游牧民，虽然他们在画中占据着不太重要的空间。然而这一效果并未实现，天堂帮手圣彼得和圣保罗显灵，他们来势汹汹，向阿蒂拉俯冲下来，但不能指责这种画法破坏了效果。简单说来，这个对比本身并没有适当地展开——根本无法找到阿蒂拉。次要人物突出，误导着观众；在线条的节奏以及最具破坏性影响的含混不清中，存在着不和谐的因素。所以这幅湿壁画被定为拉斐尔所作是非常片面的，尤其是该画总的调子与别的画不同。以我们的观点来看，此画归于拉斐尔所作是不恰当的。[2]

出于同样的原因，我们不可能在第三个房间中，即画有《街上之火》(Fire in the Borgo，图167)的小厅中追溯拉斐尔画派的活动。该厅用以命名的那幅主要的图画，细部有一些非常精美的母题，但好的和差的混在一起，而且这幅湿壁画总体上缺乏创造性作品的严谨品质。顶着水罐的妇女，灭火的男人们，一群逃难的人，都很容易辨认出是拉斐尔画的，作为个体形象中细节刻画精美的实例是很能说明问题的，创作于其人生最后的几年间。但要了解他在大型叙事性作品方面的发展进程，我们必须考察他为西斯廷礼拜堂挂毯所作的底图。

---

[1] 拉斐尔设想观者的位置正好对着图画的中轴线，故窗框左侧与部分画面相重叠。
[2] 我注意到与拉斐尔成熟风格不相符合的、素描关系缺乏清晰性的一些例子：(a) 阿蒂拉的坐骑。马的后腿以及蹄子是以一种荒谬滑稽的断断续续的方式画出的。(b) 位于黑马与白马之间的那个用手指点着的男子。他的另一条腿也是不完整的。(c) 前景中的一个持矛者画得非常糟糕。背景和后面的风景也不属于拉斐尔风格。这是由一个不知名的助手合作画的，虽有才能但仍显粗率，最好的部分在左边。

5. 挂毯底图

藏于维多利亚和阿尔伯特博物馆中的七幅底图（图69—75），都是十幅系列原作中遗存下来的，它们被称作"现代艺术中的帕特农雕刻"，其名声和影响范围肯定超过了那些伟大的梵蒂冈湿壁画。它们被当作那些画中人物不多之作品的典范，以木刻和铜版复制品广为传播。它们是表现所有人类情感的形式宝库，而拉斐尔作为一名素描高手的名望则主要依靠这些成就。西方艺术有时似乎没有能力去发明新的姿态来表现惊讶、恐惧、因悲伤而变形的容貌或高贵庄严的形象。令人惊讶的是，有如此多的富于表现力的头像出现在这些作品中，有如此多的人物形象不得不述说着什么，这导致一些图画具有极强烈的（fortissimo）、近乎生硬的效果。这些画并非全都那么优秀，没有一幅画出自拉斐尔本人的手笔[1]，但有些画是那么完美，以至我们能清楚地看出绘图者与拉斐尔的天才非常接近。

《捕鱼神迹》（*The Miraculous Draught of Fishes*，图69）中，耶稣和彼得两兄弟出行来到湖上，虽然渔夫们已白白辛苦了一夜，但仍按耶稣的吩咐，再次把渔网撒出。后来他们打了那么一大网鱼，以至不得不呼唤另一条船上的人前来帮助拉网。彼得对这明明白白的神迹感到惊讶不已——拉丁文《圣经》写道，"他大吃一惊"——立刻伏在耶稣脚前说："主啊，离开我这个罪人吧。"而基督则温和地安抚这个激动的人，说："不要怕。"

关于故事就讲这么些。开阔的水面上有两条船，渔夫们已把渔网拉起，到处都是鱼。就在这一片混乱中，基督和彼得的一段情节展开了。画家面对的最大的难题是要在这么多人和这么多次要东西中突出主要人物，尤其是基督，他除了坐着几乎不可能有其他姿势。拉斐尔将船画得很小，小得有点勉强，为的是确保人物的主导地位，正如莱奥纳尔多在《最后的晚餐》中处理那张桌子一样：古典风格为了本质而牺牲了现实性。这两条扁平的船聚拢在一起，几乎完全没有透视短缩，第一条船与第二条只有一点点重叠，对所有劳作的再现都被移至第二条较远的船，在那儿有两个年轻人正在拉网——拉斐尔是完整表现拉网捕鱼的第一个人，划手坐在那里，

---

[1] 参看 H. 多尔迈尔,《拉斐尔的作坊》，载《皇家美术史收藏品年鉴》(*Jahrbuch der kunsthistorischen Sammlungen des allerhöchsten Kaiserhauses*)，1895年。"基本上只有一个人在制作这些底图，而那个人就是彭尼。"（第253页）

图 69　拉斐尔，《捕鱼神迹》，挂毯底图，维多利亚和阿尔伯特博物馆

吃力地保持着船的平衡。然而在这幅作品中，这些人物并非独立存在着，只是作为近处这条船上一组人物的预备或引导，在这条船上彼得跪在基督面前。拉斐尔以惊人的技巧，将这两条船上的所有人物纳入一条主线：从划手开始，升高而越过两个向前弯腰的人，在站着的那个人物身上达到顶点，然后突然向下，至基督形象再次升高并结束——所有一切都导向基督，他是所有动作的目标。虽然他的体量很小，并位于该画的最边缘，却主宰着一切。在此之前没有人作过这样的构图。

在总体印象上，中央站立着的人物姿态是起决定作用的，而且值得注意的是，这个人物姿态是最后才决定下来的。虽然画家很早就明确了在这幅画的这个位置上需要有一个直立的人物，但原先打算画一个划手，他在这一行动中所发挥的作用并不比他在船上需要发挥的作用更大。后来拉斐尔决定，必须加强情感强度，于是他将这个人（他一定就是安德烈［Andrew］）纳入彼得的行动中，从而给这一崇拜动作增添了非同寻常的深刻印象。下跪的动作可以说是以两个发展阶段来展现的，而且采用了两个同时出现的形象，这样，视觉艺术便可能取得按常规不可能取得的效果——连续性动作的效果。拉斐尔经常采用这一方法，如《驱逐赫利奥多罗斯》一画中的骑士及其随从便可为证。这组人物是以完美的自由节奏描绘而成的，不过它仍拥有建筑构图的必然性，每一部分直至细枝末节都与整体相关联；每根线条都经过精心筹划以呼应其他地方相对应的线条，而且画面的每一细节似乎都是为了被包含其中的主题而单独存在。因此，这件作品整体上似乎充满了宁静的气氛。风景的形状也是以明确的绘画意图创造的：堤岸的轮廓线恰好重复了上升的人物组合轮廓线。此外，地平线上有一段间隙，只是在基督上方才有一个多山丘的堤岸再次出现，所以这风景强调了人物构图中重要的中间休止。拉斐尔早期作品中有树木、山丘和河谷，以多多益善为原则，但现在则按照与建筑相同的方式来运用风景，借以衬托人物。甚至早先漫无目的四处乱飞的鸟儿，在这里也用来协助表现主要情节。它们从后景向我们飞来，其中离我们最近的一只恰恰在休止处向下飞去，以至连风儿也被硬拿来为总体动态服务。

地平线定得那么高，这显然很奇异。其原因可能是拉斐尔想将他的人物置于一片水面这样一个统一而平静的背景之前。他这么做是重复了从佩鲁吉诺的《基督将天国钥匙授予圣彼得》一画中学得的经验，那幅画确切地表明了同一种意图，将建筑物远远置于背景之中。与这种统一的平静如镜的水面相对照，前景充满了活力。统一被打破了，还可以看到一片浅滩，虽说这一场景理应发生于开阔的水面上。[1]有几只苍鹭立于浅滩上，如果人们只是从各种黑白复制品了解这幅画的话，这些美丽的鸟儿或许太显眼了。在挂毯上，它们的褐色调子与湖水色调很接近，而且与人物明亮的色调相比并不太引人注目。拉斐尔的《捕鱼神迹》与莱奥纳尔多的《最后的晚餐》一样，是从此往后不可能再用其他方式来表现这一主题的作品之一，甚至鲁本斯也远不及拉斐尔！由于后者采用了一个使基督跳起身来的母题，对这一场景的表现便丧失了其高贵性。

《"你喂养我的羊"》（"Feed My Sheep"，图70）。在这里，拉斐尔的主题类似于

---

[1] 拉斐尔希望在前景有些实体的东西是出于风格感吗？波蒂切利在他的《维纳斯的诞生》中也没有把水一直画到图画的边缘。虽然《该拉忒亚》（Galatea）是一个相反的例子，但一幅壁画是不受同样的因素限制的。

图 70　拉斐尔,《"你喂养我的羊"》(又名《嘱咐彼得》),挂毯底图,维多利亚和阿尔伯特博物馆

佩鲁吉诺在西斯廷礼拜堂中画过的题目,而这些挂毯也是为西斯廷礼拜堂设计的。佩鲁吉诺画的是《交付天国的钥匙》(《马太福音》XVI,19);这里画的是主说的话"你喂养我的羊"(《约翰福音》XXI,15—17)。两者母题基本相同,彼得是否已接到钥匙并不重要[1]:为弄清画面意思,有必要在画中画上实际的一群羊,基督以双臂的有力动作发出命令,所以在佩鲁吉诺画中仅仅是表达情感的姿势,在这里变成了富于表现力的动作,具有历史严肃性的这一瞬间获得了永久的存在。这种严肃性也见于圣彼得跪着的形象上,他热忱地向上注视,内心充满着这一刻的紧迫感。而其他人物呢?佩鲁吉诺画上了一排姿态优美、歪着脑袋的人:他还能做什么呢?使徒们无所事事,画上有这么多使徒是件棘手的事,因为这使得这一场景有些单调。拉斐尔加上了某些新颖的、出人意料的东西:站着的人物与彼得紧紧聚拢在一起,而且彼得与人群几乎没有分开,但在这群人中却有着最丰富的表情——靠得最近的那些人,为基督容光焕发的形体所吸引,他们的眼睛紧紧盯着基督,并准备像彼得那样跪下去;接下来,停顿出现,人们流露出一种疑惑感,相互交换着疑虑的目光;

---

[1] 拉斐尔原先的意图是表明彼得还未接到钥匙。

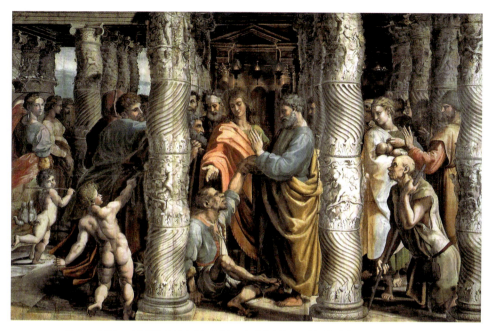

图71　拉斐尔,《彼得和约翰在美门前》(又名《治愈跛脚人》),挂毯底图,维多利亚和阿尔伯特博物馆

最后人们满腹狐疑,明显踌躇不前。对这一画题的这种处理方法,要求画家拥有远远超过上一代人的卓越的心理表现能力。[1]

在佩鲁吉诺的湿壁画中,基督与圣彼得占据了画面的中央,两边观众对称组合。而在这里,基督孑然而立,与其他人分离开来。他没有走向他们,而是从他们身旁走过,众使徒只能从侧面看向他——他正要转瞬即逝。基督是唯一被光线完全照亮的人物,其他所有人则处于逆光之中。

《治愈跛脚人》(*The Healing of the Lame Man*,图71)。面对这幅画,人们总会提出的第一个问题是:这些巨大的螺旋形圆柱意味着什么?在观者的心目中,15世纪的建筑拥有宽敞而清晰的结构,很难理解拉斐尔怎么会采用占据了大量画面的硕大形状。可以说明的是,螺旋形圆柱的想法源于圣彼得教堂,那里保存了一根这样的圆柱,根据传统说法,它来自耶路撒冷神殿,而这座神殿的美门(Beautiful Gate)正是治愈跛脚人的地方。但真正令人惊奇的与其说是这种奇特的形状,不

---

[1] 可以对此画做另一种解释——表现了众使徒的某种疑惑,即出现在他们面前的是真实复活的基督还是一个幻影。这个解释对使徒们较为友善,但这不是公认的基督教会的解释。

如说是人物与建筑的联系：拉斐尔没将圆柱用作舞台侧面布景或背景，而是用它们来构成一个容纳观众，即整整一大群人的大厅。这样，他就以相对简单的方法获得了预期效果，因为这些圆柱本身就占据了画面空间相当大的部分。现在很容易看出，这些圆柱作为分割物，作为框住主要题材的手段，是多么理想，因为15世纪的画家们所画的一排排整齐的旁观者不再那么合适，但如果画上真正拥挤的人群，那就要冒着使主要人物淹没于人群中的危险。这里已经规避了这一风险，但观画者在看到其效果是如何实现之前，早就注意到这种布局的愉快效果了。

实际的医治场景是阳刚风格的一个优秀实例，到此时为止，拉斐尔已为这类题材发展了这种风格。医治者没有装腔作势，因为他并非一个口念巫术咒语的巫师，而是个有力量的人，是个医师。他非常简单地握住跛子的手，用自己的右手为他祈福。整个事件发生得极其平静，这位使徒直挺着身体，只是将他那结实有力的脖子稍稍前倾，较早的艺术家们则将他画成直接向患者弯下身去，而拉斐尔的画法则使患者起身显得不可思议。圣彼得凝视着跛子，跛子也热切地、满怀希望地望着他；他们侧身相对，其间贯通的精神能量几乎是可以触知的。这种对洞悉心灵之场景的再现真是绝无仅有。

圣约翰陪伴着圣彼得立于近旁，头部稍稍低垂，做着友善的鼓励手势，而这个跛子的同伴中有一个反派人物，他正愚顽地、心怀恶意地观望着。怀着好奇或怀疑之心的人群向前拥挤着，呈现出各种不同的表情，一些漠不关心的过路人为其他人起到了中性的陪衬作用。在这幅表现人类苦难的图画中，画家引入了两个裸体儿童，提供了一种不同的对比，他们的形体是理想化的，明亮的肌肤在画中闪闪发光。

《亚拿尼亚之死》(*The Death of Ananias*，图72）对画家来说是件吃力不讨好的工作，因为不可能将主人公之死表现为不服从的结果：要画出亚拿尼亚摔倒在地以及旁观者的惊恐是可能的，但怎么可能表现出这是一个罪人之死的寓意呢？拉斐尔已尽其所能地至少将外向的故事表现在一幅构图生硬的图画中，有一群使徒像一个合唱队那样高高地站在中央台基上，这是一组紧凑的、给人最深刻印象的人物，立于黑暗的背景前面。社区的货物被搬入左侧并在右侧分发，这样的处理既简单又清晰。接着在前景出现了戏剧性的事件，亚拿尼亚在地上剧烈痉挛。最接近他的人

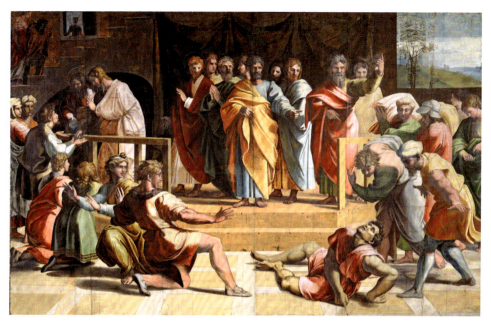

图72 拉斐尔,《亚拿尼亚之死》,挂毯底图,维多利亚和阿尔伯特博物馆

惊恐地往后退缩,这圈前景人物的构成,使仰面摔倒在地的亚拿尼亚在这个构图中撕开一个口子,即使站得很远也可以见到。这说明了为什么画中其他一切事物的安排是如此生硬:因为这更有力地增强了不对称感。审判像雷霆霹雳一般将人群扯开,并将其牺牲品打翻在地。现在这一场面与上层那群使徒的关系非常清晰了,因为他们代表了命运之神。人们的眼光被直接导向中央,圣彼得站在那里,他威吓性地伸出一只胳膊,但这并不是一个激动状态下的姿势。他并没有怒喝,只是宣布了神的审判。使徒们本身是平静的,并未受所发生事件的影响,唯有对事情来龙去脉一无所知的人群在激烈的骚乱中分散开来。他们人数极少,但拉斐尔使每个人物都成为一个紧张与惊恐表情(包括面部表情、手势、姿势本身等所有表情达意的身体语言。——中译注)的典型,而且在后来几个世纪的艺术中,每个人物都被无数次模仿,成了美术学院表情方面的练习范本。这些意大利的姿势被移植于北方土壤,造成了无穷的危害,甚至意大利人自己在这种姿势语言中也不时会丧失对于自然的感受力,从而堕入因袭姿势的陷阱中。作为外国人,我们不便判断这幅画中的姿势在多大程度上仍是自然的,但这样说是没有问题的:我们在这里可以清楚地观察到从"性格头像"到"表现性头像"的转变——对表现激情与情绪的兴趣变得如此强烈,以至在肖像画中为

图 73　拉斐尔，《以吕马失明》，挂毯底图，维多利亚和阿尔伯特博物馆

了这种表现性而抛弃了个性特征。

《以吕马失明》(*The Blinding of Elymas*，图 73)。当术士以吕马试图阻止使徒保罗说服塞浦路斯总督皈依基督教时，他突然遭到双目失明的打击：这是一则有关基督教圣徒在异教统治者面前战胜其敌手的老故事。拉斐尔使用的构图观念，与乔托在画圣十字教堂中有关圣方济各和穆罕默德的祭司在苏丹面前的湿壁画时已知的观念一样。总督位于画面中部，他的两边是相互对立的两派，如乔托所处理的那样，但在这里故事是以一种具有更强烈戏剧性的集中方式来讲述的。以吕马眼前一片黑暗，他已经挤到舞台中央，但突然退缩了。他伸出双手，向上仰着头，这是最优秀的盲人形象。保罗非常平静地站在画的边缘，将身体四分之三对着画面：他的脸处于阴影之中，呈"看不见的侧面"(*profil perdu*)，光线完全落在以吕马身上。他向着以吕马伸出的手臂是有说服力的，并非充满热情，但给人的印象最为深刻，因为水平线与他平静而直立的形象所形成的有力的垂直线简单地结合在一起：他是魔鬼

见之也必定退缩的一块磐石。与这些主角相比，其他人物不大有趣，即使他们并非漫不经心画的。总督示求保罗（Sergius）只是一个旁观者，他双臂往后收缩，这个姿势具有16世纪的特色。这或许是原先设计中的一部分，其余的旁观者则是多少有些多余、分散注意力的附加人物，当他们与华丽的建筑及某些相当次要的、具有画趣的细节结合在一起时，便使该画产生了一种很不安定的效果，拉斐尔似乎没有监督这件作品的完成。

《在路司得的献祭》（*Sacrifice at Lystra*，图74）更为强烈地传达了这一效果。这幅十分著名的图画是一个地道的谜题，因为没有人能猜到一个病人已被治愈，人们希望像对神献祭那样对一个实现了奇迹的人献祭；也没有人能猜到使徒保罗被此事激怒，以至撕开了自己的衣服。此画的重点在于复制一个古代献祭场景，仿自古代一口大理石石棺上的浮雕，对考古学的兴趣高于一切。完全采用原型的手法本身足以使人非常怀疑此画是否系拉斐尔所作。此外，对范本的处处背离使结果更加糟糕，因为该作品的空间关系很别扭，主要线条的方向混乱不清。

另一方面，《保罗在雅典布道》（*Paul Preaching at Athens*，图75）一画是非常

图74　拉斐尔，《保罗和巴拿巴在路司得》（又名《在路司得的献祭》），挂毯底图，维多利亚和阿尔伯特博物馆

图75 拉斐尔,《保罗在雅典布道》,挂毯底图,维多利亚和阿尔伯特博物馆

新颖的创造。传道者双臂向上举起,这是非常严肃的形象,没有任何故作姿态或衣裾飘扬的夸张效果。我们只能从侧面,几乎是背面看他。他立于听众之上,向画中众人传道。他几乎就站在台阶的最边缘,尽管在总体上是平静的,但这一向前的位置使他显出一副急切的样子。他的脸部处于阴影之中,所有表情都凝聚于人物高贵单纯的轮廓上,如凯旋曲般在整幅画中回响——所有 15 世纪画的布道圣徒形象与这位雄辩的演讲者相比都只是些敲边鼓的角色。

下面听众的形象要小得多,这是慎重推敲的结果。传道的效果呈现在许多人的面孔上,描绘这种效果在那个年代是一项很合拉斐尔口味的工作。有些人物的确配得上他的手笔,另一些则令人不得不觉得另有人在作画,尤其是位于前部那些画得很笨拙的头像。建筑物有些过于突出:圣保罗的背景位置非常适当,但那座圆形神殿(布拉曼特所建)如果以别的什么建筑来取代会更好些。战神马尔斯的雕像加强了对角线的运动感,有效地与这位基督教传道者相呼应。

那些只有挂毯保存下来而底图已佚失的作品可以略而不论，但对底图与挂毯成品之间的关系，我们要附带做些重要的说明。众所周知，制作一幅挂毯需要将底图反转过来，如镜像一般，人们会指望找到可供反转的底图。十分奇怪的是，并非所有底图都如此。《捕鱼神迹》《嘱咐彼得》《治愈跛脚人》以及《亚拿尼亚之死》就是画成这样的，所以它们的完整效果仅出现于挂毯上；《在路司得的献祭》和《以吕马失明》由于反转而失败，而《保罗在雅典布道》[1]则并未受到这两方面的影响。如此反转时，不仅仅是左手变成右手的问题，例如以左手做祝福就破坏了效果，而且拉斐尔以此风格画的作品不可能被随意反转而不丧失其部分的美。拉斐尔的教养强化了他的气质，其结果便是，他引导观众的目光从左向右移动，甚至在像《辩论》这样没有主动运动的作品中，构图的流动也遵循了这一方向。而具有强烈戏剧性效果的图画也都一样——必须将赫利奥多罗斯赶到右边的角落，这样运动才显得更令人信服。在《捕鱼神迹》中，当拉斐尔希望将我们的目光沿渔夫们的曲线引向基督形象时，对他来说，从左到右便又是自然而然的事了。但是当他想要使亚拿尼亚猛然向后倒地的动态更加显著时，便使其向着与总的走势相反的方向倒下。

6. 罗马肖像

从历史画转到肖像画，可以说肖像画现在注定要变成历史画。15世纪的肖像画作为对模特的研究，有些许稚拙的味道，只画出人物的外形而不探索性格表现。被画者泰然自若地从画中向外凝视，摆出人们认为是理所当然的姿态，其目的是令人惊讶的相似，而不是对独特性情的刻画。虽有例外，但总的规律是满足于领会并记录被画者头部的一成不变的形状，而且如果保持传统姿态，似乎并不损害活生生的现实效果。

新的艺术要求特殊的个性化处理方式，表现出某个人生活中的某个特定瞬间的效果。头部的外形本身已不能胜任，必须以动态和姿势来加强人物表情：从描述性

---

[1] 但此画似乎需要反转，因为只有这样马尔斯的形象才表现为正确地拿着矛和盾。

的风格发展出一种戏剧性的风格。头像本身具有一种新的表现活力，而且很快就可以看到，这种艺术拥有性格刻画的更为丰富的资源，如利用明暗对比法、轮廓线和纵深分布的团块，这一切都是为了获取一种独特的、富有特征的表情。出于同样的原因，为了使至关重要的个性尽可能产生最强烈的效果，要使某些形状比其他形状显得更为突出，而15世纪几乎同等仔细地处理画面每一部分。

在拉斐尔佛罗伦萨时期画的肖像中并未发现这种风格，因为他是在罗马第一次成为一位描绘人的画家。这位年轻的艺术家像只蝴蝶，振翅飞舞于可见的表面现象之间，因为到目前为止他还完全缺乏对形式的牢固把握，缺乏为人物提取意义的能力。《马达莱纳·多尼》（*Maddalena Doni*）是一幅肤浅的肖像画，对我来说，似乎不可能将乌菲齐布道坛中的一幅杰出的妇女肖像（即所谓《多尼的姊妹》[*Doni's Sister*]）归为同一画家所作——那时的拉斐尔显然尚不具备吸收这么多东西的眼光。[1] 他的发展呈现出一种奇异的现象，因为其恢宏的风格与对性格把握能力的不断增强相伴随。

第一件伟大的作品无疑是尤利乌斯二世的肖像（乌菲齐美术馆）[2]，这幅画真正配得上历史画这一名称，因为这位教皇低头坐着，紧闭嘴唇，处在冥思默想的瞬间。所以这不是一幅为摆好姿势的模特画的肖像，而是历史的片断——处于典型心境之中的教皇。他的眼睛不再看着观者，眼窝落在阴影之中，岩石般的额头和笔挺的鼻梁显得突出，有统一的高光，故而构成了主要的表情要素。这都是新风格需要强调的，后来得到了更有力的强调——我们多么希望塞巴斯蒂亚诺·德尔·皮翁博也画过这一头像！

皮蒂宫中的《教皇利奥十世》（*Leo X*，图76）提出了一个不同的难题，因为教皇脸部肥胖，皮下脂肪遮蔽了形体，所以有必要通过光线映照的魅力，通过让头像的灵性闪耀于诸如精致的鼻孔和机智、敏感而雄辩的嘴巴等部位，将人们的注意力从他灰黄色浮肿的皮肤上转移开来。混浊而近视的眼睛获得了一种显著的力量，

---

[1] 戴维森（Davidson）在《文库》（*Repertorium*，1900，XXIII，第211页）中的论点会使人们放弃画中人物就是马达莱纳·多尼的看法，即使拉斐尔的原作者身份未被放弃。我相信该布道坛的女性肖像是佩鲁吉诺所作，因为它与藏于乌菲齐美术馆的"蒂默特·德姆"（"Timete Deum"）肖像（即《弗朗切斯科·德洛佩拉》，图78）的密切关系似乎使这个结论成为定论。

[2] 皮蒂宫的变体画当然是较后之作，它是否为拉斐尔本人所作还是个问题。

图76　拉斐尔，《教皇利奥十世》，皮蒂宫　　　　图77　拉斐尔，《卡斯蒂寥内伯爵》，罗浮宫

但并未改变其性格特征。画家将这位教皇表现为正从他经常研读的一本彩绘手抄本抬眼一瞥，这一瞥中含有某种东西，比描绘他头戴三重冕高坐在宝座上更好地表现了这位统治者的性格特征。他的一双手或许比尤利乌斯的手更个性化，更有特色。陪伴人物本身十分重要，但仍只是陪衬，同样服从主要母题。[1]三个头像中没有一个是倾斜的，因此拉斐尔得到了三重垂直线，赋予整幅图画以一种神圣的肃穆感。《尤利乌斯二世肖像》具有统一的绿色背景，而这里是一堵有透视感的墙壁，墙上有壁柱，有一举两得之效：既增强了立体的错觉，又给主调提供了深浅不同的衬托。但这里出现了实际色彩向中间色调的淡化，因为旧式的明亮背景已被抛弃，所以前景的色彩独自产生了强有力的效果。如在本例中，教皇的紫衣在其背后灰绿色的对比之下，具有极华美的外观。

拉斐尔赋予斜眼学者因吉拉米（Inghirami）一种不同的、瞬间的生动性（原画早先在沃尔泰拉[Voltera]，现藏波士顿，老复制品藏于皮蒂宫）。他没有突出也没有掩饰人物的天生缺陷，能做到忽略这一不幸的影响，在于他赋予这个头像

---

[1] 将教皇的位置画得如此之低，在艺术上是被容许的吗？或者说我们要假设他们高坐在讲坛上吗？

以严肃而高尚的神情。在这里，冷漠的眼神是令人无法忍受的，但这位学者昂起头，表现出一种昂扬的精神状态，这就很快使观众的注意力转向了另一方向。这幅肖像是拉斐尔在罗马画的第一批肖像中的一幅，如果没弄错的话，他后来避免了这种对瞬间动作如此有力的强调，并为一幅旨在经得起仔细推敲的肖像选择了一个更为平静的母题。他的艺术，就其完美性而言，即使在表面的平静中也能表达出瞬间的魅力，正如在藏于罗浮宫中的《卡斯蒂寥内伯爵》（*Count Castiglione*，图77）一画中可见到的那样，人物姿态极其简单，但稍稍倾斜的头和叉着的双手则拥有完全是个人的、瞬间的表达。这个人平静地望着画外，眼睛映现出他的心灵，但没有突兀的情绪，因为拉斐尔画的是有贵族气派的廷臣，是地道绅士的化身，正如卡斯蒂寥内本人在他的小册子《廷臣论》中所描述的那样，将谦虚作为他性格的基本特征。这个人物的高贵身份是以谦逊而节制的平静神态表现的，而不是凭借傲慢的行为举止，而且该画的丰富性要归功于人物的扭转姿势——类似于《蒙娜·丽莎》的姿势——以及人物服饰几个大块面的出色布局。与乌菲齐美术馆中佩鲁吉诺作的男子肖像（图78）这类较早的图画相比，最能看出其轮廓有一种

图78　佩鲁吉诺，《弗朗切斯科·德洛佩拉》，乌菲齐美术馆

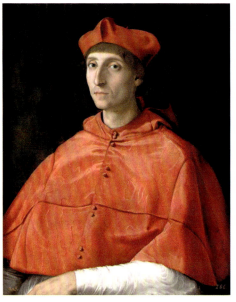

图79　拉斐尔，《一位红衣主教》，普拉多博物馆

宏伟的效果，因为人们立即可以清楚地看到，这个人物与他周围的空间有了一种全新的关系，故而其庄严的外表在很大程度上得益于周围宽阔的空间，以及背景那巨大而单纯的平面。画中人物的双手已经开始消失，因为在这种尺度的肖像中，画家担心双手会分散人们对头部的注意力；而那些想借双手在整体中发挥重要作用的作品，则发展出了一种取身体四分之三高度的肖像类型。在这里，背景是中性的灰色，有一些投影；服装也是灰（与黑）色的，唯独肌肤部分是暖色调，而衬衫的白色在这种色彩谱系中也被其他色彩画家，如安德烈亚·德尔·萨尔托和提香等所采用。

在藏于马德里的《一位红衣主教》（图79）中，轮廓的清晰性或许达到了最大程度。该画的素描关系极其简单，给人以建筑般伟大而泰然自若的总体印象：这正是伟大的意大利高级教士的典型，你完全可以想象出他沿着带有拱顶的走廊默默走来的形象。[1]

藏于多里亚美术馆（Doria Gallery）的威尼斯文人纳瓦杰罗（Navagero）和贝亚扎诺（Beazzano）的两幅肖像，并非绝对无疑为拉斐尔本人所作，但它们是这一新风格的极好实例，充满个性格特征与生命气息：纳瓦杰罗的姿势是垂直的，头部有力地扭转并向背后观望，散射的光线照射在他粗短的脖子上，所有部位都强调了骨骼结构，所以总体效果是一个积极的人物。而与之对应的贝亚扎诺则是一个消极的享乐主义者，他的头优雅地歪斜着，脸上的光线非常柔和。

---

[1] 据海曼斯（H. Hymans）的观点，马德里的《一位红衣主教》描绘的是科莫主教，即年轻的斯卡拉穆恰·特里武尔齐奥（Scaramuccia Trivulzio），他从1517年起为红衣主教（《伯灵顿杂志》，1911年，XX，第89页）。达雷尔（R. Durrer）认为这是个瑞士人，即希滕（Sitten）的主教马特豪斯·希纳尔（《美术史月刊》[Monatshefte für Kunstgeschichte]，1913年，第1页），据此说法，这幅画一定作于1513年。事实上，一幅相同的、至少非常相似的头像一度被认为画的是希纳尔，尽管为希纳尔本人所制作的纪念章表明他是个完全不同类型的人。

这里有一位现代画家经过深思熟虑的见解，可作为对这幅插图的评论。伊斯拉埃尔（Israels，见《西班牙》[Spanien]，柏林，1900年）谈到这幅"现代杰作"："这里没有耀眼的色彩，没有精湛的技巧，而正是这位男子的思想、灵魂和性格，抓住了我们，吸引了我们，并令我们着迷。这里有非常简约的光与色，因为这是贵族气派之形式的最佳范例。这是一个高个子，面部流露出意味深长的自制与平静的表情，目光深邃而敏锐，消瘦灰黄的面颊上苍白的气色突出了这位教堂与修道院教士的特征。漂亮的鹰钩鼻子表现出意大利贵族的血统，而微闭的嘴唇体现出这是个爱思考的、彬彬有礼的人。这幅肖像比许多挂在那里（在普拉多）的圣徒和天使的画像更有诗意。"

鉴定问题仍然是值得商榷的，我不认为芒茨的文章（载《美术史档案》[Archivio storico dell'Arte]，1890年）对这个问题有什么进一步的见解。但《古物指南》（大概依据帕萨万[Passavant]的见解）说皮蒂宫中的《红衣主教比别纳》（Cardinal Bibbiena）是马德里的《一位红衣主教》的一个"拙劣的复制品"，则是完全错误的。这两幅画之间并无任何联系。

图 80　塞巴斯蒂亚诺·德尔·皮翁博,《小提琴手》,罗特希尔德收藏（Rothschild Collection）

《小提琴手》(*Violinist*,原先为罗马的夏拉 [Sciarra] 收藏,现为巴黎的阿方斯·罗特希尔德 [Alphones Rothschild] 收藏,图 80) 也被归为拉斐尔所作,但现在一般认为是塞巴斯蒂亚诺·德尔·皮翁博所作。这是一幅非常有魅力的头像,人物疑惑的目光和坚毅的嘴巴充分说明了他内心的欲望。这幅肖像作为 16 世纪一个艺术家有关肖像之观念的体现,即使与拉斐尔年轻的《自画像》相比也是卓越的。这不仅是模特儿不同,而且处理方式也不同:具有新的有节制的表情、不可思议的力量和确定的效果。拉斐尔曾试图将头像推向画的一侧,但塞巴斯蒂亚诺更进了一步,他使这个头像具有轻微的、几乎察觉不出来的倾斜姿态。他采用了一种简单的明暗分布法,一侧完全处于阴影之中,各种形状得到了鲜明的强调,便产生了与向后回望的头部在方向上的强烈对比,而且那只较近的胳膊也表现得足以与头部的垂直线形成明确的方向对比。

拉斐尔很少画女性肖像,他未能使后人对他的"面包师之女"(Fornarina) 容貌的好奇心得到满足。这里，塞巴斯蒂亚诺的图画又一次被借来重新定义拉斐尔，而且任何美女都被看作他的"情妇"（inamorata），例如乌菲齐布道坛的《威尼斯的姑娘》（Venetian Girl），或所谓的《多萝西娅》（Dorothea，早先藏于布伦海姆［Blenheim］，现藏于柏林，图81）。如今我们尝试拿《韦拉塔夫人》（藏于皮蒂宫，图82）来做弥补。该画被公认为拉斐尔所作，它不仅是《西斯廷圣母》的模型，也是人们所寻求的"面包师之女"的理想肖像。这第一层关系是显而易见的；而在第二层关系背后，至少有一个旧时的传统。

在乌菲齐布道坛中的那幅绘于1512年的《"面包师之女"》是一幅描绘威尼斯美女的有些平庸的作品，总之远远比不上柏林的《多萝西娅》，后者是一幅后来的作品，已经具有盛期文艺复兴那种贵族式的泰然自若的气质、恢宏的节奏和丰富的动态，所以我们会不由得想起安德烈亚·德尔·萨尔托在他作于1514年的《圣母诞生》（Birth of the Virgin）中所画的那位美貌妻子。与塞巴斯蒂亚诺画的妖艳女人相对照，拉斐尔在他的《韦拉塔夫人》中向我们展示了高贵的女性气质：她的仪态威严而端庄，服饰虽很华丽，但又因庄重地披着统一而简单的头巾而减弱了这种华

图81 塞巴斯蒂亚诺·德尔·皮翁博，《多萝西娅》，柏林博物馆

图82 拉斐尔，《韦拉塔夫人》，皮蒂宫

丽感。她的眼光不是在搜索，而是那么沉着和坚定。其肌肤在中性的背景下呈现出暖色调，甚至以白色绸缎为衬托也不失光彩。与诸如《马达莱纳·多尼》这样一幅较早的女性肖像相比，会立即显示出拉斐尔对这种风格形式的极强把握能力，以及据此将各种效果结合为一个整体的确定感。不过构成这一切的基础是人类尊严的观念，而年轻时代的拉斐尔尚未具有这一观念。

《韦拉塔夫人》在其总的布局方面表现出与《多萝西娅》惊人的相似，以至我们总是会想到这两幅画可能是在某种竞争状态下画成的。如果我们同时考虑到《美女》（*La Bella*，原先为夏拉藏品［Siarra Collection］，现为阿方斯·罗特希尔德［Alphonse Rothschild］收藏，巴黎），就可以加上第三幅画，此画当然是提香的一幅早期作品[1]，总之应属于这个时期。如果我们能够看到这三幅16世纪发展起来的新型美之理想的范例并排挂在一起，将受益匪浅。

我们必须赶紧从《西斯廷圣母》的这一原型作品转向这幅画本身，但这条道路经历了几个发展阶段。在罗马祭坛画中，我们应当首先谈一谈《圣塞西利亚》。

7. 罗马祭坛画

在藏于博洛尼亚美术馆的《圣塞西利亚》（*St.Cecilia*，图83）中，画有一组站立着的圣徒，即圣塞西利亚和其他四人——保罗和抹大拉的马利亚，一位主教（奥古斯丁）和福音书作者约翰。他们与圣塞西利亚在一起，而她并没有以任何特殊方式区别于他人，而是如他们的女教友一般。她聆听着众人头上天使的歌声，任由自己的风琴落向地面。这个纤弱形象的行为举止带有明显的翁布里亚人的特征，但当我们将之与佩鲁吉诺笔下的人物相比较时，就会惊异地看到拉斐尔是多么谨严节制：未承受重量的那只脚的放置和头部后仰的姿态不同于佩鲁吉诺，而且画法也比他更单纯。脸部不再是那种张着嘴满怀热望的类型，不再有拉斐尔在画那幅藏于伦敦的《圣凯瑟琳》（*St. Catherine*）时仍然着迷的那种多愁善感的表情，因为现在这位成熟的艺术家画得更为简洁，但他通过对比使得更少的东西变得更为有效。他要

---

[1] 现在一般将这幅画归为帕尔马（Palma）所作，但它与罗浮宫方形客厅（Salon Carré）中所谓《提香的情妇》（*Maitresse de Titien*）如此明显地相似，以至回到过去的作者归属意见是明智的。

图83 拉斐尔,《圣塞西利亚》,博洛尼亚美术馆

获得一种具有永久品质的绘画效果,因为带有过分狂喜表情的单个头像很快会使人腻味。富于表情的部分被限制,并暗示了更大的深度;不同人物形象之间展开了各种对比,从而使一幅画保持了它的新鲜感。对于圣保罗和抹大拉的马利亚,应这样来理解:作为一个男子汉,保罗镇定地垂视着前面;抹大拉的马利亚的表情完全是无动于衷的,她仅仅是个陪衬人物;另两个人物分开站着,悄悄地交谈着。突出主要人物并使之孑然而立的做法有损于艺术家的意图,如某些现代铜版画家所做的那样,因为整体的画面感要求完整性,就像头部的姿态需要一个对应物。圣塞西利亚仰视的目光需要圣保罗相对应的垂视目光,而似乎没有参与其中的抹大拉的马利亚

图84 拉斐尔,《福利尼奥的圣母》,梵蒂冈

则增添了一条纯粹的垂直线。这是一条铅锤线,用它可以测量出所有偏离垂直线的细微变化。

在这里不宜对人物安排与朝向在构图上的对比做进一步的分析,但可以注意到,拉斐尔仍然非常有节制,因为他的继承者中没有人会在组合五个站立人物时不引入某些更强烈的动态对比。

由马尔坎托尼奥(Marcantonio)制作的相关铜版画(B.116)是此画的有趣变体,因为如果你承认拉斐尔是设计者——你确实必须承认这点——那它一定是一个较早的项目,因为它缺乏《圣塞西利亚》这幅画具有的凝练集中效果,而正是那些使这幅画饶有趣味的特点在铜版画中消失了。在铜版画中,抹大拉的马利亚也激动地向上仰望,所以有点喧宾夺主,后面的两个圣徒硬往前挤着。这幅画是经过修改的变体画,迈出了标志着一切进步的第一步,即采用主从关系而非同等关系,以及对母题的选择,所以每个母题仅出现一次,但在其各自位置上都发挥了构图中不可缺少的、稳定的作用。

梵蒂冈的《福利尼奥的圣母》(*Madonna of Foligno*,图84)的创作年代一定与《圣塞西利亚》相同,约1512年。此画的主题是表现处于荣光中的圣母,这是一个老母题,但在某种程度上也是新鲜的,因为15世纪人们不常画这一母题。那个世纪尚未受到基督教观念的困扰,画家喜欢让圣母坐在实实在在的宝座之上,而不是悬浮于半空中。但16世纪和17世纪人们的情感态度改变了,倾向于将世俗事物与天堂事物更明显地区别开来,喜欢将这种理想化的图式用于祭坛画。有一幅正好画于15世纪末的图画——吉兰达约的《荣光中的圣母》(*The Madonna in Glory*,图85)可资比较,原先置于新圣马利亚教堂的主祭坛上,现藏慕尼黑。正如《福

图85 吉兰达约,《荣光中的圣母》,慕尼黑绘画陈列馆

利尼奥的圣母》一样，有四个男人站在下面的地上。甚至在那时，吉兰达约也感觉到动作对比的必要性，因为像在拉斐尔的作品中那样，他的画中的两个人物也是跪着的，尽管拉斐尔在肉体与精神对比的变化与强度方面均远远超过了前辈吉兰达约。同时，拉斐尔的对比也是相互联系的。人物形象必须以这样的方式来处理，即除了保持精神与情感的统一外，还要保持肉体的统一，而在那幅较早的祭坛画中，则无例外地采取了这种方式，即圣徒们四下站着，与主要表现对象没有任何内在的联系。

《福利尼奥的圣母》中跪着的人物之一是位施主，他丑陋无比，但是当跪着祈祷时，他的庇护人圣哲罗姆将一只手放在他的头上，并将他介绍给圣母子，这种对人物头部的严肃而重要的处理使人忘却了他的丑陋。他那有些老套的祈祷姿势与方济各热情往上注视的形象形成巧妙的对比，好像要表明这些圣徒是如何进行祈祷似的，而方济各伸出一只手做出替所有信教会友进行祈祷的姿势。在他身后的施洗者圣约翰向上指着的手臂，与方济各整个向上的动势相呼应，并加强了这一效果。

拉斐尔以一种涂绘的方式使环绕着圣母的光环变得柔和并渐渐溶入背景中，但并非完全如此，因为老式的、设计生硬的光轮仍被保留下来作为背景的一部分，但画上了环绕它飘浮着的云彩。相伴的小天使现在可以在其活动范围内上下飞舞，如鱼儿在水中一样。而 15 世纪顶多也只能给小天使一小片云朵，让他们放上一只脚。

圣母的坐姿是一个特别优美的母题，但正如我们已提到的，这并非拉斐尔的一项发明，双脚的不同高度，身体的扭转，头部的倾斜，可以追溯到莱奥纳尔多《三王来拜》（图 10）中的圣母。

小基督的姿势不甚自然，但让他向下界望去却是一个迷人的想法。他并没有像母亲那样看着正在祈祷的施主，而是看着站在男人们之间的、向上看着他的小天使。这个裸童与他手中那个书版的含义是什么？总之，在所有这些庄重而严肃的人之间有一些孩子气的天真情趣是可取的，这孩童作为形式上的一个环节也是必不可少的，因为在这幅画的这一点上有个空缺。吉兰达约并没为此费神，但是 16 世纪的风格观念要求这幅画中的各团块保持联系，尤其是在这一点上需要一水平物。拉斐尔以抱着空白书版的小天使满足了这一要求：这是伟大艺术的理想主义。

拉斐尔作品的效果比起吉兰达约的更为明朗，更为厚实。圣母在画中的位置被安排得如此之低，以至她的脚和其他站着的人物的肩膀相齐平了，而位置更低的人物则被直接推向画框边缘，以至观众看不到他们身后风景的其余部分，这一点与那些早期图画不同，那些画的效果相当松散而贫弱。[1]

《圣母和鱼》（Madonna with the Fish，马德里，普拉多博物馆，图86）这幅作品是拉斐尔的"宝座上的圣母"（"Maria in Trono"）的罗马变体画。圣母像要求有两个陪伴人物——圣哲罗姆和天使长加百列，而后者又常常由孩童托拜厄斯（Tobias）陪伴，孩童手上提着鱼，以此作为天使长的识别标志。但是先前这个孩童常常站在一旁不为人注意，只是他不安分的外貌常引人注目。而现在他变成了情节中的主要人物，所以典型的老式还愿图就变成了一幅历史画，托拜厄斯的守护天使引导他谒见圣母。其中或许没有任何特殊的暗示：它仅是拉斐尔艺术的一个成果。拉斐尔的艺术要为画中的一切寻找有机联系。圣哲罗姆跪于宝座的另一边，他的眼睛从书本抬起的一瞬间，看了一眼天使那组人物，而原先似乎是面对着他的小基督此刻已转身面对新来的人，一只手富于童趣地做着指点的动作，另一只手仍放在那位老人的书上。超然而高贵的圣母，目光落在托拜厄斯身上，但头部却一动不动：在构图中她展示了绝对垂直的姿势。胆怯地向她靠近的男孩和迷人的天使，是以真正莱奥纳尔多式的温柔纤弱的手法画成的，他们共同构成了一组举世无双的人物。代为说情的天使向上的目光，为绿色帘幕的斜线所加强，这帘幕恰好与他目光的方向相呼应，而且帘幕与明亮的天空形成了强烈对比，在这极其简化了的构图中成了唯一的装饰性附属物。宝座具有佩鲁吉诺式的单纯性，而这幅画的丰富性完全归因于所有动态的相互关联和人物的紧凑组合。正如弗里佐尼（Frizzoni）最近所指出的那样，这幅画并非拉斐尔亲笔所绘，但构图的完美统一不容置疑：拉斐尔从头至尾一直监督着这幅画的绘制。

---

[1] 克劳（Crowe）和卡瓦尔卡塞莱（Cavalcaselle）认为，这些风景在类型上属于费拉拉地方类型（多索·多西［Dosso Dossi］），也许在背景中著名的"彩虹"（meteor）是有名的费拉拉的烟火的一种表现，不应有任何附加给它的进一步含义，更不用说在前景上过细刻画的草丛是出于另一人的手笔。

图86 拉斐尔,《圣母和鱼》,普拉多博物馆

《西斯廷圣母》(Sistine Madonna,德累斯顿,图87)。这个圣母不再像《福利尼奥的圣母》那样坐在云端,而是直立着,像瞬间显现的幻影在云层上滑行。这个圣母像是拉斐尔为皮亚琴察的加尔都西会僧侣(Carthusians)所画的,画中圣母由圣巴巴拉(St. Barbara)和教皇西克斯图斯二世(Pope Sixtus II)陪伴,而这幅画正得名于后者。鉴于此画的优点人们已从许多角度讨论过了,在这里只需提及以下几点。

一个人物直接从画中浮现出来并向观众逼近,这种构思必然与某种令人不快的

图 87　拉斐尔,《西斯廷圣母》,德累斯顿美术馆

效果相联系,虽然确有某些现代作品恰恰以这种粗率效果为目的,但拉斐尔采用了一切手段来抑制动势,并将其控制在严格的限度之内。要发现这些手段是什么也并不困难。

这一动态本身是一种非常轻盈的缓步前行。画家采取了特殊方法,如分配身体的重量以维持平衡,或利用鼓起的斗篷和似乎被轻轻向后吹起的衣角的轮廓线,不过对这种方法的分析也只能部分地解释这个奇迹。有意思的是,两边的圣徒并非跪在云彩上,而是沉入其中;圣母本人的双脚处于阴影之中,光线只照在云海的

图88　阿尔贝蒂内利,《圣母子和二圣徒》,罗浮宫

波峰上,这一效果大大增强了这样的感觉:她乘云而行。整个画面的布局使得中央人物没有与之相对应的形象,而只存在着有益的对比:圣母独自站着而其他人跪着——而且跪的位置较低[1]——唯有她是完全正面的姿态,地道的垂直体,是在明亮的背景上呈现出来的轮廓完整的简单团块。而其他人物被置于画框的边缘,他们的服装被分为若干部分和碎块。服饰本身不是目的,仅与画面中心人物相关而

---

[1] 比较一下阿尔贝蒂内利(Mariotto Albertinelli)画于1506年、现藏于罗浮宫的图画(图88)的布局。从各方面看这幅画都是一幅最有启发性的、与《西斯廷圣母》相类似的作品。

存在，将绝对的清晰性和最强大的力量留给了中心人物。她是规范，其他人都是这一规范的变体。然而这一规范似乎受某种潜在法则的支配：动态的主要方向得到了清晰的平衡——教皇向上的眼光必须由圣巴巴拉向下的眼光来平衡，一人向外的手势要由另一人向内的手势所平衡。[1]一切都经过精心安排。教皇向上注视着圣母，圣巴巴拉向下看着画框边缘的孩童，以确保能立刻引导观众的目光沿着确定的路线活动。

几乎不必强调，拥有近于建筑般力量的圣母形象，面部表情却带有一丝奇特的羞怯神色：她只是一个抱着神的人，神就是她怀抱中的圣子；抱着他并非因为他不会走路，而是因为他是一位大君（Prince）。他的身体具有超人的比例，倚卧姿态有某种英雄气概。圣子没有在祈福，而是牢牢盯着他前面的人。他不同于一般的孩童，神态中含有一种儿童所没有的坚定性。他头发散乱，像个先知。在该画的底部，有两个小天使表现出一般儿童的特征，以此衬托出那位超凡之人。你注意到那个较大的小天使只有一只翅膀吗？拉斐尔避开了另一只翅膀的重叠效果，因为他不想使底部分量太重，这是一种与所有其他古典风格的作品完全一致的破格做法。这幅画必须高高挂起，因为圣母在人们眼里应是正在缓缓下降，如果挂得太低，就会丧失最佳效果。在德累斯顿加上的框子对它来说或许太重了些，如果去掉这些巨大的壁柱，对人物形象会有好处。[2]

《主显圣容》（*Transfiguration*，梵蒂冈，图89）这幅画实际上由两个分开的场景构成，上部是主显圣容，下部是那个被魔鬼附身的男孩。这是两个题材的结合，显然是不同寻常的。这是拉斐尔只此一回所选取的一种结合，而且也是他最后一次在叙事性绘画中所表现的宏伟风格。

---

[1] 在现藏卢卡、由巴尔托洛梅奥修士作于1509年的《圣父和二圣徒》（图94）中的两位女圣徒，是此二人的原型。
[2] 根据《西斯廷圣母》刻印的铜版画中有许多佳作，其中首要数缪勒（F. Müller）的铜版画（1815年），它是这位铜版画家的艺术中备受赞扬的杰作，甚至现在许多人仍认为它是所有复制品中最好的。其脸部的表情与原作非常相似，而且这个图版具有一种无与伦比的温柔与美丽的光彩。还有一件诺德海姆（Nordheim）作的复制品。其次试图完成这项任务的是施泰因勒（Steinla，1848年），他首次正确地表现这幅画的上沿——帘幕横杆，但尽管他在细节上做了一些修改，仍没有达到缪勒作品的水平。如果有任何版画可与此相比的话，那就是凯勒（J. Keller）的作品（1817年），他在方法上极为谨慎，成功地捕捉到梦幻般神灵显现的闪光。后辈们感到这样做过分损失了原作形式的精确性，所以曼德尔（Mandel）着手工作时，努力尝试要捕捉拉斐尔画中富有表情的特性。他从这幅画中吸取了多得出乎意料的形式特征，但牺牲了整体的魅力，在有些地方他的认真态度将他引向了丑陋。他描绘了一种模糊的雨云团，以取代那种雾气般的云彩。最后，科尔沙因（Kohlschein）采取了一种新的处理方法：强化光线，将微光变成了一种人工的闪光，并有意抛弃了拉斐尔所追求的那种效果。

图89 拉斐尔,《主显圣容》(上部),梵蒂冈

"主显圣容"永远是一个棘手的题材,因为它要求三个人站在一起,另三个人半躺在他们脚下。即便像贝利尼(Bellini)作的藏于那不勒斯的那幅如此高贵的图画(图90),虽然色彩和细节充满了魅力,也不能掩饰艺术家自己认识到的困境,即他必须将三个头晕目眩瘫倒在地的圣徒形象置于容光焕发的、显出圣容的主及其同伴脚下。然而,有一种较早且较为理想化的图像类型,表现基督在荣光中升起于大地的上空,而不是立于地面,佩鲁吉诺正是用这种方法在佩鲁贾货币交换所(Cambio)中表现了这一场景。很明显,从这样的图式中可获得许多有利于形式的好处,但并不存在拉斐尔会选择哪种类型的问题。他发达的感受力需要的是奇迹的出现。他从较早的范本那里接受了胳膊向外伸展的姿态,但飘浮的动态和迷狂的表情却尚未在任何别的地方发现。基督扶摇而上的飞升将摩西和以利亚席卷而上,他们跟随着基督,脸转向他并依附于他,因为基督是力量的源泉和光的中心,而其他人只接触到环绕着基督的光辉的边缘。下面的门徒们使这个光环变得完整起来。拉斐尔以小得多的尺度创造他们,使他们紧紧附着于土地。他们并不是过着自己不安生活的独立实体,而只是在显露圣容的主于其四周创造的光环中作为必要因素出现

图 90　乔瓦尼·贝利尼,《主显圣容》, 那不勒斯, 博物馆

的, 只有通过与这些在光环边缘的人物进行对比, 飘浮在空中的人物才获得了自由独立的完整效果。如果说拉斐尔没有为这个世界留下任何其他东西的话, 单单这组人物就是他艺术观的一座完整纪念碑。

博洛尼亚美术学院的画家们渴望延续这一古典时期的传统, 但甚至在这早期他们对于团块和集中的感受力已变得非常迟钝了: 基督自云中出现, 向下逼近, 并对使徒们讲话。他被限制在东倒西歪坐着的摩西和以利亚的形象之间。画面底部的使徒们身材魁梧, 夸张的手势和姿态显得粗俗——这就是卢多维科·卡拉奇 (Ludovico Carracci) 在博洛尼亚美术馆中的图画 (图 91)。

然而, 拉斐尔没有满足于孤立的主显圣容的人物组合, 而是追求一种对照, 一种明显的对比。他在神灵附身的男孩故事中发现了这种对比, 直接仿效了《马太福音》中的主显圣容。这是拉斐尔曾在赫利奥多罗斯厅中采用过的那些构图原则的合乎逻辑的发展——上部是宁静, 庄严, 天国的狂喜; 下部是喧闹的人群和世俗的悲怆。

使徒们站在那里, 紧紧挤在一起, 人物组合混乱, 线性运动参差不齐, 其主

图91　卡拉奇，《主显圣容》，博洛尼亚美术馆　　　　图92　提香，《圣母升天》，威尼斯，圣马利亚修道院

要母题是人群中打开的一条斜向通道。在尺度上，这些人物比上部的那些人物大得多，但没有压倒主显圣容场景的危险，因为几何形的清晰性压倒了喧闹的人群。拉斐尔去世时这幅画没有完成，许多细碎的形式令人无法忍受，整幅画的色彩有损于效果的呈现，但强烈的对比一定出于他自己的观念。

提香的《圣母升天》（图92）在同一时期画于威尼斯（1518年）。虽然此画的方案和布局不同，但是原理是相关的。下半部的使徒们组合成了一个结实的大团块，个人丧失了全部重要性，好像构成了一个基础或底座，而处于巨大光环中的圣母形象便位于这底座之上，大光环的上部边缘正好与这幅画的半圆形顶部相吻合。人们可能会问拉斐尔的画为何没有选择圆形顶部，这或许是因为他害怕会夸大基督上升的动感。

完成了《主显圣容》的那些弟子们在别的地方也以他们师傅的名义顺利完成了他们的作品，只是在最近人们才做出种种努力，将拉斐尔的名字从这种伙伴关系中划出。拉斐尔作坊的产品，色彩刺目、观念卑俗、姿态做作，特别是比例失当，多半属于那些最令人不快的图画之列。

当塞巴斯蒂亚诺发现这样一些人阻碍着他在罗马的发展时，他的愤慨是完全可以理解的。塞巴斯蒂亚诺一辈子都是拉斐尔的死对头，但他的才能使他有资格承接最重大的委托任务。他从未摆脱某种威尼斯式的局限性，因为即使在"纪念碑式的"罗马，他也继续采用半身像的图式，从未达到对人体的纯熟把握，也未能充分发展空间感，因为他的构图往往是混乱的、拥塞的，远远谈不上清晰。然而他的观念是真正了不起的。作为一个肖像画家，他绝对是第一流的，他的历史画有时具有强烈的表现力，以至唯有米开朗琪罗可与他相比——的确，我们不知道他在多大程度上得益于米开朗琪罗。他画的罗马蒙托里奥圣彼得教堂（S.Pietro in Montorio）中的《鞭笞》（Flagellation），以及藏于维泰博（Viterbo）的《圣母怜子》都属于黄金时代最高贵的作品之列。他企图以《拉撒路复活》（Raising of Lazarus）一画与拉斐尔的《主显圣容》相竞争，我认为这幅画未达到后者的水平，因为塞巴斯蒂亚诺更擅长画为数不多的几个人而不是一群人，或许他自己最有把握的是半身人像。罗浮宫的《圣母往见》（图159）展示了他那贵族式的风格，而藏于普拉多博物馆的那幅出自拉斐尔画派的同一主题的变体画[1]，与它相比似乎显得相当一般，尽管其人物尺寸巨大。由塞巴斯蒂亚诺所作的藏于马德里（复制品藏于德累斯顿）的《负十字架》（Carrying of the Cross）在主要人物形象上，很可能又一次胜过了拉斐尔那幅藏于普拉多博物馆的《剧痛》（Spasimo）[2]中那位受难的主角。

如果还有什么人可与这两位罗马大师相提并论的话，这个人就是塞巴斯蒂亚诺。他给人的印象是这样一个人，注定要获取那些从未充分发展的最伟大东西——

---

[1]这幅拙劣的作品不可能是根据拉斐尔的设计绘制的，参看多尔迈尔，见前引书，第344页，他将其归为彭尼所作。布克哈特高度赞扬了这些头像的精神气质，我觉得这令人难以理解。

[2]这幅著名的图画不仅不是由拉斐尔亲手所作，甚至某些最后的设计也一定是托付给了其他人。但基督回首注视这一主要母题引人注目，这当然由拉斐尔所作，整个队列的展开也是如此。然而此画中的人物素描和组合有缺陷，构图含糊不清。这些缺陷排除了拉斐尔参与该作品最终变体之设计的可能性。

但他未能充分发挥自己的才能。他缺乏对工作的神圣热情，这使他与拉斐尔形成对照，正如米开朗琪罗所承认的那样，拉斐尔最独特的优点就是勤奋。对拉斐尔的这种赞美意味着他拥有从每一项新事业中获取新力量的能力。

第五章

巴尔托洛梅奥修士

盛期文艺复兴时期修道士画家的代表是巴尔托洛梅奥修士（1475—1517），他青年时代最重大的经历就是听萨沃纳罗拉（Savonarola）的布道和看到他被处死刑。在这之后，他隐退修道院中并一度放弃绘画。这对他来说一定是做出了痛苦的决定，因为我们在他身上比在其他人那里更能感到他需要在图画中布道。他并没有很多东西要说，但激励着他的是一个崇高的目标，因为这个萨沃纳罗拉的门徒抱有一种非常简朴单纯的理想，借助这种理想他消除了佛罗伦萨宗教艺术的世俗虚荣和矫揉造作。他并非狂热的信徒，也不是忧郁的苦行僧，因为他唱着欢欣鼓舞的赞歌。人们据以对他做评价的作品是他的还愿图，画中有密集的圣徒围绕着坐在宝座上的圣母，因为在这些画中他要说的话十分清楚并充满感情。按严格法则聚合在一起的厚重团块、强烈的方向对比和整体运动中的有力节奏是他的风格特征。这种风格存在于盛期文艺复兴教堂那宽阔的、带有共鸣声的空间之中。

他天生具有一种对有意味的东西，对崇高的姿势、端庄的服装样式，以及对具有强烈节奏感的轮廓的感受力。有什么东西能够与他的《圣塞巴斯蒂安》（*St. Sebastian*）的气势相比拟呢？在佛罗伦萨，何处有与他的《复活的基督与四福音书作者》的人物姿势相仿佛的形象呢？强壮的身体感使他能避免空洞的情念，因为他的福音书作者是脖子粗壮的男子汉，只要站着都立得很稳，只要握着东西都抓得铁紧。他要求彪形大汉具有正常的比例，并获得最大限度的立体效果。他强化阴影和背景的暗度，以至由于时间流逝画面必然变得越来越暗，这使他的许多画现在都很难欣赏。他对现实的、单个人的兴趣非常有限，因为他是一个只关心整体而不是局部的人。他对裸体的处理是肤浅的，因为他只寻找线条和运动的一般印象，而那些具有特性的人物类型，虽然由于包含了作者的真诚而富有意义，但毕竟没有超出一般化的特征。这些一般化特征是可以容忍的，因为姿态和手势本身是迷人的，而且因为他的个性从构图的节奏中流露出来。他只是偶尔有失却自我的时候，如那些英雄般的先知坐像；米开朗琪罗的影响使他一时误入歧途，在寻求与那个巨匠的人物动态力量相竞争时，他变得虚假而空洞。

可以理解的是，在较老一辈画家中，从佩鲁吉诺简朴单纯的风格来看，他是最接近巴尔托洛梅奥的人。在佩鲁吉诺那里，巴尔托洛梅奥找到了他要寻找的东西——忽略次要的细节，平静而开阔的空间，有节制的表现。甚至他笔下人物的优雅动态也来自这位前辈，再加上他自己对力量、厚重感和坚实轮廓线的个人感受。所以相比之下，佩鲁吉诺的风格是小气的和做作的。

要确定巴尔托洛梅奥修士那宽厚的涂绘风格，以及他大胆使用明暗对照法和层次丰富的色调在多大程度上源于莱奥纳尔多，这属于专题论文的范畴。这样的专题论文也必须做出威尼斯对他产生影响的详尽评述。这位修士是在1508年访问威尼斯的：在那里他看到宽厚手法已得到了充分发展，而且在贝利尼身上找到了一种美的敏感性和感受力，这对他而言一定是一个新的发现。过一会儿我们将回到这个问题上来。

* * * * *

从巴尔托洛梅奥的湿壁画《最后的审判》很难预料他未来的发展，这是一件属于15世纪的作品，从前是在新圣马利亚教堂内，现藏于乌菲齐美术馆。[1]此画只有上半部是他画的，而且这个部分有分散注意力的缺陷：主要人物救世主的形象显得太小，画面深处那排坐着的圣徒，脑袋紧紧挤在一起，生硬地并列着，看上去枯燥而过时。虽然有人正确地指出过，这件作品是拉斐尔《辩论》的灵感之源，然而将这两幅画做一比较，便非常清楚地说明了拉斐尔的新贡献是什么以及克服了怎样的困难。整体缺少一致性，主要人物退缩到背景中，这些是为《辩论》画的第一批草图中仍然存在的弱点，它们是逐渐被克服的。另一方面，拉斐尔从一开始在清晰展现几排圣徒坐像方面并没有碰到什么困难。他与佩鲁吉诺都具备从总体上把握大

---

[1]［现藏于圣马可博物馆。——英译注］

局以及将人物组合于宽松自如的群组之中的能力,而所有佛罗伦萨人都希望观众能将这密集的一排排人物中的头像彼此区别开来。

人们对作于1506年的《圣母向圣伯尔纳显现》(The Madonna Appearing to St. Bernard,图93,佛罗伦萨美术学院)有着不同的感受,这是巴尔托洛梅奥在成为修道士之后画的第一幅画。这不是一幅非常讨人喜欢的图画,有许多不尽人意之处,但这是一幅令人印象深刻的图画。圣母的显圣是以一种意想不到的方法画的,不像菲利皮诺的画中那个温柔、羞怯的女子,当她走近那个虔诚男子的书桌时,将

图93　巴尔托洛梅奥修士,《圣母向圣伯尔纳显现》,佛罗伦萨美术学院

手放在了他的书上。在这里是一种从天而降的超自然显圣,圣母庄重地裹着一件随风飘起的大斗篷,由紧随四周并充满敬畏之情的一群唱诗班天使陪伴着。菲利皮诺画过半羞怯半好奇的姑娘们,她们陪伴着圣母出访。巴尔托洛梅奥修士希望达到的效果是,观者看了画不会发笑,而会激起虔诚的信仰。不幸的是,他的天使画得太丑陋了,以至他们妨碍了观者虔诚的感情。圣徒伯尔纳虔诚而惊奇地接受了奇迹,其效果处理得如此微妙,以至相比之下菲利皮诺显得陈腐,甚至佩鲁吉诺那幅藏于慕尼黑的画也似乎显得平庸了。这件沉甸甸地拖曳着的白袍,其线条有一种新的庄严感,而在圣伯尔纳后面的两个圣徒在这一情绪气氛中也有其作用,不过风景和建筑的细节仍有一种不成熟的含糊性,而且空间在整体上有点狭窄,以至显圣的圣母略有沉重感。

三年之后,曾经促发了《圣母向圣伯尔纳显现》一画的那种灵感在1509年画的《圣父和二圣徒》(*God the Father with Two Saints*,图94,卢卡美术学院)一画中再次强烈地燃烧起来。在该画中,怀着崇敬之情的锡耶纳的圣卡塔里纳(St. Catherine)以更宏伟、更激动人心的形式重复了较早的母题。她头部呈侧面扭转姿态,前倾的躯体更有力,这就强化了在《圣母向圣伯尔纳显现》中捕捉到的情绪,正如她那飘起的黑色法衣上翻腾的衣褶的动态,使其精神上的兴奋更有效地转化为身体运动的形式。另一位圣徒是抹大拉的马利亚,她保持不动,以一种礼仪姿势一只手托出盛油膏的盒子,另一只手抓住斗篷一角高高提起,垂视的眼光落在教友身上。这是后来拉斐尔在《西斯廷圣母》中采用的一种对比类型。巴尔托洛梅奥把整幅图画框在两根壁柱之间,将观者的眼光引向画面深处僻静而平展的风景,平缓的地平线和广阔的天空获得了一种非常庄重的效果。这两个人物都跪着,不过是跪在云上,而不是跪在地上。我们想起了在佩鲁吉诺画中发现的相似意图,但这大抵反映了威尼斯人对他的影响:这幅画相当清楚地表达了新的理想主义,与佛罗伦萨人那种骚动不安的繁杂表现对象形成了对照。

当巴尔托洛梅奥处理常规的圣母与圣徒类型的图画时,例如卢卡主教堂(Lucca Cathedral)中那幅作于1508年的画得很漂亮的图画[1],他主要关心的东西——总体

---

[1] 弹诗琴的小天使在这里作为他威尼斯之行的纪念被引入佛罗伦萨艺术之中。

图 94　巴尔托洛梅奥修士,《圣父和二圣徒》,卢卡美术学院　　图 95　巴尔托洛梅奥修士,《圣凯瑟琳的婚配》,皮蒂宫

上的简洁效果,又一次与佩鲁吉诺相同,这是通过简朴的服饰、平静的背景和单纯的立方体宝座获得的——尽管他超越了佩鲁吉诺,表现的运动更有生气,人物更有立体感,轮廓线更为连贯,因为他的线条丰满、流畅,并且回避了锐利的交叉。马利亚和斯蒂芬的轮廓相得益彰,这多么令人赞叹啊![1] 这种多少是平淡无奇地填塞画面的方法,看似陈旧,但从紧贴边缘站立的人物安排上可以看出对团块的新的感受力,而整幅画被有效地框在两根壁柱之间,从而使这幅画与那些让观者的眼睛在壁柱和图画边缘之间瞥见一线风景的早期绘画明显不同。

　　从此往后,他的祭坛画的和弦变得更华丽、更洪亮,人物组合具有更流畅的节奏感。他让人群服从于一个主导性母题,让一组组明暗色调相互形成强烈的对比。不过尽管具有极丰富的变化,但这些图画仍保持着开阔和空旷的特点。这种艺

---

[1] 如耶西(Jesi)这样感觉迟钝的铜版画家,从一种武断的"改进"要求出发,把圣母画得较高,因此破坏了整体的和谐。有许多例子,其中之一是在沃尔特曼-沃尔曼(Wlotmann-Wörmann)的《绘画》(*Malerei*)中的木刻插图,即以这幅铜版画为基础刻印。

术最充分的表现是藏于皮蒂宫的《圣凯瑟琳的婚配》(The Marriage of St. Catherine, 图 95), 以及藏于乌菲齐美术馆[1]的为《佛罗伦萨的主保圣人和圣母子及圣安娜》(Patron Saints of Florence with the Virgin and Child and St. Anne)一画作的草图, 两幅画大约都作于 1512 年。

两幅画中的空间都是封闭的, 巴尔托洛梅奥采用了暗色的背景, 因为这些画的精神性会被露天风景的漫散性破坏, 需要庄严、厚重的建筑作为陪衬。为此目的, 他常采用巨大的、空阔的半圆形壁龛作为建筑母题, 这个有效的形式可能是他在威尼斯发现的：其丰富性在于壁龛拱顶的阴影, 而不在于现在被漠视的色彩, 正如威尼斯人自己在 16 世纪放弃鲜明的色彩而喜用中性色调那样。

为了使各组人物的轮廓富于变化, 巴尔托洛梅奥构筑了一小段从前景通向中景的台阶, 这就是拉斐尔在《雅典学院》中改造为最庄重之风格的母题, 在容纳许多人物的祭坛画中是绝不可少的。同时, 视点被安排在画中较低位置, 以便后面人物的高度低于前面人物——这种手段是有意要代表立于教堂中的观众的自然视点。总之, 巴尔托洛梅奥具有强烈突出效果的构图从这种透视的用法中大大得益, 因为上升和下降的节奏清楚地表现了出来。尽管巴尔托洛梅奥的画极为丰富, 但从未造成过混乱或不安定的效果, 因为他的画是按严格规则构成的, 真正的主角在构图中一目了然。

在《圣凯瑟琳的婚配》[2]中, 右角人物是蓬托尔莫(Pontormo)和安德烈亚·德尔·萨尔托独创的 16 世纪多样性动态的一个非常有特色的实例——一只脚搁在台阶上, 一只手臂横过身体, 头部转向相反方向。人物人物身体的每一处转动以及手拿东西的方式, 都表现出活力和决断, 肌肉和关节的结构得到了仔细研究。这方面的一个例子是一直裸露到肘部的手臂准确仿效了米开朗琪罗, 不过米氏肯定会用不同的方式画这只手臂, 因为这里的手腕不是很有表现力。圣乔治位于对面一侧, 十分单纯, 与右边人物形成了恰当的对比。对佛罗伦萨人来说, 看看锃亮的甲胄如何从暗色背景中浮现出来倒是件新鲜事。最后, 圣母子这组人物是最可

---

[1][后来移至圣马可教堂。——英译注]
[2]圣凯瑟琳与婴儿基督的神秘婚配并不是这幅画的主要母题, 但这个名称勉强可用, 以便将这幅画与其他画区别开来。

爱的，其复杂的运动和柔和流畅的线条体现了这个艺术家的特色。圣子把戒指递给跪着的圣凯瑟琳，通过这一姿势把运动引向下方，将这组人物与下面的人物联系起来。

像这类具有有机节奏感的图画，严格按照规则与比例来处理结构，尤其是表现了丰富的大胆动态，在佛罗伦萨产生了极大的影响。佩鲁吉诺作于1494年的《哀悼死去的基督》（图54）是根据几何学方法布局的，此画一度受到赞美的那些品质在马尔托洛梅奥这里呈现出更成熟的形式。蓬托尔莫试图模仿这位修道士在湿壁画《圣母往见》中的构图，不能说不成功。在那幅画画中（图107），他把主要的那组人物安排在壁龛前面，在前景两侧安排了形成强烈对比的人物。他引入台阶的母题令人满意地填补了中央的空间，由此获得了一种真正的纪念碑式效果。每个人物通过与如此重要之整体的联系而提高了各自的价值。

贝尚松的那幅《圣母子》（Madonna and Child，图96）特别值得注意，只是因为画中出色的圣塞巴斯蒂安形象，其姿势优美流畅，是以威尼斯人的阔大手法画

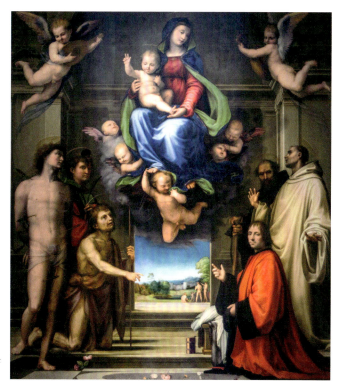

图96　巴尔托洛梅奥修士，《圣母子》，贝尚松主教堂

的，表现出了佩鲁吉诺和贝利尼的综合影响。画面中光线只落在身体的右侧，因而具有更生动的动势，这就使整个人物形象从这一画法中而大大获益，即表现动势最关键的部分处在最强烈的光线之下。这幅画的另一重点是主体人物，圣母驾着云，而这些云被封闭在建筑室内，从这里只有通过背景的一扇门才可看到户外的天空。这是一种新的理想主义：巴尔托洛梅奥可能想要一种带有深远微光效果的暗色背景，但他也创造了一种与站在地上的圣徒们在精神状态上的新型对比。然而画面的空间效果受到负面影响，打开的门缩小了而不是扩大了空间效果。但这幅画顶部原先终止于一个半圆形的《圣母加冕》(*Coronation of the Virgin*)，这样的处理可能改善了总的效果。这幅画似也作于1512年左右。

这位修道士的情感力量继续增强，直至达到《仁慈圣母》(*Virgin of Mercy*，图97) 中所传达的情念高度，此画作于1515年，藏于卢卡美术学院。"仁慈圣母"通常的形式是长方形横构图，圣母立于中央，双手合十做祈祷状；那些将自己置于她

图97　巴尔托洛梅奥修士，《仁慈圣母》，卢卡美术学院

图98　巴尔托洛梅奥修士，《复活的基督与四福音书作者》，皮蒂宫

庇护之下的虔诚信徒跪在她展开的斗篷下，分列左右两侧。巴尔托洛梅奥修士将图画形式改为巨型竖构图，顶部为半圆形。马利亚高高立于地面，天使们托着她的斗篷，就这样她以一种辉煌的胜利的手势代人祈祷，声音清楚而急切。她双臂张开做指点状，一只手向上另一只手向下。基督本人裹着一件被风鼓起的斗篷，从天国回应她的祈祷。为了赋予圣母姿势以舒畅感，巴尔托洛梅奥必须让她的两只脚一高一低，问题是要为这种不同高度找到理由。他只是从容地将一块方石置于她一只脚下以交代这个动态，因为古典时代对这种权宜之计不会感到有什么不妥，但这在今天会引起观众喝倒彩。

会友们分布在从矮墙往下至前景的台阶上，创造了一组组妇女和儿童，有人用手指点着，有人在做祈祷。这些人从形式观点看可以与《驱逐赫利奥多罗斯》中的那些人相比较。然而这种比较也有危险，因为它揭露了画中固有的缺点——缺少从一部分延续到另一部分的相互协调的运动。巴尔托洛梅奥继续花样翻新，努力营造这类群众动态的效果，但在这点上他似乎已达到了才能的极限。[1]

在这幅《仁慈圣母》创作数年之后，提香画了他的《圣母升天》（1518，图92）。提到这件独特的作品几乎是不可避免的，因为这两幅画的母题有着非常紧密的联系。然而要以提香的标准来衡量巴尔托洛梅奥是不公平的。后者对佛罗伦萨十分重要，而且这幅藏于卢卡的图画令人信服地直接表现了当时高扬的观念。至于这类观念是如何迅速贬值的，从那时起开始受欢迎的一幅画中可以最明显地看出来，即巴罗乔（Baroccio，约1526—1612）的同一画题的变体，此画以《大众的圣母》（*Madonna del popolo*）而知名，藏于乌菲齐美术馆。此画具有大胆而明快的特点，令人称羡，但在内容上则完全流于平庸。

皮蒂宫的那幅《复活的基督与四福音书作者》（图98）作于1517年，它与《仁慈圣母》有着密切的关系，但已消除了各种不确定因素和缺陷，因此这幅画可被视为这位修士最成功的作品。他现在变得更平静了，但在这个温和的、祈福的基督身上，这种有节制的情念比激烈的动态更深刻，更有说服力——"看哪，我活着而你们也将活着！"在这以前不久，巴尔托洛梅奥曾到过罗马，在那里他可能看过《西

---

[1] 藏于维也纳的《劫夺底拿》（*Rape of Dinah*）一画的素描可追溯到巴尔托洛梅奥，这幅画与《驱逐赫利奥多罗斯》的关系更为清楚。

斯廷圣母》，因为他笔下高贵单纯的衣纹样式与此作同属一种密切相关的类型。此画中人物轮廓呈现出一种上升的三重波动，这是个辉煌的母题，可以同样成功地应用于圣母画中。对于高举的手臂的描绘，关节处交代得很清楚，这会使米开朗琪罗感到满意。在背景中再次出现了巨大的壁龛，但与基督的形象相重叠，并成为他的衬托。基督站在基座上，所以他的形象被抬到高于四位福音书作者的位置。这是个很抢眼的母题，但15世纪的佛罗伦萨人对此还不了解。这种画法的第一批实例出现于威尼斯。

四位福音书作者是充满力量与自信的重要人物。虽然画中只强调了其中两人，因为后面那对人物完全从属于前面那对，甚至在组合上也与前面那对人物相融合，但这四个人物依然是巴尔托洛梅奥对团块的感受力的佳例。侧面像和正面像的效果，直立的和俯身的姿势，都经过非常仔细的推敲——右边那个正面直立的人物，具有显著的视觉效果，但这种效果并非单单由这个人物本身造成，其基本特色来源于形式关系和建筑布景。在这幅画中，一切东西都参照了它们的对立面而得到确定与加强，我们可以感受到这些关系的必然性。

最后，在《圣母怜子》（图99，皮蒂宫）中，巴尔托洛梅奥像他同时代最伟大的艺术家那样，以最高贵的克制表情来处理哀悼死去基督的那组人物。悲哀被克制住了——圣母托着死者的手，俯向死者前额做最后吻别，恰似两个侧面人物的一次温柔会面。基督没有流露出痛苦的迹象，他头部的姿势并不像一具死尸。所以即便在这里，理想主义也占据了上风。抹大拉的马利亚的面容几乎看不见，因为她异常悲痛地伏倒在基督双脚上，但圣约翰的表情表明了他在尽力支撑着尸体，正如布克哈特注意到的——这是真正富于戏剧性的手笔。[1] 这样一来，所表现的各种情感便可以得到明确的区分，而且佩鲁吉诺所用的非常相似的各种表情被相得益彰的强烈对比取代了。身体的运动服从于同样的原则，不过现在的构图缺少两个人，因为

---

[1] 即使承认肉体与精神上的不安混合在一起的效果是无法画出的，这个意见仍然是正确的。总之，要指出两个因素中哪一个对某些部分的表现产生了作用是不可能的，也没有必要，不过它仍可以令人想起雷诺兹（Reynolds）针对他那时浅薄的作家所说的批评原则："那些未受过专门训练，因而不知道什么能做或什么不能做的人，在对所偏爱的作品的叙述中，非常慷慨地给予荒唐的赞美。他们总是在这些作品中发现他们决定要找的东西。他们赞美那些几乎不可能共同存在的优点；最重要的是，他们喜欢非常精确地描述**混合激情的表现**（expression of a mixed passion），我尤其觉得这种表现非我们艺术的能力范围所及。"［雷诺兹，《第五次讲演》，第115页，弗莱（Fry）编的《讲演集》（Discourses）；着重号为沃尔夫林所加。——英译注］

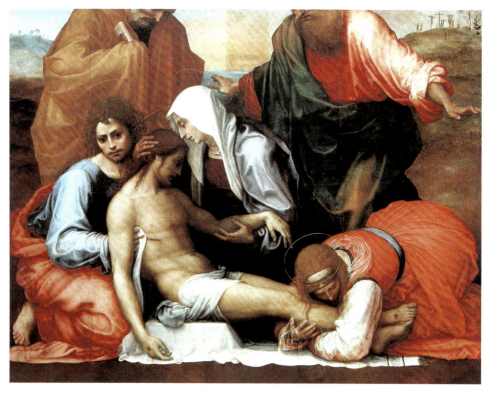

图 99　巴尔托洛梅奥修士,《圣母怜子》(局部),皮蒂宫

圣彼得和圣保罗曾一度被包括在画中,我们可以设想他们在抹大拉的马利亚上方俯下身来,从而修正了她那不讨人喜欢的轮廓。[1]

缺少这两个人物导致画面强调重点的改变:虽然确实不存在这些团块的对称分布问题,只有节奏是否自由的问题,但三个头像仍需要某种平衡,而后来加上去的十字架底部显然是个错误,因为恰恰这一点不需要强调。

佩鲁吉诺在他的同代人中显得那么的平静(参见图 51,《圣母子和圣塞巴斯蒂安、施洗者圣约翰》),与他相比,巴尔托洛梅奥的线条更有节制、更为神圣。前景巨大的平行水平线强调了简单的浮雕式人物的安排,他们由两个侧面形象所主导。巴尔托洛梅奥一定已认识到引入这个平静音符的好处,因为他以另一种方式达到了同一目的,即降低了这组人物的高度,并将佩鲁吉诺的锐角三角形变为钝角三

---

[1] 这些人物一度存在,但又被取消了。至于类似于这组人物的一个完美例子,参看阿尔贝蒂内利藏于佛罗伦萨美术学院的《圣母怜子》。

角形（参见图54）。可能这幅画宽阔的画幅也是按预想的同一目的来选择的。

如果巴尔托洛梅奥能够继续工作得更久些，他本可以给整个基督教图像志领域创造出平静的与古典的形式。从他的素描中我们得出这样的印象：他的想象力易于被激发起来以创造有意味的绘画，他的手完全有把握将这些规则应用于绘画以获取想要的效果。然而他创造的效果从来不是单纯应用规则的结果，因为规则来自他的心理结构，正是他的心理结构创造了属于自己的规则。通过阿尔贝蒂内利的例子我们可以看到，在巴尔托洛梅奥的作坊里，靠纯美术学院能学到的东西是多么稀少。阿尔贝蒂内利是他最亲密的伙伴之一。

瓦萨里称阿尔贝蒂内利是"另一个巴尔托洛梅奥"，有很长一段时间他一直是后者的合作者。然而他的气质根本不同，最重要的是缺少这位修士的信心。阿尔贝蒂内利非常有才能，常常探索实际的难题，但从未能达到合逻辑的综合，有时挂笔不画转而去经营客栈。

较早那幅画《圣母往见》（1503，图100）是阿尔贝蒂内利最好的作品，人物组合纯正而优美，并与背景相协调。互致问候的主题远非那么容易处理，尤其是要将四只手放到恰当的位置上。在这之前不久，吉兰达约在他藏于罗浮宫的那幅作品中（1491，图181）已尝试过这个主题：以利沙伯跪着并抬起胳膊，马利亚双手放在她的肩上安抚着她。用这样的方法，四只手中的一只手从视线中消失了，圣母双臂的平行线画得不太恰当，以至我们不愿看到这个母题被重复。阿尔贝蒂内利的画看上去既更加丰富又更为清晰，因为两个妇人右手相握，她们空闲的左臂则做着不同的动作。以利沙伯拥抱着她的来访者，而马利亚则谦卑地将她的一只手放在胸前。跪着的母题被放弃了，因为阿尔贝蒂内利希望将这两个侧面人物紧凑地并置在一起。然而，以利沙伯从属于马利亚，这一点是通过这位老妇人急速的步子和倾斜的头部清楚地表示出来的，这种构思由艺术家投在她脸上的阴影得到进一步强调，这是一个在15世纪没有人会想到的意味深长的细节。这组人物被安置在一座连拱廊前面，不可否认这来源于佩鲁吉诺，同样，开阔天空的空旷背景这一效果似乎也来源于他。后来的艺术家会避免在画面边缘透露出远方风景的画法，而且此画在衣服和点缀着鲜花的前景上，还存在着另一些15世纪风格的痕迹。

阿尔贝蒂内利1506年作于切尔托萨修道院（Certosa）的大幅绘画《钉十字

图 100　阿尔贝蒂内利,《圣母往见》,乌菲齐美术馆　　图 101　阿尔贝蒂内利,《圣三位一体》,佛罗伦萨美术学院

架》(*Crucifixion*),其画法也基于佩鲁吉诺,但四年后在《圣三位一体》(*The Holy Trinity*,图 101,佛罗伦萨美术学院)中,他为钉死在十字架上的形象找到了一种新的形式,即古典形式。所有较早的艺术家都将人物双腿在膝盖处分开,采用主从关系而非同等关系,也就是说将一条腿放在另一条腿上,便可获得更好的效果。当腿部的动态得到了头部反向动态呼应时,下一个阶段就到来了:如果四肢移向右边,头部则向左倾斜,那么明显僵硬和缺乏优雅的主题便获得了一种韵律感,这种感觉后来一直没有丧失过。

　　富有画趣的《圣母领报》(*Annunciation*,图 102,佛罗伦萨美术学院)作于同一年,即 1510 年。这是一幅给这个艺术家带来许多麻烦的图画,它在整个风格发展史上都很重要。人们会回忆起在"圣母领报"这一题材的图画中圣父所起的作用是多么贫弱无力——一般圣父被表现为小小的半身像,被安排在某一顶部角落,他

图102　阿尔贝蒂内利,《圣母领报》,佛罗伦萨美术学院

将圣灵之鸽放下来。在这里他被表现为全身像,身处正中,周围有一圈大尺寸的天使簇拥着。这些在天上飞翔的音乐天使需要画家付出许多艰苦的劳动,而这位脾气不好的画家一时心血来潮放弃了绘画去经营一家客栈,为的是再也不必去听关于透视短缩法的无休止谈话了,但是在这里他已做出了非常值得尊敬的贡献。他的天堂的母题尤其显露出17世纪荣耀的端倪,虽然这里的一切事物仍然是对称的和处在一个面之内的,而后来天堂的发展渐渐具有了对角线方向的纵深。

平静而有贵族气派的圣母表现出一种越来越强烈的宗教得体感,当她以优美姿势站着接受天使虔诚的致敬时,并非面朝天使,而是扭转头来看着他。如果没有这幅画,安德烈亚·德尔·萨尔托就永远不会创作出他1512年的《圣母领报》。

从技术观点来看,这幅画也是有趣的,因为它以一个大型的暗绿色室内空间作为背景。透视的处理考虑了这一事实:这幅画是注定要被高高挂起的。不过,上楣的强烈透视短缩与人物结合在一起产生了一种不谐调的效果。

第六章

安德烈亚·德尔·萨尔托

人们称安德烈亚·德尔·萨尔托（1486—1531）是一个肤浅的和没有灵魂的画家，他确有平庸之作，而且在后期有安于套路的倾向。他是唯一在道德素质上显得有些缺陷的一流天才。然而从各方面看，他都是与菲利皮诺和莱奥纳尔多同一类型的优雅的佛罗伦萨人，是一个过分讲究趣味的、喜欢贵族式懒怠举止和高贵姿态的画家。他是人世间的宠儿，甚至他画的圣母也有一种尘世的优雅。他对生气勃勃的动作或强烈的感情没有兴趣，除了平静的伫立或漫步的姿态以外，不越雷池一步。但在这些限定的范围之内，他创造出了一种令人陶醉的美感。瓦萨里责备他温顺和胆怯，缺乏应有的冒险精神，但人们只需看一例瓦萨里本人惯于画的大型"机械装置"（machines），就能理解这种评价了。然而，甚至在与巴尔托洛梅奥修士或罗马画派的有力结构相比较时，安德烈亚的作品仍然显得文静而朴实。

不过他在许多方面都极有天赋。他从小就崇拜米开朗琪罗，而且他可能一度被认为是佛罗伦萨最优秀的素描高手。他对人体关节的处理很带劲——如果可以原谅这个口语说法的话——这种处理手法以一种活力和清晰性揭示出这些关节的功能，即使他没有把佛罗伦萨人天生善画素描的能力与在托斯卡纳几乎无与匹敌的色绘天赋结合起来，这种活力和清晰性也足以确保他的作品得到赞美。他不太留意对色绘画家有吸引力的许多现象，例如，他不寻求把不同物体的物质特征区别开来，但是在他画的肉色的柔和色泽中，在人物周围的温馨气氛中，有着巨大的魅力。他的色彩感觉，就如对线条的感觉一样，具有一种温柔的、近乎慵懒的美，这种美使他显得比任何其他画家都更为现代。

若没有安德烈亚·德尔·萨尔托，16 世纪的佛罗伦萨就没有画喜庆场面的画家：在圣母领报教堂（Annunziata）前院中的巨幅湿壁画《圣母降生》(*Birth of the virgil*，图 106），给了我们某种拉斐尔和巴尔托洛梅奥所没有的东西——人们在文艺复兴达到顶点时所感受到的人生的极大乐趣。如果安德烈亚有更多的有关这类生活的图画，我们将感到很高兴，而且的确他本应画的就不是别的东西。不过他没有成为佛罗伦萨的保罗·韦罗内塞（Paolo Veronese），这并不全是他的错。

1. 圣母领报教堂的湿壁画

一般来说，旅游者会在圣母领报教堂前院获得对安德烈亚的第一个重要印象，在那里绘有圣菲利普·贝尼兹（St Philip Benizzi）生平的五个场景（图 103—105），标有最终日期 1511 年，还有 1514 年的《圣母降生》（图 106）和《三王》（*Three Kings*），这些画都是他早期的作品，有着严肃的主题。

这些湿壁画有漂亮的浅色调子。在这些较早的作品中，色彩的搭配有些生涩，但安德烈亚丰富而和谐的变化在《圣母降生》中得到充分发展。最早两幅画的构图

图 103、104　安德烈亚·萨尔托，《圣菲利普·贝尼兹生平的三个场景》，佛罗伦萨圣母领报教堂

仍然是松散而无条理的，但在第三幅画中，他运用了一种更严谨的方法，即强调中央部分并对称地展开两侧。他好像在人群中打入一个楔子，将中央的人物推入深处，从而使画面产生纵深感，这与吉兰达约几乎千篇一律持续采用的沿着前景边缘排列人物的方法形成了对比。这种集中式构图在历史画中并不新颖，但创新之处在于人物通过手势相互联系着。构图的各个部分以一种从背景到前景连续不断的、合乎逻辑的序列展开，而不是将人物做前后排列：这恰恰是拉斐尔在《辩论》和《雅典学院》中给自己提出的同一课题，只是在尺度上更大些。

最后一幅图画《圣母降生》，标志着安德烈亚从严谨的构筑性风格向自由节奏风格的过渡。构图的关键是一条壮观的向前凸出的曲线，从右边壁炉旁的妇女开始，到两个走着的妇女形象达到运动的顶点，而后在产褥上的妇女旁结束。当然，这种自由的、有节奏的布局与较早放纵的松散风格是很不同的，因为这是受规律支配的。两个站立的妇女支配整个画面并使之联结成一体的方式，作为一个母题，在16世纪之前几乎是难以想象的。

一旦安德烈亚将他最早的人物松散排列风格转变为较严谨的构图形式，他就感到，他的设计需要求助于建筑，以赋予整体以连贯与统一，并赋予人物以稳定感。

图105　安德烈亚·萨尔托，《圣菲利普·贝尼兹生平的三个场景》，佛罗伦萨圣母领报教堂

图106　安德烈亚·萨尔托，《圣母降生》，佛罗伦萨圣母领报教堂

这是对空间与人物统一性感觉的发端。一般说来，这种感受力对15世纪仍然是陌生的，那时图画中的建筑元素主要是起着悦人的、装饰性的美化作用。在这方面，安德烈亚是先驱者，没有人会坚持认为他的建筑比例与关系是非常恰当的，当他试图处理相对于人物显得太大的空间时，也掩饰不了他的尴尬。总的看来，他的建筑背景显得过于沉重。当他在中间部分打开一个空当时，其效果与其说是扩大了空间，不如说是缩小了空间。当他允许观众的眼睛从两侧瞥见风景时，这只是一种分散注意力的因素。他的人物总是有一种不知所措的神色，直到他在圣母诞生的室内首次找到解决这一难题的方案，一如找到解决其他难题的方法。

与拉斐尔相比较可以看出，安德烈亚对表现一个场景的戏剧性内容显得多么无能：他的圣徒以一种既不高贵也无说服力的姿态创造着奇迹，而旁观者则满足于仅以最不明显的惊讶表情呆立一旁。有一个情节生动有力的例子，闪电使赌徒和嘲笑者胆战心惊，他把这些人物画在中间远处并画得非常小，而这里正是展示他在研究米开朗琪罗的《沐浴的士兵》底图时所学到的东西的机会。他的主要母题都充满了平静感，不过花些精力仔细分析一下艺术家的意图还是值得的。在这里，他连续三次处理了站立、行走或坐着的人物，并将他们以集中图式展开，以作为一幅局部虽不对称，但整体上对称的构图的组成部分。在这里，我们可以发现一些非常漂亮的母题带有本能的青春敏感性。简朴单纯往往会显得缺乏经验和胆怯，但我们仍然可以暂时将那些仅靠其对应姿态（Contrapposto）而使人感兴趣的人物撇在一边。安德烈亚在《圣母降生》中获得了充分的自由，还没有发现比他更好的关于贵族式冷漠和慵懒奢华的诠释者。16世纪的整个节奏存在于那两个走动着的妇女形象中，而产褥上的妇女是以一种新的、更有光彩的方式处理的。吉兰达约笔下人物的平板姿态和僵硬背脊，现在显得单调而陈旧，就像马萨乔[1]使人俯卧的方式对文雅的佛罗伦萨人来说一定显得粗俗那样。这一产妇形象以一种类似于陵墓上横卧人像的方式发展着——在这两类人像中，现在都有了一种扭转的动态，四肢间也有了区分。

从各种动态的角度看，一个降生场景中最易出效果的部分是忙于照料婴儿的一群妇女，因为这就为复杂的曲线、为众多坐着与弯腰人物的动态之网的创造提供了

---

[1] 藏于柏林的圆形图画。

图 107　蓬托尔莫,《圣母往见》,佛罗伦萨圣母领报教堂

一个极好的机会。安德烈亚仍然仅限于利用这个画题,但后来人们倾向于使之成为这幅画的主题。他们把这组妇女引向前景,并将床和床上妇女一直推入背景,以至探访产妇的构思自然消失了。塞巴斯蒂亚诺·德尔·皮翁博在罗马人民广场圣马利亚教堂中那幅壮观的图画,是这种类型的第一件作品,它在 17 世纪成了为人普遍接受的形式。

　　在这幅画的顶部有一个摆弄着香炉的天使。虽然 17 世纪的艺术已使我们习惯在此处看到云彩的展示,但我们还是惊讶地发现安德烈亚使用了这个母题,因为我们仍然太习惯于 15 世纪清晰明亮的现实,以至不会将这神奇现象看作理所当然的。显然,人们的想法已经改变了:人们已回归到理想主义并从超自然的方面进行思考。在探讨圣母领报的画题中我们将发现相似的变化。[1] 尽管有这种理想主义,安德烈

---

[1] 如在其他实例中可见到的那样,安德烈亚知道并运用过丢勒的作品,这里的天使完全有可能源于丢勒的《圣母生平》。总之,这位艺术家一定喜欢某些可以充实顶部多余空间的东西。

亚在布置房间或装点妇女服装时并没有抛弃他自己时代的佛罗伦萨风尚，因为这是一间最新式的佛罗伦萨房间，而服装，正如瓦萨里明确指出的，是1514年，即这幅画完成时所流行的样式。

安德烈亚在这一降生场景中获得了一种自由节奏的风格，但这并不意味着他将更严谨和更有构筑性的构图形式看作现在可以放弃的初级阶段，因为他在另一个地方，即赤足修士修道院的回廊中又回归到那种构图形式。然而，圣母领报教堂的前院就有一幅蓬托尔莫画的《圣母往见》（图107），这幅画是这种类型的著名实例，是紧接着安德烈亚在那里的工作画上去的。瓦萨里说无论谁在这里想与安德烈亚·德尔·萨尔托一起显示实力，都必须创造出某种非同凡响的东西，此话完全正确。蓬托尔莫做到了这点。他的《圣母往见》之所以令人印象深刻，是因为不仅加大了人物尺寸，而且这是一种真正宏大的构图。萨尔托在五年前已充分实验过的集中图式在这里第一次上升到构筑性（Architectonic，与纪念碑式［Monumental］同义，指高贵的建筑式样中所蕴含的无限的平稳及庄严。——中译注）的高度。两位妇人在一个平台上拥抱，这平台位于数级台阶之上、壁龛之前；而从属性的人物则被安排在台阶的不同高度上，从而使线条活泼地上下起伏。发音非常清晰的若干重音，通过所有动态的作用维系着它们的支配地位——这些重音便是两侧的垂线和它们之间一条波状起伏的线，这条波状线构成了一个三角形，以马利亚和以利沙伯倾斜的身体为顶点，以左侧坐着的妇人和右侧的男孩这两个人物为底边两角。这个三角形不是等边三角形，在马利亚一侧是一条较陡的边线，在以利沙白一侧是一条较平缓的边线，底部裸童伸出他的腿，这并非偶然，因为他必须在这个方向上延续这条线。所有这些部分都是相互连接的，每一个人物都对充满节奏感的画题所包含的尊贵与庄严的特征起到了自己的作用。这幅画对巴尔托洛梅奥修士祭坛画的借鉴是明显的。不过，这位二流艺术家被他生活于其中的那个伟大时代裹挟前行，在这里还是创作出了一幅真正重要而且有影响的图画。

在这之后，弗兰恰比焦的《婚礼》（*Sposalizio*）尽管细节十分讲究，但仍显得浅薄而贫乏，我们可以略而不谈。

2. 赤足修士修道院的湿壁画

在赤足修士（Barefooted Friars，意大利文为 *Gli Scalzi*）修道院内一个小小的列柱回廊中，安德烈亚·德尔·萨尔托用单色而非彩色，以适中的尺度描绘了施洗者圣约翰的故事。其中有两幅画是弗兰恰比焦作的，其余十幅和四个寓意人物则都是安德烈亚的作品，尽管在风格上并不一致。这项工作拖沓了十五年，多次中断，所以在这里差不多可以追溯这位艺术家个人发展的全过程。

纯灰色画（grisaille painting）早已有人画过了——琴尼诺·琴尼尼（Cennino Cennini）说这种画是画在露天场所的，也同其他全彩色绘画一道出现在一些不太重要的地方，如护墙或窗户之间光线较暗之处。然而，16世纪似乎对这一画种本身产生了某种兴趣，这种情况在新风格的上下文中是可以理解的。

小小的庭院中有一种令人愉快的平和气氛，统一的色彩，湿壁画和建筑之间的和谐，户外采用的边框类型，所有这一切都结合起来，为这些图画营造了一种适当的环境。了解安德烈亚创作的人都不会在这些戏剧性瞬间或事件的表现中去寻找湿壁画的意义，因为施洗者圣约翰只是一个平庸的忏悔传道士，恐惧场景的戏剧性效果较弱，我们几乎不可能指望有强烈的个性刻画。但是一切都画得非常清晰，充满了优美的动势，所以这些作品就成为时代趣味转向越来越注重形式特性方面的最有说服力的例子。这种时代趣味仅仅根据作品的空间构图来评价一幅历史画的优劣。我们将按照这些图画的创作顺序来讨论它们。

（1）《基督受洗》（*The Baptism of Christ*，1511，图108）。人物呈分散状态，未能令人满意地将画面空间充实起来，画面空旷。据此立即可以断定，这幅画是这个系列的第一幅。这幅画中，基督形象画得最好，其动作极其微妙和敏感，具有优雅的效果。他的右腿未承受重量，但两脚后跟并拢，使得一条腿挡住了另一条腿的一部分，在双膝附近向内收缩的轮廓产生了一种非同一般的、伸缩自如的效果。值得注意的是，他的双脚并没有浸没于水中，而是看得见。这种做法在一些持理想化画法的小画派中一直流行着，但在这里采用它是为了造型的清晰性，正如臀部的裸露对清晰性而言是必要的。老式的做法是将缠腰布水平系在腰间，而恰恰在需要最清楚展示的关节连接之处将身体分隔开来了。在这幅画上，不仅斜着垂下的围裙表

图108 安德烈亚·德尔·萨尔托,《基督受洗》,佛罗伦萨赤足修士修道院

现出了必要的清晰性,它还自然地提供了一条对比线,这条线本身是令人愉悦的。这个新入教者双手交叉在胸前,而不是如早期的习惯那样双手合十做祈祷状。

施洗者圣约翰的形象缺少类似的微妙性,生硬的画法暴露出这位画家某种急躁的情绪。但将他表现为静静地站立着,这一点与吉兰达约和韦罗基奥相比是一个进步,他们多将施洗者圣约翰表现为往前走的样子。这里的一对天使与作于1512年的《圣母领报》中那对更为美丽的天使,具有亲属般的相似性。

(2)《施洗者圣约翰在布道》(The Sermon of St. John the Baptist,约1515,图109)。由于人物在画框中体量骤然增大,更密实地充满了画面,所以此画给人以一种全然不同的总体印象。构图图式使人联想起新圣马利亚教堂中吉兰达约的湿壁画(图110)——在中间部分有一个站得高高的人物,周围是一群分立两边的听众,人物的安排完全相同,布道者也是向右扭转。因此,要仔细考察这两幅画之间的不同点,还有许多东西要谈。

吉兰达约画的布道者好像在往前移动,以此表现他的热情,而安德烈亚只画出人物以自身轴线为中心的扭转动势,这是一种较为平静而又更富有潜在动态的姿势。在这里,膝盖轮廓的明显向内收缩显得特别有效。现在,那种只伸出食指的老

图109 安德烈亚·德尔·萨尔托,《施洗者圣约翰在布道》,佛罗伦萨赤足修士修道院

旧演讲手势,与将手作为有力的单个团块这种更新的观念相比,显得小气而平庸。较早的那幅画让手臂生硬地保持在一个面中,而后来这件作品中的人物姿势更为自由,仅仅从透视短缩这点来看就获得了勃勃生机。四肢所具有的表现力和人体全身关节的清晰性使这个形象成为16世纪素描观念的一个极好实例。

安德烈亚只留下较小的空间安排听众,但他还是设计出比吉兰达约更令人信服的群众场面效果。吉兰达约展现了二十来个人,但其总体效果是混乱的,因为每个人都让人觉得是单个人。安德烈亚画的那些位于边缘的人物拥塞着图画空间,其本身是纪念碑式的[1],总体效果得益于布道者在向画中看不见的人们讲话这一事实。

安德烈亚主要人物的恢宏感不仅源于相对巨大的尺寸,也是由于画中每一因素都是为强调这个主要人物而精心安排的,甚至风景也是为此目的而设计的。在布道者后面有一个停顿,而前面有一个开阔的空间,所以他作为一个轮廓独立的、实在的形象突现出来。相反,在吉兰达约的画中,这个人物不仅被置入人群之中,还令

---

[1]众所周知,在右边穿着长长的僧衣、戴头巾的男子和坐着抱着孩子的妇女是从丢勒那里借鉴来的。

图 110　吉兰达约，《施洗者圣约翰在布道》，佛罗伦萨新圣马利亚教堂

人不快地与背景的形式相抵触。

（3）《民众的洗礼》(The Baptism of the People，1517，图 111)。在此画的风格中可以察觉到某种不安——衣服凌乱不整，动作过火。次要人物的安排是想通过增强偶然事件的魅力使严肃的图式具有活力，但超出了他们的功能。背对着观众的那个漂亮裸体青年懒洋洋地往下一瞥，这是一个颇具安德烈亚特色的人物形象。

（4）《施洗者圣约翰被捕》(The Arrest of the Baptist，1517，图 112)。这个场面也被处理成一种集中式构图，尽管不太得体。希律王与圣约翰没有以侧面形式面面相对，相反，国王坐在中央，施洗者圣约翰在他右侧斜对面，他左边是个背朝观众的旁观者，这是为了恢复对称而设的，给人以深刻的印象。由于圣约翰被两名狱卒围着，图画的平衡需要进一步处理，于是便添加了一个非对称的人物以实现这一目的，即从左边背景中显现出来的侍卫长形象。实施逮捕的那组人物变化丰富，与那个独自站着的人物的平静团块形成了非常生动的对比。我们姑且承认这个人物只不过是一个服装模特，然而如此精心设计的对比，反映了佛罗伦萨艺术中的一个进

图111 安德烈亚·德尔·萨尔托,《民众的洗礼》,佛罗伦萨赤足修士修道院

步,因为较早的方法是将人物平均安排在空间中以达到平衡,并将他们的姿势统一起来。此外,圣约翰这个人物本身被画得很漂亮,他正吃力地盯着希律王。如果狱卒们的动作再稍稍活跃一些,至少可以避免其他人所犯的错误,即狱卒们行动太激烈以致压倒了主要人物。

(5)《莎乐美之舞》(*The Dance of Salome*,1522,图113)。此画抛弃了早期不合理地把莎乐美舞蹈与献上约翰人头的场面结合起来的惯例,使舞蹈形成了一幅独立的图画。安德烈亚似乎对这个主题有特别的兴趣,而这位舞者莎乐美是他的最佳发明之一,其运动和谐迷人,尽管行动非常克制,动态实际上只限于上半身。男仆端入一只大盘子,背对着观众,其形体与舞蹈者形成了对比。这两个人物是相互补充的,肯定会被同时看见,因为正是这个仆人比莎乐美更往前接近中心,使得莎乐美瞬息停顿的戏剧性特点得到了充分表现。风格再次变得更为平静,轮廓线更加流畅。在布景和抑制无关细节方面,这整幅画是进行理想化简化的极好例子。

图112 安德烈亚·德尔·萨尔托,《施洗者圣约翰被捕》,佛罗伦萨赤足修士修道院

图113 安德烈亚·德尔·萨尔托,《莎乐美之舞》,佛罗伦萨赤足修士修道院

（6）《圣约翰被斩首》(*The Decollation of St. John*,1523,图114)。人们有理由认为,安德烈亚至少在此画中回避再现激烈的身体动态是不可能的——挥动宝剑的刽子手是那些单纯追求动态效果的艺术家所热衷的形象,然而安德烈亚规避了这一约束：他并没有表现实际的砍头场面,而是再现了刽子手将人头放到莎乐美托着的盘子上这个平静的瞬间。刽子手站在中间,背对观众,两腿分开。莎乐美在左边,而侍卫长在另一边,所以又形成了集中式的构图。艺术家出于好意尽可能将受害者隐蔽起来。

（7）《奉献首级》(*The Offering of the Head*,1523,图115)。这个场面再次发生在宴会厅,但这次人物更为集中,因为这是一幅较窄的图画。献首级者就像她在舞蹈中一样优美,优雅的、扭动的动作与旁观者们呆滞的神态形成对比,而所有活跃的动作都集中到中央,成对的人物将两侧封闭起来。

图 114　安德烈亚·德尔·萨尔托，《圣约翰被斩首》，佛罗伦萨赤足修士修道院

图 115　安德烈亚·德尔·萨尔托，《奉献首级》，佛罗伦萨赤足修士修道院

图 116　安德烈亚·德尔·萨尔托，《扎迦利领报》，佛罗伦萨赤足修士修道院

图 117　安德烈亚·德尔·萨尔托，《圣母往见》，佛罗伦萨赤足修士修道院

（8）《扎迦利领报》（The Annunciation to Zacharias，1523，图 116）。现在艺术家开始确信自己的方法。他拥有在任何环境中创造出预想效果的各种方法，并以此为基础，任由自己的画法越来越粗略。他再度运用位于边缘的人物这种惯用方法，而让天使的显现发生在后景之中：天使默默地向受惊退缩的祭司交臂鞠躬。一切都以肤浅的方式进行暗示，但实现效果的机制是绝对确定的，寂静肃穆的建筑物赋予整幅画以一种庄严感。对此，远为真挚的乔托将发现自己难以匹敌。

（9）《圣母往见》（The Visitation，1524，图 117）。画家抛弃了两边人物相对称

图118 安德烈亚·德尔·萨尔托,《施洗者圣约翰的命名》,佛罗伦萨赤足修士修道院

图119 弗兰恰比焦,《扎迦利祝福婴儿施洗者圣约翰》(又名《小圣约翰接受父亲的祝福》),佛罗伦萨赤足修士修道院

的画法,将两位拥抱在一起的妇女这组主要人物做斜向安排,这条斜线决定着整幅构图,因为人物形成了一个梅花点,即排列得如骰子上的五个点。建筑背景与画面相平行,带来了一种平静感。

(10)《施洗者圣约翰的命名》(*The Naming of the Baptist*,1526年,图118)。这里再次出现了一种新的图式。抱着新生儿的保姆站在前景区域的正中,面对坐在图画边缘的约阿基姆(Joachim),而在约阿基姆对面正好有一个坐着的妇女。在前景两个人物之间,床上的母亲和一个侍女被对称地安插到第二区域,即中景区域。瓦萨里高度赞美这幅画,并称其为"手法的扩展"(*ringrandimento della maniera*),但就我所见,这在风格上并无什么特别新的东西,因为所有元素在之前都出现过了。这幅湿壁画特别糟糕的保存状况甚至使我们不敢指望从中看出更多的东西,但能看到安德烈亚在后期认为适合表现的一切东西。

弗兰恰比焦为这个系列绘制的两幅图画,都标注了较早的作画日期。作为一个二流艺术家,他与安德烈亚比较起来并不讨人喜欢,仅取其中一幅为例。《扎迦利祝福婴儿施洗者圣约翰》(*Zacharias Blessing the Infant St. John the Baptist*,1518,图119)具有一种陈旧的效果,这是由于父亲为婴孩祝福的激烈手势所造成的。本身相当漂亮的次要人物,如在楼梯上的男孩子,被表现得过分突出。诚然,一位更为敏感的艺术家根本不会将这座宽大的楼梯搬入画面——这是在赤足修士修道院小庭院中唯一刺目的母题。这幅湿壁画紧挨着安德烈亚最早的那幅《基督受洗》,超过了安德烈亚的是它的尺寸而不是它的美。

人们已注意到这组历史系列图画分别被四个寓意人物隔开,它们都是安德烈亚·德尔·萨尔托所画,模仿了壁龛雕像的效果。两种艺术再度更为密切地结合到一起,当时几乎没有一套重要的组画不求助于真实的或模仿的雕塑。这些人物中画得最好的大概是《慈爱》(*Caritas*,图120)中的拟人化形象,她左手抱着一个小孩,

图120　安德烈亚·德尔·萨尔托,《慈爱》,佛罗伦萨赤足修士修道院

图121　安德烈亚·德尔·萨尔托,《正义》,佛罗伦萨赤足修士修道院

图122　安德烈亚·圣索维诺,《正义》,罗马人民广场圣马利亚教堂

俯身从地上抱起另一个小孩,为了保持平衡,她只弯曲一膝而保持背部挺直(赫利奥多罗斯厅天顶画《诺亚》中有相似的一组人物)。《正义》(Justitia,图 121)显然来源于圣索维诺在罗马人民广场圣马利亚教堂的雕像(图 122),但前者中人物一脚抬起,为了获得更强的动势。[1] 同样的人物再次出现于《阿尔皮耶的圣母》(Madonna delle Arpie,图 125)中。

3. 圣母像和圣徒像

在赤足修士修道院,从大约 1523 年之后画的那些湿壁画中,可感觉到真诚的观念和绘制技巧的衰退,但这并不意味着这位艺术家对这种特殊的委托工程感到厌倦,因为在这个时期他的架上绘画也出现了同样的征兆。安德烈亚变得漫不经心,他按常规创作,完全依赖于自己的出色技术,甚至在显得振作起来的地方,他的创作仍然好像缺少激情:传记作者能解释为什么会发生这种情况。他的早期作品没有包含可能预示这种发展的因素,而那幅藏于皮蒂宫的巨幅《圣母领报》(图 123)最初激发了他的活力,没有比这更好的例子了。这幅画一定是在他二十五岁或二十六岁时画的。

马利亚高贵而严肃,如阿尔贝蒂内利所画,但具有更微妙的运动感。天使被画得很美,只有莱奥纳尔多的人物可以媲美,其头部前倾并稍稍转向一边,具有青春热情的全部魅力。天使屈膝伸臂向受惊的马利亚致敬:这是一种恭敬地从远处行礼的方式,而不是像吉兰达约和洛伦佐·迪·克雷迪表现的那样,像一个风风火火闯进来的女学生。从哥特时代以来,天使第一次被表现为驾云而来,因为这个奇迹再次允许被表现于宗教图画中。画家采用了欢乐的情调,而这种情调又被两位梳着卷发、眼部带有柔和阴影的陪伴天使进一步加强了。

与传统做法相反,马利亚站在左边,而天使从右边进入,其理由可能是安德烈亚要防止伸出的右臂挡住身体,因为只有这样,才能将人物完全清晰地表现出来。

---

[1] 15 世纪的艺术趣味喜欢人物举起的刀剑,16 世纪喜欢把它们放低:圣索维诺在这里代表了老风格,发德烈亚则较新。圣保罗和他的剑的情况也同样如此,保罗·罗马诺(Paolo Romano)做的圣天使桥(Ponte Sant'Angelo)上的大雕像代表了较老的类型。

图 123 安德烈亚·德尔·萨尔托，《圣母领报》，皮蒂宫

屈膝天使的手臂是裸露的——正如陪伴天使的腿一样——素描关系明显透露出安德烈亚是米开朗琪罗的门徒。尤其是天使左手拿着百合花茎的方式。这幅画还没有完全去除分散注意力的细节，但背景中的建筑是同类中画得最好的，非常新颖，赋予人物以坚实感和内聚力。同样，风景与主要的人物动态相互呼应。

皮蒂宫中收藏有安德烈亚的第二幅《圣母领报》（1528，图124），是他的后期作品，原先是半月形的，但现在被改成了长方形。这两幅一起形成了他创作旨趣始末的对照。第二幅《圣母领报》在处理技巧上远远超过了前一幅，但人物没有任何表情，对服饰和氛围的魔幻般处理也不能掩饰这一缺陷。

在《阿尔皮耶的圣母》（图125）中，马利亚被表现为一个成熟女子，而安德烈亚显得是一位成熟的艺术家。这是佛罗伦萨最有贵族气派的圣母，她的相貌如女王一般，显得非常有自制力，完全不同于拉斐尔的《西斯廷圣母》，因为西斯廷圣母一点没顾及她自己。圣母像一尊雕像立在底座上，眼睛往下看着。圣婴勾住她的脖子，而她毫不费力地以一臂承受重量，另一臂向下伸出，将一本书搁在大腿上。

图 124 安德烈亚·德尔·萨尔托,《圣母领报》,1528 年,皮蒂宫

这也是一种纪念碑式风格的母题。这里没有慈母般的亲切意味,没有玩弄书本的风俗画气息,只有理想的姿势,因为她绝不可能也不会想用这种姿势读书。她的手伸出书本边缘的方式是 16 世纪庄重姿态的极佳实例。[1]

方济各和福音书作者圣约翰等伴随人物动态各异并从属于圣母,因为他们多少是以侧面形象出现的。这些人物紧凑地聚合在一起,形成了一个复杂的整体,而空间关系则强化了这一群组的多样性内涵,因为没有一寸多余的空间,人物身体已触及图画的边缘。不过令人吃惊的是,这并没有造成人物受到束缚的感觉。其原因之一是一对壁柱在画面顶部将观众目光引向画外。

造型上的多样性又加上了实际描绘的丰富性。安德烈亚力求不让眼睛看到目光会跟着游走的轮廓,他以孤立的、明亮的表面取代了连贯的轮廓线。各处都有被照亮的局部在昏暗之处闪现并再次消失于阴影之中。不再有均匀光照下各个面的统一发展,目光在持续不断地保持着愉快的运动,这就给人以这样一种感觉:这些人物的躯体是空间中真正的三维实体。这自然胜过所有早期平面风格的成就。

藏于皮蒂宫的《辩论》(*Disputa*,图 126)达到了涂绘风格的更高阶段,画中四个站着交谈的人令我们不由自主地想起南尼·迪·班科(Nanni di Banco)在圣

---

[1] 以拉斐尔的《华盖圣母》(*Madonna del Baldacchino*)中的圣彼得形象为基础。

图 125　安德烈亚·德尔·萨尔托,《阿尔皮耶的圣母》,乌菲齐美术馆　　　图 126　安德烈亚·德尔·萨尔托,《辩论》,皮蒂宫

米迦勒修道院菜园教堂所作的群像。但这不是 15 世纪冷漠地站在一起的一群人,而是一场真正的辩论,各个角色都可辨认出来。一位主教(奥古斯丁?)在讲话,多明我会修道士、殉教者圣彼得在倾听,他那优雅而超凡脱俗的头像使巴尔托洛梅奥修士画的所有头像都显得粗俗了。圣彼得全神贯注地听讲,不像圣方济各,后者将一只手放在胸前并摇着头,仿佛在说:"论辩术不适合我!"圣劳伦斯年纪最轻,没有发表意见,他是个中性的陪衬人物,其作用与拉斐尔的《圣塞西利亚》中的抹大拉的马利亚相同。相同之处还在于他也是一条被强调的垂直线。四个一组站立的人物所固有的生硬感,被前景中添加的两个跪在较低位置的人物减弱了。他们是圣塞巴斯蒂安和抹大拉的马利亚,并未参与谈话,但这一点因他们拥有夺目的主色而得到补偿,因为安德烈亚赋予他们以固有色和肉色调,而位于他们后面的人则较为克制,用了大量的灰色、黑色和褐色,后排只有暗洋红色微微发光(圣劳伦斯的形象)。背景非常暗。

从图绘与素描的角度来看,这幅画代表了安德烈亚艺术的顶峰:圣塞巴斯蒂安的裸背和抹大拉的马利亚仰起的头部是对人体极美妙的诠释。再看手部,抹大拉的马利亚拿着东西的手多么纤弱而富于女性气质,辩论者的手势具有多么深刻的表现

图127　安德烈亚·德尔·萨尔托，《四个站立的圣徒》，乌菲齐美术馆

图128　安德烈亚·德尔·萨尔托，《圣母与六圣徒》，1524年，皮蒂宫

力！除了莱奥纳尔多之外，似乎再无别的艺术家像安德烈亚那样善于描绘手了。

在乌菲齐美术馆有另一幅描绘四个站立人物的图画（图127），大约作于十年以后（1528年），显示了安德烈亚风格的延续和衰落。像他所有后来的作品一样，这幅画有着响亮的色彩和明快的调子，几个头像处理得很松散，但在手法和人物组合上充满了生气与活力。[1] 显然对他来说要创造这样出色的效果已非难事，但给人的印象这仍然是一种肤浅的东西，《阿尔皮耶的圣母》再没有值得相提并论的后继作品了。

新流行的"荣光圣母"（Madonna in Glory），或确切地说，云端圣母的主题，对安德烈亚来说一定是特别合适的：他打开了天穹使之光芒四射，同时又与时代趣味保持一致，让圣母驾云而下进入图画，降落在围绕着她的一群圣徒的正中央。站着与跪着的人物展现出各种变化，安排得有条不紊的人物内外扭转，以形成对比，而人物目光上下投视，这些在当时多少是理所当然的画法。不过安德烈亚在头部的明暗对比中还增加了一种新特点，即有的完全受光，有的则处于很深的阴影之中。

---

[1] 中间部分原先有两个小天使，但后来被切下并分开悬挂。

当他安排这些所要强调之处时，几乎未留意画中的光源，因为其意图是在画面上产生一种引人注目的交替变化。人们很快会注意到他有点肤浅地应用了一套试验性的方法，但还是存在着一种不可否认的影响，这是由安德烈亚个人气质所致。1524年的《圣母与六圣徒》（Madonna with Six Saints，皮蒂宫，图128）便是一个恰当的例子。这里没有个人性格，事实上这个圣母是非常平凡的。两个跪着的人物以一种熟悉、精致的手法重复了《辩论》中的人物，而圣塞巴斯蒂安这一人物可能与著名的《施洗者圣约翰》（St. John the Baptist，图130）半身像一样，基于同一个模特儿，但处理手法是纯涂绘式的，轮廓线几乎失去了意义，观众的目光被明亮而宽阔的裸胸所吸引。

最后，在作于1528年的那幅藏于柏林的巨幅绘画上（图188），他展示出了全部的力量，就像巴尔托洛梅奥修士曾做过的那样。他将云彩包容于建筑布景之内。于是出现了一个壁龛，其顶部被画框截去。众圣徒分布在一段台阶上，因此他们的深度可以清楚地区分开来，最前面的人物以半身像出现，这是之前的高级艺术中有意回避的一个母题。

我们对拉斐尔的"神圣家庭"（Holy Families）的评论也适用于安德烈亚同一主题的绘画，安德烈亚的艺术目标也是在一个小小的空间中获得最大限度的丰富性和多样性。为实现这个目标，他使人物蹲着或跪着，以便靠近画的底边，并将三四

图129　安德烈亚·德尔·萨尔托，《带着粗布袋的圣母》，佛罗伦萨圣母领报教堂

图 130　安德烈亚·德尔·萨尔托，《施洗者圣约翰》，皮蒂宫

个或者五个人物组成的群组置于通常是黑色的背景之前。他有整整一个系列这种类型的图画，其中优秀的作品是那些首先以自然的动态效果打动了观者，之后才考虑形式问题的作品。

在佛罗伦萨圣母领报教堂的回廊中，作于 1525 年的《带着粗布袋的圣母》（*Madonna del Sacco*，图 129）甚至与拉斐尔的作品相比也占据了一个特殊的地位。这幅画从一般意义上说是发达的、柔和的湿壁画技术的经典实例，从特殊意义上说是涂绘性衣纹处理手法的经典实例。它有一个额外的长处，即人物安排十分大胆，这在此后安德烈亚的作品中再没出现过。让圣母坐在一侧而不是中央，但通过她对面的圣约瑟形象使构图恢复了平衡。圣约瑟在空间上稍靠后些，可以感觉到他的体量较小，但在图画的总体平衡中，由于离中轴线较远，所以起到了补偿作用。人们从远处所获得的纪念碑性印象，是由于画家对主要轴向做了极少但很清晰的交代，而且极单纯的轮廓线与它们所包含的各个面中的极丰富的形状结合了起来。圣母显得堂皇大度的原因在于她所坐的位置较低。她的头部，以及她往上一瞥的眼光，永远不会失去魅力，即使我们觉得这是一种外在印象。将视点安排得很低与实际情况相符，因为这幅湿壁画画在一扇门的上方。

在安德烈亚画的单个圣徒形象中，皮蒂宫的《施洗者圣约翰》（图130）享有世界性声誉，它是意大利旅游季所有图片社中必能看到的几张复制作品之一。研究这件作品的地位保持了多久，以及这些深受大众喜爱的作品有着怎样的趣味变化，是饶有趣味的。将这件作品与乌菲齐布道坛中拉斐尔的《施洗者圣约翰在布道》（图168）做一比较，《古物指南》中所赞美的"严肃而热情的美"立即消失了，但他仍然是一个英俊的小伙子。[1] 不幸的是，这幅画已严重损坏，以至画家有意识设计的明亮肉色从暗处浮现出来的涂绘效果，现在只能靠推测了。紧握的手和转动的手腕是以安德烈亚最拿手的方式画的。别具特色的是，他处处力图打破轮廓，让身体的一侧完全消失。隆起的衣纹用来抵消本占优势的垂直线，预示了17世纪的夸张画法，而偏离中心的人物安排和右侧一无所有的空间，可以与塞巴斯蒂亚诺的《小提琴手》(*Violin Player*，图80）相比拟。

在这位大师最有魅力的图画之一，比萨主教堂的《圣阿格尼斯》(*St. Agnes*) 坐像中，有一个与这个圣约翰相对应的人物。在那幅画中，安德烈亚仅此一次地试图表现狂喜，不过这仅限于那怯生生往上一瞥的眼神。这种极强的情感状态远远超出了他的表现能力。委托他画"圣母升天"这样的题目是一个错误，而他曾画过两次，现在都藏于皮蒂宫。正如可以预料到的那样，它们在表情和动态上是无说服力的：对1520年后画的，仍然只是一个坐像的《圣母升天》能说些什么呢？即便如此，对这个难题更有价值的解决方案本来肯定是可以找到的，但安德烈亚对祈祷的描绘，如同马利亚紧握着她膝头上的斗篷这种可笑的窘态一样，是没有意义的。在这两幅画中，他都使圣约翰成为坟墓周围众使徒中的主要人物，让圣约翰的手具有他早期图画中所见的那种敏锐动态。然而，在某种程度上存在着故作优雅的效果，

---

[1] 安德烈亚为藏于德累斯顿的《献祭》(*Sacrifice*) 中的以撒形象使用了相同的模特，这幅画是1520年后不久画的，我认为在1524年的《圣母》中也可以辨认出这一模特。

众使徒惊讶而冷漠。不过这种平静感，比起如拉斐尔的追随者们所代表的罗马画派笔下的那种喧嚣场面来说，则是更为可取的。他精心设计光的作用，以造成天上光芒四射和地上黑暗景象的对比。然而，在时间上较后的第二幅画上，他留下了一条明亮的、打开至画面最底边的裂口。一位更伟大的动态大师鲁本斯在这点上追随安德烈亚，因为以一条大力强调的水平线来划分一幅"圣母升天"的图画，并不是个好主意。

在那幅较早的《圣母升天》中，两个跪着的圣徒源于巴尔托洛梅奥修士，这个母题被保留在后来那幅变体画的前景上。但是为了取得对比效果，其中一个人——他是一个使徒——在这个严肃的场面中被允许从画里向外看着观者。这个小细节是17世纪绘画中从前景向画外看的神情冷漠人物的开端：艺术形式正在降低为无意义的程式。

对藏于皮蒂宫的《圣母怜子》（图 99），我们就什么也不说了。

4. 安德烈亚作的一幅肖像

安德烈亚没有画过多少肖像画。从表面上看，人们不会认为他具备肖像画家的特殊才能。但他画过一些年轻男子的肖像画，以神秘的魅力吸引着观众。它们是藏于乌菲齐美术馆和皮蒂宫（图 132）的两幅著名头像，以及藏于伦敦国立美术馆的一幅半身像。它们拥有安德烈亚一切最佳手法的高贵性（*noblesse*），人们感到画家有某种不寻常的东西要表达，以至它们被当作了自画像，这不足为奇。不过可以确切地说，它们不属于这一画种。这种情况恰与小霍尔拜因（Hans Holbein the Younger）相似，他画的那个英俊的、不知名的年轻人早就引起了一种难以消除的先入之见。的确存在一幅霍尔拜因肖像的真迹（佛罗伦萨画家肖像画收藏馆中的一幅素描），但由于人们倾向于认为这是一位更英俊的男子像，所以很难得出这就是霍尔拜因而非其他人这一合乎逻辑的结论。

安德烈亚本人肖像的真迹，一幅可见于圣母领报教堂前院湿壁画《三王》中，画的是一个年轻男子；一幅藏于乌菲齐美术馆的画家肖像画收藏馆中，画的是一个年纪较大的男子。对它们的鉴定是确凿无疑的，瓦萨里曾提及这两幅肖像。上面提

图131 安德烈亚·德尔·萨尔托，《一位雕刻家》，伦敦国立美术馆

图132 安德烈亚·德尔·萨尔托，所谓的《自画像》，皮蒂宫

到的几幅图画在相貌特征上与这些肖像并不一致，而且它们本身之间确实也显得不一致，因为藏于伦敦的那幅描绘的也许是一个不同于佛罗伦萨那些画中的人。后来的图画从线条到服饰细节都彼此吻合，所以可以简化为一幅：显然乌菲齐美术馆那幅是复制品，而皮蒂宫这幅是原作，这幅原作虽也受到损坏，但仍能显示出更微妙的处理手法，因此是这里所要讨论的。

画面中人物头部从暗色背景中浮现出来，并不像佩鲁吉诺有时所画的那样在黑色衬托物前鲜明地突显出来。可以说头部是被包围在暗绿色调子中，高光没有落在脸上，而是落在颈部偶然露出的一小块衬衣上。帽子和衣领是暗灰色和褐色的。那双大眼睛平静地从眼窝里朝外看。画家使用了充满活力的涂绘手法，头部的垂直姿势、单纯的全正面形象，恰好显现出半边脸部以及恰好照亮必要部分的柔和光照，都有助于整体效果的稳定。头部似乎在迅速转动中瞬间停住，姿势呈现出绝对垂直与水平的轴向，垂直线往上正好延伸到帽尖。单纯的轮廓和平静的光影团块，与安德烈亚成熟风格中定义清晰的形体及理解充分的骨骼结构统一了起来。人像显示出的鼻子与眼睛的连接方式、下颏的造型、颧骨的暗示等，都强烈地使人想起《辩

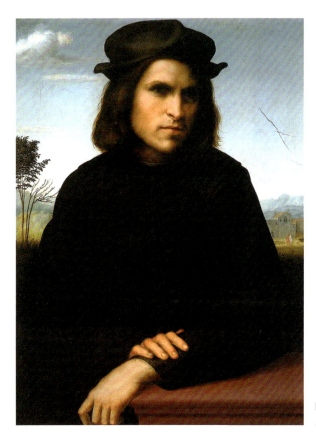

图 133　弗兰恰比焦,《青年男子肖像》,罗浮宫

论》的风格,这幅画显然画于大约同一时间。[1]

这个微妙而有灵性的头像完全可以说是一种理想类型,如我们在 16 世纪艺术中发现的。把它同《小提琴手》放在一起看将是有趣的,它与这幅画无论是内里还是外表都有联系,因为两者都是艺术家的肖像画。总之,它是 16 世纪艺术中关于人的形体之崇高观念的最佳实例之一,这种观念的基本形成大概可见于米开朗琪罗的作品:创造《德尔斐的女预言家》的心智所留下的印记,在这里清晰可辨。

安德烈亚的这幅肖像画有一幅更具莱奥纳尔多风格的姊妹作品,它就是藏于罗浮宫的那幅沉思的《青年男子肖像》(*Portrait of a Young Man*,图 133)。这是一件曾传为其他人所画的杰作,现在我完全可以认定其为弗兰恰比焦所作;而藏于皮

---

[1] 这一点本身是反驳"自画像"假设的一个证据,因为当安德烈亚用这种风格作画时,已不再是这幅肖像中的年轻男子了。

蒂宫的那幅作于1514年、头部处在阴影之中的《一个青年的肖像》(*Portrait of a Youth*)也应归他所作,画中人物的左臂搁在护墙上,手向上抬起做着表示说话的手势,动作相当僵硬和过时。[1]藏于巴黎的那幅比这幅稍迟些(约1520),生硬和羞怯的最后痕迹已消失了,这个心灵经受某些悲伤感情搅动的青年,以垂视的目光凝视着前方,头部向侧面转动并稍稍低垂,最有效地表明了这种独特的情绪。人物的另一个特色可从双臂倦怠的姿势见出,他一臂搁在护墙上,右手置于其上,这是一个与《蒙娜·丽莎》相同的母题,不过在这里动态转变成了稍纵即逝的表情,宏伟手法的肖像转变成了对情感、对风俗画魅力的研究。观众不会问这是谁,他的兴趣是被一时的感情所左右的。眼窝里的阴影十分有效地刻画出了感伤的忧郁眼神,甚至地平线的形式也变成一个表现性因素,尽管空间效果现在变得不调和,因为这幅画的四边被扩大了:我们的插图寻求恢复原来的效果。

这幅沉思的肖像具有一种奇特的现代情调,甚至比藏于乌菲齐美术馆的拉斐尔的《青年时代的自画像》(*Self-portrait as a Young Man*)更具有敏感性和感知性:15世纪的情感与古典时期节制的情感表现相比较,总是有那么点突兀的感觉。

---

[1]在弗兰恰比焦的《最后的晚餐》(卡尔扎[Calza],佛罗伦萨)中,主要人物重复了这个姿势,而且最终可以追溯到莱奥纳尔多《最后的晚餐》中的基督形象,对此弗兰恰比焦是知道并采用的。

第七章

米开朗琪罗（1520年之后）

没有哪位伟大的艺术家像米开朗琪罗那样，从早年开始就对同时代人产生了如此深刻的影响。寿命最长是这位最强悍、最特立独行的天才的命运，这使他在别人去世之后又工作了多于一代人的时间。拉斐尔于1520年去世，莱奥纳尔多和巴尔托洛梅奥修士去世得更早。安德烈亚·德尔·萨尔托一直活到1531年，但他生命的最后十年是最不重要的，即使他活得更久也未必会有进一步的发展。米开朗琪罗则一刻不停，好像直到生命的后半期才达到力量的顶点，这时他创造了美第奇陵墓、《最后的审判》和圣彼得教堂。从那时起，中部意大利只知道有一种艺术，在米开朗琪罗的新发现面前，拉斐尔和莱奥纳尔多完全被人遗忘了。

1. 美第奇礼拜堂

圣洛伦佐教堂中的丧葬礼拜堂（burial chapel）在以下意义上是美术史上的少数实例之一：它的建筑与雕像不仅是同时代的，而且是按相辅相成的特定意图创造的。整个15世纪的视觉方式是孤立的，可以不顾周围环境地欣赏美丽的细节：在一个举行礼仪的房间中，如圣米尼亚托教堂中的葡萄牙红衣主教的丧葬礼拜堂，陵墓本身只是一个偶然出现在那里的东西，它同样能够很好地放置在其他地方而不失其任何效果。甚至在尤利乌斯陵墓中，米开朗琪罗本来也无法驾驭环境，因为这个陵墓是打算建在一座建筑物中的。他想把圣洛伦佐教堂这座美第奇家族教堂的立面，做成佛罗伦萨的一件建筑与雕刻展示品，这个立面正是第一个包含以下这种可

图 134 米开朗琪罗,朱利亚诺·德·美第奇陵墓,佛罗伦萨圣洛伦佐教堂

能性的项目,即以一种宏大的尺度,将人像和建筑组合起来,具有仔细推敲的互补性效果。然而这个项目落空了。即使它得以实现,建筑也仅仅是雕刻的一个框架而已。因此,当这位艺术家获得了建造丧葬礼拜堂的新委托任务,不仅被允许更自由地安排雕刻,也被赋予完全控制照明的权力时,在艺术上就更令人称心如意了。米开朗琪罗把照明作为他构图中的一个基本因素来考虑,将《夜》(Night) 和《思》

图135 米开朗琪罗,洛伦佐·德·美第奇陵墓,佛罗伦萨圣洛伦佐教堂

(Penseroso)的脸部完全安排在阴影中,在雕刻上取得了一种前所未有的效果。

  这间礼拜堂包括了这个家族两个成员的陵墓,他们去世时都很年轻,即乌尔比诺公爵洛伦佐(Lorenzo)和内穆尔公爵朱利亚诺(Giuliano, Duke of Nemours,图134、135)。较早的方案打算更完整地表现这个家族,但被废弃了。陵墓的方案是三个人物的组合——死者不是睡着的,而是如活人般的坐像,由两个横卧在石棺陡峭斜盖上的人物陪伴着,他们代表了一天的时光,而不是从前惯用的守护着死者的美德拟人形象(Virtues)。这种安排包含了一个显而易见的特征:陵墓不是一座人像立于墙壁之前的独立建筑物。只有石棺和棺盖上的人物脱离墙壁,主要人物实际上是坐在墙内的。因此空间上根本不相干的两个部分结合到一起,产生了一种统一效果。坐像被安置得很低,以至它位于两个横卧雕像的头部之间。两个横卧雕像与下面的支撑物有着最奇怪的关系,石棺盖如此狭窄而陡峭,以至这些雕像好像会滑下去似的。有人提出,棺盖较低一端可能曾打算以向上翘起的旋涡饰收尾,这就可以为雕像提供安全的终止之处,正如在圣彼得教堂中的保罗三世陵墓上实际实施的那样(这是一件受米开朗琪罗启发的作品)。另一方面,有人断言,这些雕像会因这种旋涡饰受到损害,失去现在的灵活性而变得了无生气。总之,如此反常的布局很可能引起每个外行的批评,它必定是一个有冒险资本的作者做出的,我相信米开朗琪罗正是这个设计者。[1]

这种有悖预期的做法不仅限于陵墓下部,上部的不协调之处乍一看也难以理解。这些雕像竟然会以从未有过的粗心大意遮断其后部矮墙的上楣线,所以雕刻与建筑公然相矛盾,而建筑本应是主导性的。这种矛盾如果不解决会令人难以忍受,而解决办案是由第三个雕像提供的,它终结了这一序列,完全与它的壁龛相和谐。由此可见,雕像的三角形组合并非所计划的一切,因为在雕像与建筑之间的关系中,也有一个发展过程。而圣索维诺的壁龛看上去平静而统一地将其雕像封闭起来,这里所存在的一种不协调性必须加以解决:其基本原则正与尤利乌斯陵墓最终版本相同,在那里,中央雕像的压缩感被两侧区域的宽敞空间所减轻。米开朗琪罗曾在圣彼得教堂外墙上以巨大的规模制定了这些新的审美原则。[2]

壁龛刚好紧紧框住这两位将军的雕像,没有留下多余的空间以减弱这种效果,而壁龛又如此之浅,以至雕像醒目地凸现出来。这里不是进一步追踪其思路的地

---

[1]藏于大英博物馆的一幅素描也为此提供了一些直接证据,这幅素描表现了在一个相似类型的棺盖上的雕像,虽然画得很潦草,但十分清楚(图136)。这幅素描由西蒙兹(Symonds)发表(《米开朗琪罗的生平》, I. 384)[大英博物馆, 1859-14-822,贝伦森 No.1495]。
[2]参见沃尔夫林,《文艺复兴与巴洛克》第三版,第43页。

图 136　米开朗琪罗，素描，大英博物馆

方——例如分析中央壁龛上为何省略了山花从而将重心移向两侧。总之，建筑元素受这样一种基本意图的支配，即要为突出于小型的或从属性建筑构件之前的雕像提供有利的环境。的确这就可以为石棺上的短盖、斜躺在上面旨在显得如巨像般的大型雕像提供正当的理由。在整个世界上，没有任何室内的雕塑能如此有力地说话。整个建筑环境镶嵌着窄长的石板，有节制地利用着第三维空间，完全服从于雕像产生的效果。

　　艺术家似乎故意使雕像在这房间里显得过大，人们会觉得要退到足够远的地方恰当地观看它们十分困难，会感到非常局促。那么，当我们了解到还有另外四个河神雕像躺在地板上时，又该说什么呢？效果会很压抑，这将产生一种与文艺复兴自

图 137　米开朗琪罗,《晨》,佛罗伦萨圣洛伦佐教堂

图 138　米开朗琪罗,《昼》,佛罗伦萨圣洛伦佐教堂

由之美毫无共同之处的感情效果。[1]

　　米开朗琪罗并未获准亲手完成这项任务——众所周知,是瓦萨里负责设计这座礼拜堂现在的形式——但是我们可以设想我们把握了米开朗琪罗的一些基本构思。室内一些建筑部件是深色的,否则这座礼拜堂就完全是单色的,白上加白,使它成为不使用色彩的现代风格的第一个伟大范例。

---

[1]其中一个河神的模型由戈特谢夫斯基(Gottschewski)在佛罗伦萨发现,现陈列于那里的美术学院(参看1906年《慕尼黑造型艺术年鉴》卷I中关于这一发现的明确报道)。然而地上的这些雕像在现在的雕像体系中没有位置,因为它们是在当初上面的部分更轻并且被放置得更高的情况下设计的。

图139 米开朗琪罗,《暮》,佛罗伦萨圣洛伦佐教堂

图140 米开朗琪罗,《夜》,佛罗伦萨圣洛伦佐教堂

这几件斜躺着的雕像《一天的时光》(*Times of Day*,图137—140)取代了惯用的美德拟人形象。后来的艺术家们采用他的人像类型表现美德拟人形象,但是通过变化的姿势表现一天不同时刻的机会,要比美德拟人形象所能提供的多得多,所以仅这一事实就足以解释米开朗琪罗的决定,尽管他的出发点无疑是需要一个斜躺着的姿势,这个姿势使他能够获得与垂直坐像的全新组合。[1]

---

[1] 那些对《一天的时光》的确切图像意义的研究很可能是最成功的,以基督教原典为根据:布罗克豪斯(Brockhaus)最近这么做了,虽然我还不能接受他的结论。重要的是不要忽视雕像在盛尸体的石棺上的姿势。难道还有什么能比这些再现了时间易变性的巨像更有力地表达人体对死亡的屈服吗?这些巨像压在陵墓上面,被突出的檐口线所限制,完全从属于水平线。而在他们上面,自由地升起了展示着活生生"不朽者"形象的垂直系统。

图 141 《尼罗河》，古代雕刻，罗马卡皮托利山

古人有河神雕像（图 141），将米开朗琪罗的雕像与两件古代杰出雕像做一比较，便能使他自己的风格清晰地显示出来。他本人曾在卡皮托利山（the Capitol）上为这两个古代雕像布置了一块荣耀之地。他采纳了这一母题，并赋予它远超前人一切努力的丰富性：《晨》的身体扭转着，翻过身来面对观众；《夜》因抬起的膝盖形成了各种形状的重叠。这些都是无与伦比的。由于各个面的多样性以及轴向的重要对比，这些雕像令人非常振奋。不过尽管丰富多样，它们仍然保持着静止状态。强烈的形体分解倾向被更为强烈的形式创造意志所抵消。所有关键事实都做了交代，主要轴线都非常明确，从这个意义上说，人物不仅是清晰的[1]，而且被包含在非常简单的空间边界之内：他们被框在空间之中并按层次排列，所以又可以将他们理解为纯粹的浮雕。在这个意义上，《晨》的人物动态如何被读解为一个单一的面，是非同寻常的。人物抬起的左臂暗示了一个中性的背景，而在它前面的一切东西都处在与它平行的一个面之内。后来的艺术家们通过观看米开朗琪罗学会了

---

[1]《夜》的左臂似乎已从视线中消失了，但这只是一种外观上的消失——它实际上藏在了面具上面粗凿的石块中。

处理动态，还试图超越他，但他们从来没有理解他的平静感——尤其是贝尔尼尼（Bernini）。

斜躺着的雕像可使对比达到最强烈的效果，因为四肢可以被安置得彼此非常接近而仍然处于对比的动态之中。然而形式问题并不能穷尽这些雕像的各种可能性，因为它们把形式与在特殊情境中对于一种气质的最强烈表现结合了起来。四肢放松的困倦男子是《暮》的一个动人象征，似乎他本人已到了生命的黄昏时分。或者说，何处还能找到比《晨》更令人信服地表达睡意蒙眬的苏醒呢？

在所有这些雕像中都可以感觉到感情的变化。不再有西斯廷礼拜堂中那种自由和欢乐的气氛，所有的动作都更沉重、更缓慢。身体似乎像山一般笨重，只是凭一阵阵意志力活跃起来。

死者被再现为坐像，因为陵墓旨在作为生命的纪念碑而不是死者的平静图像。在圣彼得教堂中的波拉尤洛做的英诺森八世陵墓上，有这种构思的先例，不过那里在做祝福的教皇像有其另一个平躺着安息的雕像相伴随。米开朗琪罗必须处理两名军事指挥官的形象。奇怪的是，他选择了坐像，甚至以相当慵懒的神态坐着，这就具有强烈的个性特征——一个陷入沉思，另一个向一旁看去，两者都不是军人特有的姿势。自从韦罗基奥塑造他的《科莱奥尼》以来，贵族荣誉的概念就已经改变，后来将军的坐像类型变得非常普通，以至被用在了像乔瓦尼·德莱·班代·内雷（Giovanni delle Bande Nere）这样一个伟大指挥官的雕像上（佛罗伦萨，圣洛伦佐教堂室外）。对这些坐像的实际处理，若与米开朗琪罗早先提供的许多解决这个难题的方案进行比较，就显得饶有趣味。一个雕像可参照西斯廷天顶画的《耶利米》，另一个可参照《摩西》，但是两者都具有独特的变化，处理手法大大丰富起来。例如，《朱利亚诺》（手持元帅权杖的那位）的两膝和双肩位置是有差别的。从此，所有坐像的雕塑价值都按这些标准来判断了。不久，这种将人物的一肩耸起，一足抬起，扭转头部以吸引注意力的狂热努力就再也没有停止过——当然，内在意义也必然丧失了。

米开朗琪罗并不想表现两个死者的个性，甚至不为脸部的相似而费神。连服装也是理想化的，且没有任何说明这座纪念碑主旨的铭文。这可能是有意的，因为尤利乌斯陵墓也没有铭文。

图 142　米开朗琪罗，美第奇《圣母子》，佛罗伦萨圣洛伦佐教堂　　图 143　米开朗琪罗，《复活的基督》，罗马密涅瓦神殿附近的圣马利亚教堂

　　美第奇礼拜堂中还有另一座不同类型的坐像——《圣母子》(Madonna and Child, 图 142)。这组雕像表现了米开朗琪罗最为成熟的风格，而对我们更有价值的是，将其与一件类似的早期作品——布鲁日《圣母子》(图 21) 进行比较，就可以非常清楚地看出他的艺术发展，并对他的意图一览无余。从美第奇《圣母子》在多大程度上源于布鲁日《圣母子》这一问题着手来研究米开朗琪罗的艺术，是一项极好的操练。我们应当弄清楚的是，他为何放弃较为简单的可能性而宁可偏爱更复

图144 米开朗琪罗,《蹲着的男孩》,
圣彼得堡爱尔米塔什博物馆

杂的可能性;双膝是如何不再并排而列,而是一条腿搁在另一条腿上的;双臂是如何有所区分,一臂向前伸一臂向后缩,从各种视点看双肩都是不同的;上身是如何向前弯曲而头部则转向一侧的;圣子是如何骑在母亲的膝头上,面向前方,同时身体向后扭转并伸出双手触摸母亲胸脯的。当这些身体的母题完全被掌握之时,便出现了第二个需要考虑的问题:尽管动作如此复杂,为什么人物仍然显得如此平静?第一种品质——充分的多样性是易于模仿的,但第二种品质——形相的统一性是非常难达到的。群像显得单纯,因为它是清晰的,只看一眼便可理解,而它产生了平静的印象是因为整个内容被简化为一个紧凑的、一般的形式。原始的石块好像只是被稍稍修整了一下。

或许米开朗琪罗做的藏于爱尔米塔什博物馆的《蹲着的男孩》(*Crouching Boy*,图144)是这方面的最高成就。这个男孩蹲下身来揉着脚。[1] 这件作品好像是对一个设定课题的解决方案,仿佛他真的指定自己去创造尽可能复杂的形象,而又尽可能少地凿去石块和改变石块的体积。这就是米开朗琪罗塑造他的《拔刺的男孩》(*Boy*

---

[1]施普林格(Springer)错误地将它与尤利乌斯陵墓联系起来,认为它表现了一个被征服的敌人(《拉斐尔和米开朗琪罗》,II,第三版,第30页)。

图 145　米开朗琪罗,《圣母怜子》, 佛罗伦萨主教堂　　图 146　布隆齐诺,《寓言》, 伦敦国立美术馆

with the Thorn）这一变体的方式：一个纯粹的立方体, 它具有最大的造型刺激性。

　　这一时期塑造立像的程式化手法, 可见于罗马密涅瓦神殿附近的圣马利亚教堂（Santa Maria sopra Minerva）中的《复活的基督》（The Risen Christ, 图 143）, 它在最后的制作过程中遭遇了不幸。我们必须看到它的构思是意味深长的, 产生了重要的影响。不用说, 米开朗琪罗已不再对着衣人物感兴趣了, 因此他把基督表现为裸体, 不是像擎着胜利旗帜的复活的救世主, 而是拿着十字架、芦秆和海绵。他感兴趣的肯定是各体块的布置。十字架立在地上, 基督以双手扶着它, 产生了手臂横过胸前的重要母题, 这个母题是新的, 这一点应该记住。例如在《巴克科斯》中, 这样一种想法从未出现过。手臂朝一个方向伸出, 头部向相反方向扭转, 这就强化了手臂的运动感。在臀部可以看到进一步的位移, 左腿向后缩而胸膛向右转。双脚一前一后, 从整体上看雕像有一种惊人的纵深发展, 然而这种发展只有从常规方向观看（或拍照）时才真正有效。常规方向是所有对比在其中同时发挥作用的那个方向。

　　米开朗琪罗将站着和跪着的人物结合起来, 探索着获得更丰富效果的可能性,如在巴杰罗博物馆中所谓的《胜利女神》(*Victory*)[1]。这不是一件合我们口味的作品，但是它对这位大师的追随者有着特殊的吸引力，对这一母题的大量模仿品可以为证。我们可对它略而不谈，以便只考察一下这位大师造型想象力的最后一批产品，即为《圣母怜子》做的各种设计。在若干件《圣母怜子》中，效果最丰富的是现藏于佛罗伦萨主教堂的那件四人一组的群雕（图145），但命中注定要作为他自己的陵墓雕刻。[2] 这些设计的共同特征是，基督的身体不再表现为斜躺在圣母膝头上，而是半直立着，就要跪倒下来，这就使创造出一个优美轮廓成为完全不可能的事——但米开朗琪罗并不需要优美的轮廓。他的凿刀所要表达的最后一个念头，是一个沉重的体块无定形地坍塌了。画家们曾挪用过这个图式，布隆齐诺曾画过一组类似的人物（图146），表现了突然的锯齿形转向，人物压缩成一团。当人们凝视相类似的这组人物时，几乎不能相信这就是以拉斐尔和巴尔托洛梅奥修士时代为出发点的那一代人创作的。

2.《最后的审判》和圣保罗礼拜堂

米开朗琪罗确实没有带着他先前画西斯廷天顶画的那种抵触情绪去完成他老年时期的绘画委托任务：现在他感到需要让自己尽情运用巨大的团块。在《最后的审判》(*Last Judgement*，1534—1541，图147）一画中，他享受到了实现运动、姿态、透视短缩以及裸露人体组合等一切可能性的"普罗米修斯式的乐趣"。他希望使这些巨大团块有不可抗拒的力量，使观者大为激动。他的意图实现了。这幅画对这个房间来说显得过大。一幅巨画没有边框，画满了整个墙面，覆盖了所有早期湿壁画。他甚至不在乎天顶上自己早先画的湿壁画：将这两幅画放在一起看，不可能感觉不到强烈的不协调。

画面布局本身给人以最深刻的印象。基督的位置画得很高，效果大为增强。

---

[1]［现藏韦奇奥宫。——英译注］
[2]除了在罗马著名的《龙达尼尼的圣母怜子》(*Rondanini Pietà*)之外，在帕莱斯特里纳（Palestrina）的城堡还有一件相似的未完成作品，这件作品值得细细考查。(在第一版中提出的这个意见没有什么结果，但其间法国人独立地做出了发现——参看在1907年3月的《美术报》中由 A. 加尼尔［A. Garnier］撰写的、有漂亮插图的文章，他极力支持这件作品是原作的观点。[《帕莱斯特里纳的圣母怜子》(*Palestrina Pietà*)从大约1940年起陈列于佛罗伦萨美术学院；《龙达尼尼的圣母怜子》在1952年出售给米兰的布雷拉美术馆。——英译注］

图 147　米开朗琪罗,《最后的审判》,梵蒂冈西斯廷礼拜堂

基督的动作表现得似乎有一种生长性,以至当人们看到他时,他的身材似乎变得更高大了。在他周围挤满了令人敬畏的殉难者,吵闹着要求复仇:越来越多的殉难者汹涌向前,他们的身体变得越来越大——因为各种比例是相当随意的——而巨大的形体挤在一起产生了前所未有的强有力团块。只有这些人群才有考虑的价值,细节不再有任何意义。圣母的形象完全是从属性的,附属于基督的形象,就像那

图 148　米开朗琪罗,《圣保罗的皈依》,梵蒂冈圣保罗礼拜堂

时建筑中单根壁柱由一条起加强作用的半壁柱或四分之一壁柱所陪衬。这幅画的主要分节是相交于基督形象的两条对角线。基督的手势往下,像一道闪电穿过整幅画,而这一效果在视觉上是通过人物的安排而非基督有力的手势获得的。这条线本身重复出现于图画的另一侧,因为如果没有这种对称的安排,要充分强调主要人物是不可能的。

另一方面,在圣保罗礼拜堂(Capella Paolina)中,他在高龄时画的历史画《圣保罗的皈依》(*Conversion of St. Paul*) 和《圣彼得被钉上十字架》(*Crucifixion of St. Peter*) 突破了一切对称布局,朝无定形方向更进了一步(图148、149)。湿壁画

图 149　米开朗琪罗,《圣彼得被钉上十字架》,梵蒂冈圣保罗礼拜堂

图 150　拉斐尔,《圣保罗的皈依》,挂毯,梵蒂冈

的区域一直顶到两边实际的壁柱，半身人物形象从图画的底边长出来，它们当然都与古典风格无关，当然也不是耄耋之年的笨拙摸索，米开朗琪罗在讲故事的活力上已经超越了从前的自己。对于圣保罗的皈依这个题材，不可能有比这幅画表现得更有力的了：基督高高显现在画的一角，他的光芒向下照耀在圣保罗身上。圣保罗聆听背后上天传来的圣音，眼睛从画内向外注视着。这幅画一劳永逸地讲述了这个故事，将拉斐尔挂毯版本（图150）远远抛在了后面。在挂毯上，除了运动的细节外，主要的效果被毁了，因为那个躺倒在地的男子看着怒不可遏的主的视角显得太舒服了。米开朗琪罗明白自己将基督置于保罗上方——好像就在他脖子上——时他在做什么，所以下面仰首聆听的男子是看不见基督的，人们感受到的的确确是那个失明的男子，他的耳边回荡着天国的圣音。挂毯中一匹马从一侧窜了出来，米开朗琪罗则直接把马安排在保罗身边，但这匹马却朝着截然相反的方向奔入画面的纵深处。整个这组形象非对称地被推向左侧，一条巨线从基督形象上直落而下，随即铺平开来并延伸到画的另一侧。痉挛般掠过画面的粗糙线条，沉重笨拙的人群团块以及他们旁边的开口空隙，这就是米开朗琪罗最后的风格。另一幅相对应的《圣彼得被钉上十字架》也是以同样刺目的不和谐方式画的。

3. 衰退

没有人想让米开朗琪罗对中部意大利艺术的遭遇承担个人责任。他还是他，甚至在最后的变形风格中仍保持着崇高性，不过他的影响大得可怕。所有的美都开始按他作品的标准来衡量，曾是特殊与个人环境之产物的一种艺术变成了普遍的风格。有必要更仔细地研究一下"手法主义"（Mannerism）这一现象。

从那时起，每个人都试图获得巨大的团块效果，完全拒绝了拉斐尔的构筑性方法。宽敞开阔和比例之美成了陌生的概念，人们对平面或空间区域潜能的感受力完全衰退了。画家们开始在极其拥塞的画布上，在各种形状的分解上展开角逐，有意寻求着可用空间与其中的物体之间的矛盾：无需众多人物，即使一个头像也会画得与画框不成比例。而在独立雕塑中，则有可能将一个巨大的雕像置于一个小型底座上（阿曼纳蒂［Ammannati］做的佛罗伦萨市政厅广场上的《海神》［Neptune］）。

米开朗琪罗的伟大被认为在于他人物动态的丰富性,"以米开朗琪罗的手法"工作意味着让人物四肢发挥最大的作用。这就将我们引入那个多重旋转扭动的世界,在那里,无实际用处的动作做得热火朝天。没人知道什么是简单的姿势或自然的运动。如果我们想到提香平静的女性裸体形象,并与那些必须依赖最复杂姿势以使一幅《维纳斯》引起观众兴趣的中部意大利人相比,提香的处境是多么幸运啊!(这方面有一个实例,即藏于科隆纳美术馆的《维纳斯与小爱神》[图 151],被认为是瓦萨里所作,可以与赫利奥多罗斯的躺着的形象相比较。)最糟糕的是,他们会极力拒绝怜悯。

艺术变得完全程式化了,人们不再关注于自然,而按照个人方式构造运动母题,并使人体成为关节和肌肉的纯公式化机器。站在藏于乌菲齐美术馆的布隆齐诺的《灵薄狱中的基督》(灵薄狱,天主教神学名词,指天堂与地狱之间的处所。——中译注)面前,就像在参观解剖博物馆:一切都是迂腐的解剖学,没有直接观察的痕迹。物质材料的肌理感,对柔软肌肤的欣赏,或无生命物体表面的美感,所有这一切似乎都已消

图 151　瓦萨里,《维纳斯与小爱神》,罗马科隆纳美术馆

图 152　蒂巴尔迪,《牧羊人的崇拜》,利希滕斯坦收藏品　　图 153　卡拉瓦乔,《基督下葬》,梵蒂冈美术馆

失。雕塑是主导性的艺术,画家们开始画雕塑,盲目地拒绝他们自己艺术中的所有丰富性,并在此过程中使自己沦为艺术的乞丐。像"牧羊人的崇拜"(Adoration of the Shepherds)或"三王"(Three Kings)等一些有魅力的老题材,现在不过是表现有几分草率的曲线结构和各种裸体的借口罢了。当佩莱格里诺·蒂巴尔迪(Pellegrino Tibaldi)必须画从田野上前来崇拜圣婴的牧羊人时,他创造了一种地地道道的大杂烩——运动员、女预言家和"最后的审判"中的天使(图 152)。每一个姿势都是不自然的,整个构图生硬得可笑。此画看上去像一幅滑稽的模仿图,不过蒂巴尔迪还是他那一代人中最优秀和最严肃的艺术家之一呢!

人们可以问,文艺复兴壮观的节庆场景中发生了什么,为什么一幅像提香大约作于 1540 年的《圣母进殿》这样的作品,在中部意大利已变得不可理解了呢?人们失去了所有的快乐,追求某种处在现实世界之外的普遍原则,艺术上的图式化与学术上对古代的模仿是息息相关的。地方画派之间的区别消失了,艺术不再受欢迎了。在这样的环境中艺术已无可救药，它从根子上烂起，渴望创作大规模纪念碑式作品的邪恶虚荣心则加速了这个过程。

  艺术不能自我复活。拯救必须来自外部，正是在意大利北部的日耳曼地区，新的自然主义之泉喷涌而出。卡拉瓦乔（Caravaggio）给已被平庸的手法主义折磨得感觉迟钝的那些人留下了难忘的印象，因为他第一个回到第一手观察之中，并第一个回到通过直接经验而获得的感觉中。梵蒂冈的《基督下葬》（*Entombment*，图153）从题材上来说可能对许多现代观众没有什么吸引力，但一定会得到像年轻的鲁本斯这样的画家的青睐，他在自己身上感受到了巨大力量，觉得花力气临摹一幅大尺寸绘画是值得一为的。如果我们只是看一看单个人物形象，如那位哭泣的少女，就会发现一个肩膀是以那样一种光和色画的，以至手法主义所有虚伪的托词就像一场噩梦，在阳光普照的现实中消散了。世界再度变得丰富而快乐。17世纪的自然主义而非博洛尼亚美术学院，才是文艺复兴的真正继承人，而在美术史上最有趣的问题之一便是：为什么自然主义在与折中主义者的关于"理想"艺术的斗争中，注定要屈服于后者？

第二部分

第一章

新的理想

在比萨的圣公墓（Campo Santo）室内，贝诺佐·戈佐利（Benozzo Gozzoli）画了一系列选自《旧约全书》的故事画[1]，其中一幅是《诺亚醉酒》(*Noah's Drunkenness*，图154）。这是一幅典型的15世纪故事画，画面布满细节，可以看出画家乐于不厌其详地表现这位族长放荡行径的开端与过程。他从故事的开头着手描绘："在一个风和日丽的秋日下午，这位老爷子领着两个孙儿去巡视酿酒进展情况……"我们看到，雇工和婢女们正在采摘葡萄，将它们装满篮子，用脚踩大桶里的葡萄。一些嬉戏的动物给整个场景平添了生气。鸟儿在水潭边栖息，一个小孙儿胆怯地注视着一只小狗，他的祖父则在欣赏这令人愉悦的景象。同时，新酒被压出来，并被奉给这位主子以求得认可。他的夫人亲自端着酒杯，在他饮酒品味时每个人都屏息凝视着。他的评价肯定是满意的，因为此刻这位族长已躲到一个幽静的凉棚底下，那里有一个盛满新酒（*vino nuovo*）的大桶。后来灾祸发生了：这位老人酩酊大醉，一丝不挂地躺在他那色彩明快的房子门外。孙儿们目瞪口呆地注视着这一奇怪的变化，而妻子首先想到要赶走那些婢女，她们有点不情愿地用手遮着脸，其中一个还想从指缝中再瞟上一眼。

这样一幅故事画在1500年之后再也没有出现过，从那时起这个故事便是以极少的人物来叙述的，简明扼要，没有任何题外穿插，只画出故事的戏剧性核心，不加任何描述。人们认真严肃地领会这一题材，不容许有风俗化的修饰，因为其目的

---

[1]［这些湿壁画在1939—1945年的战争中几乎全部被毁。——英译注］

图 154 戈佐利,《诺亚醉酒》,比萨圣公墓

在于抓住观众而不是愉悦他们。画家的主要关注点在于情感,对人性的兴趣淹没了世上其他所有东西。

在并排挂着16世纪作品的美术馆里,观众的第一印象是题材单调,因为这种艺术除了填塞整个画面空间的硕大人体之外别无他物,严格排除了一切附属物。架上绘画的情形跟壁画一般无二。我们现在面对着一批新人,其艺术所追求的效果与人们对各种各样事物的直觉性乐趣没有任何关系。

1

16世纪的艺术从人的伟大与尊严这一全新观念出发,作品中人物动作变得更潇洒,情绪感受更深切、更热烈。人的素质明显得到普遍提高,对意蕴深远和庄严尊贵的感受力开始形成,这一点令15世纪的艺术在表现人物姿态范围方面显得胆小而局限。这样,一切表达都转化成新的语言:清晰的顿音转化成深沉圆润的和声,这个世界再度聆听到饱含深切情感的壮丽和弦。

比如说,当韦罗基奥描绘《基督受洗》(*Baptism of Christ*,图155)时,画中人物动作有一种急促感,一种率真的焦虑,这或许是有价值的、可尊敬的,但这批新人却觉得这是粗俗的。如果把韦罗基奥的《基督受洗》同安德烈亚·圣索维诺在

图 155　韦罗基奥,《基督受洗》,乌菲齐美术馆

佛罗伦萨礼洗堂上的群像（图 156）做一比较,我们会发现,圣索维诺已为此主题增添了某种非常新颖的东西。施洗者圣约翰不是正向现场走来,而是非常平静地站在那里,他的身体转过来对着我们,而不是对着基督,只有他头部的有力转向与他在基督头部上方拿着器皿的伸直的手臂方向保持一致。这里没有迫不及待的接续性动作,没有向前屈身;动作表现得安闲而有节制,因为这是一个象征性行为,就其价值而言并不取决于拘泥细节的准确动作。韦罗基奥的施洗者圣约翰目光跟着河水走;圣索维诺的圣约翰则注视着基督的脸。[1] 在乌菲齐美术馆有一幅巴尔托洛梅奥修士为《基督受洗》画的速写,完全符合 16 世纪的特征。同样的转变也发生在

---

[1] 圣索维诺作的施洗者圣约翰几乎是平端着圣水器,而早期艺术家则把圣水器描绘成向上翻过来,具有古风的精确性。甚至乔瓦尼·贝利尼在作于 1500 年的维琴察的图画中,把圣水器中的水画成已滴干的样子。

图156　安德烈亚·圣索维诺，《基督受洗》，佛罗伦萨洗礼堂

基督的形象上，他现在被描绘为一个统治者，而不是一个穷教师。在韦罗基奥的画中，基督立足不稳地站在小溪中，流水在他那瘦弱的双腿间打旋。但艺术家后来渐渐放弃了让人物站在水中的画法，因为为了使形相更为清晰，牺牲平庸的现实主义也是值得的。不过站立的姿势本身处理得雍容尊贵，如圣索维诺的人物姿势很灵活，不承受身体重量的一条腿移向一侧。结果便是，漂亮流动的线条取代了生硬笨拙的动作。基督双肩后缩，虽然头部稍向前倾；双臂交叉于胸前，这是双手合十做祈祷的传统画题的自然发展。[1]

这些16世纪的宏伟姿势，最早见于莱奥纳尔多时代，只是像他的天性那样显得平静而敏感。巴尔托洛梅奥修士的内心充满了一种新的情念，一种像狂风般将一切事物席卷到跟前的信念：他的《仁慈圣母》中的祈祷和《复活的基督与四福音书作者》中的祝福（图97、98）是最杰出的发明。前者整个形体所表达的祈祷热情

---

[1] 相似的辨析也适用于韦罗基奥为圣米迦勒修道院莱园教堂做的青铜群像《圣多玛的疑惑》，基督亲手揭露伤口并注视自己手势的母题是一个平庸的母题，后来再没有人会这样处理。

图 157　马尔坎托尼奥·拉伊蒙迪,《五圣徒》,铜版画

和后者基督祝福时的感人尊严,使所有先前的努力看上去都如同儿戏。米开朗琪罗生性没有过度的情念或铺张修饰,他的情念像地下涌泉的淙淙声,虽然几乎感觉不到,但还没有人赶得上他笔下人物姿态的气势——只要看一下西斯廷天顶画中造物主的形象就足够了。拉斐尔在其罗马成熟期完全吸收了这种新精神。赋予他的《圣母加冕》挂毯素描活力的是多么恢宏的感知力!图中那些给予和接受的姿态多么潇洒漂亮!要驾驭这些具有强大表现力的母题需要有很强的个性,而藏于帕尔马的所谓《五圣徒》(Five Saints,马尔坎托尼奥〔Marcantonio〕镌刻,巴奇〔Bartsch〕113,图 157)则提供了艺术家失去对这些母题控制力的有教益的实例。这是一件拉斐尔画派的作品,画中的圣徒可与拉斐尔青年时代的《辩论》中的基督周围那组怯生生的人物相比较。

在圣纳扎罗（Sannazaro）关于基督降生的著名诗文《圣母分娩》（*De partu virginis*）[1]中可以找到文学中与这种过火的情念相似的例子。诗人下笔时的意图似乎是尽量避免简单叙述《圣经》故事，而以他所能想象出的浮华和情念来进行修饰。马利亚从一开始就是女神，就是女王，她那"我遵从您的旨意"的谦卑被刻意描述成滔滔不绝、洋洋大观的演讲，与《圣经》中描述的事毫不相干；她仰望上苍，

…oculos ad sidera tollens
adnuit et tales emisit pectore voces:
Jam jam vince fides, vince obsequiosa voluntas:
en adsum: accipio venerans tua jussa tuumque
dulce sacrum, pater omnipotens…
[……抬眼仰望那明亮的星辰，
俯首倾吐那心灵的呼声，
坚信我主顺从我主，
敬受主的旨意，全能的圣父……]

房间里充满了光。她感孕了。晴空传来了霹雳，

…ut omnes
audirent late populi, quos maximus ambit
Oceanus Thetysque et raucisona Amphitrite.

[……所有地方的民众都听到了
海神和阿姆菲特里特的声音在回荡。]

---

[1] 该书出版于1526年，据说著者之前花了二十年时间来润饰它。

2

在追求充分的、无所不能的形式的同时，还存在着一种减弱激情表现的倾向，这也许是 16 世纪典型的面部表情特征。当人们引用人物的"古典的静穆"这一说法时，所指的正是这种节制，其例子俯拾即是。当马利亚看着她死去的儿子躺在面前时，在情感最强烈的一刻，她没有啜泣，也没有号啕大哭，而是平静无泪。她没有因悲哀而沮丧，而是伸开双臂仰望上苍。在马尔坎托尼奥复制拉斐尔作品的一幅铜版画（图 158）中可以看到，拉斐尔是如此描绘圣母的；巴尔托洛梅奥修士画的圣母也没有激烈的动作，没有大声恸哭，只是在死去基督的额头上轻轻一吻，而基督本人也没有呈现任何痛苦的表情。米开朗琪罗比其他人更为节制，他在第一罗马时期作的《圣母怜子》（图 20）中已经采用了这种方式刻画这一场景。

怀有身孕的马利亚和以利沙伯在《圣母往见》（图 159，塞巴斯蒂亚诺·德尔·皮翁博作，罗浮宫藏）中拥抱，这是两位悲剧性女主人公的会晤。她们缓慢庄严地默默问候，不再是两个女人兴冲冲地相迎，年轻女子友善地示意她年迈的表姐不必拘礼。相类似的是，在圣母领报的场面中，马利亚也不再是一位惊喜地凝视着不速之客的少女，如我们在菲利波修士、巴尔多维内蒂（Baldovinetti）或洛伦佐·迪·克雷迪的作品中所见的那样。她也不是作为坚振礼候选人的目光垂视的温柔女子。她镇定自若，举止如一位公主，像贵妇人那样接见天使，她受的教育不允许她流露出惊讶的神色[1]，甚至母爱和柔情也被抑制了——拉斐尔在罗马画的若干圣母像与他早期的那些很不相同。圣母已成了贵妇人，对她来说，像藏于慕尼黑的《滕皮家族的圣母》中把脸颊紧贴圣子的画法已不再合适。母子之间保持着一定距离，而《椅中圣母》则是一位自豪的母亲，而不是慈母，她忘却了外面的世界。如果说《法兰西斯一世的圣母》（Madonna of Francis I）把小基督描绘为扑向圣母怀抱，那么应当注意到，她几乎没有向圣子俯身。

---

[1] 莱奥纳尔多谴责他同时代的一个人将圣母描绘成因天使带来的消息而陷入慌乱之中，以至看上去她好像想从窗口逃走似的。阿尔贝蒂内利和安德烈亚·德尔·萨尔托大概是最早奏响 16 世纪音调的人，虽然比他们更早的还有皮耶罗·德拉·弗兰切斯卡（Piero della Francesca）作的藏于阿雷佐（Arezzo）的《圣母领报》。这个题材最有气魄的变体是拉特兰宫（Lateran）中马尔切洛·韦努斯蒂（Marcello Venusti）的图画，其构思透露出米开朗琪罗的精神。在罗马，富纳里的圣卡泰里纳教堂（S. Caterina ai Funari）以及其他地方均有这种相似的情况，藏于乌菲齐美术馆的一幅素描也是如此。（贝伦森，No.1644："我看不出有什么理由说它不应归于韦努斯蒂。"）

图 158　马尔坎托尼奥·拉伊蒙迪,《圣母怜子》,根据拉斐尔原作制作的铜版画

图 159　塞巴斯蒂亚诺·德尔·皮翁博,《圣母往见》,罗浮宫

3

　　西方流行的良好教养的观念首先发端于 16 世纪的意大利,大量的姿势和动作从图画中消失了,因为它们令人觉得俗不可耐。我们明显有一种进入了另一社会阶层的感觉,资产阶级的艺术被改造成贵族的艺术。这种艺术采用了上层阶级流行的行为与感情的独特标准,因此整个基督教世界,包括圣徒们和英雄们,都必须被重新塑造为贵族的形象。于是普通人与贵族之间的鸿沟便确定了下来。吉兰达约作于 1480 年的《最后的晚餐》(图 13)中,圣彼得做出用大拇指指向基督的手势,高贵的艺术认为不可接受,立即拒绝了它。莱奥纳尔多对他的时代来说是独一无二的,但即使他有时也违反纯粹的 16 世纪的趣味;我想出的一个恰当例子是《最后的晚餐》(图 12a)右边使徒的手势,他一只手放在桌上,手心向上,正要拍打另一人的手背。这是一种富有表现力的手势,甚至今天这种手势也很普遍,而且易于理解,然而高贵的风格将它连同别的手势一起拒绝了。如果试图彻底分析这种"净

化"过程,将离题太远,即使在有限的一些例子中,也足以举一反三。

当施洗约翰的脑袋被呈上希律王的筵席时,吉兰达约将这位国王描绘成躬身俯首双手紧握在一起的样子,毫不掩饰他的悲伤。但对新一代人来说,这似乎不符合国王身份,而安德烈亚·德尔·萨尔托则描绘希律王伸出手臂,没精打采地挡住视线,挥手示意把头拿开(图160、115)。当莎乐美跳舞时,菲利波或吉兰达约把她画得像个性急的女学生在屋里跳来跳去,但是16世纪上流阶层要求一位公主更加节制,她只应跳慢步庄重的舞蹈,因此安德烈亚便这样描绘她。

概括化的观念是由坐着或走动的高贵姿势形成的。圣约翰的父亲扎迦利(Zacharias)是一个朴实的人,但吉兰达约描绘他在书写新生儿名字时跷着二郎腿,这种画法对一幅16世纪历史画的主人公来说是不太合适的。

真正的贵族,行为举止从容大方,既不装腔作势也并非像根铜条般生硬挺直以引起人们的注意。他看上去就是原本的样子,因为他总是很得体。卡斯塔尼奥(Castagno)画的主人公绝大部分是粗俗的亡命之徒,没有一个有教养的人会希望自己像那个模样,甚至威尼斯的《科莱奥尼》一类形象,对16世纪来说也一定显得故作姿态。在吉兰达约画的分娩场景中,妇女们身体僵直地整齐步入,以一种后

图160　吉兰达约,《希律王之宴》,佛罗伦萨新圣马利亚教堂

来时代认为有些像中产阶级的风度造访圣母，因为贵妇人应当具有平静的、近乎漫不经心的举止。

如果需要有关这些新观念的意大利书面证据，那么可以在卡斯蒂寥内伯爵的《廷臣论》（1516）中找到，这本关于有教养的绅士手册表达了乌尔比诺宫廷中流行的观点，而乌尔比诺是当时意大利每一个着意追求地位和教养的人的聚会场所，是公认的交际学校。有关优雅和贵族式冷漠的习惯用语是"悠闲的冷漠"（*la sprezzata desinvoltura*）。这个宫廷由公爵夫人主持，她以毫不做作的高贵而著称：正是她言谈举止的"端庄"（*modestia*）和"高尚"（*grandezza*）使她显出帝王的尊严。我们了解不少被认为与贵族尊严相容或不相容的事情。[1] 贵族的基本特征是有节制的庄重，这点被反复强调。"娴静的庄重"（*quella gravità riposata*）表示出西班牙人的特征：据说——这显然是新事物—— 一位绅士参加快步舞会是不体面的，对妇女们也要做相似的劝告，以避免一切激烈的动作，一切都应是"温文尔雅"（*la molle delicatula*）的。

关于什么是得体、什么是不得体的讨论，自然会扩大到言谈方式。如果说卡斯蒂寥内仍允许有相当大的自由幅度的话，我们在一本较流行的论礼仪的书中则发现了一位更严厉的礼仪教师，他就是德拉·卡萨（Della Casa）和他的著作《礼范》（*Il Galateo*），他甚至责备起了老诗人。这位 16 世纪的批评者对但丁让比阿特丽斯以小酒馆中的言辞口吻来说话表示惊讶。

16 世纪普遍探索的是节制和尊贵的行为举止，在探索的过程中人们变得严肃认真，以至对新一代人来说，15 世纪的艺术一定显得像一个任性且心不在焉的孩子。例如，他们一定会认为，如德西代里奥在圣十字教堂做的马尔苏皮尼陵墓（Marsuppini Monument），允许两个持有盾牌的嬉皮笑脸的男孩在陵墓上走来走去，这种做法天真得难以理解。恰当的应是哀悼的小天使，更好的是悲痛哀戚的第七级天使的高大形象，因为你几乎不可能指望孩子们会一本正经。[2]

---

[1] 例如，对一个贵族来说，他最好是个中流棋手而不要成为专家，以免让人觉得他过分沉溺于钻研这种复杂的游戏。
　　在此我们也发现了大概是现代虚伪的谦逊的最初表达方式——如果你想赞美自己，就以一种迂回的方式这么做，仿佛是偶然提到自己优点似的。

[2] 哀悼的小天使早在 15 世纪就出现于罗马，因为罗马总是在礼仪上比佛罗伦萨更认真。饰有快乐孩童（虽然是非常年幼的孩子）的陵墓表达了无拘无束的放松状态，它在 17 世纪又再次出现。

4

现在只有真正相关的东西才允许进入画中。15世纪的历史画有许多风俗世态或田园牧歌的特写,它们与真正的主题几乎没有关系。但它们很纯真,吸引着现代观众,正如在对戈佐利的《诺亚醉酒》(图184)的讨论中所见。画家们很少将目标定于创造一种集中效果,因为他们希望以大量的琐事来娱乐公众。西尼奥雷利在奥尔维耶托作的《死后升天者领受天国花冠》(*The Blessed Receiving Their Heavenly Crowns*)的湿壁画上,描绘了有上界天使乐师,其中一位正调拨他的乐器。甚至在这个最庄严的时刻,处于如此引人注目的位置,他仍然镇静自若地专心于自己的事情。他本可以早点想到做这件事的。[1]

在西斯廷礼拜堂中,波蒂切利画了《犹太人出埃及》(*Exodus of the Jews from Egypt*)。整个民族的撤离,这是多么悲壮的一幕!然而主要母题是什么呢?一个妇人带着两个小孩,哥哥正试图挣开他哭哭啼啼、不听管束的弟弟,小弟弟因拖住妈妈的手臂不放而受到责怪。这是非常讨人喜爱的场面,但后来人们还有谁会有勇气把一家人在星期天午后散步的小事情引入这类题材中呢?在同一间礼拜堂中,科西莫·罗塞利(Cosimo Rosselli)描绘了《最后的晚餐》,他将一些抛光的金属大罐子和碟子等器物画在前景,旁边还画了一只狗和一只蹦来蹦去的猫,另一只小狗用后腿站起来乞怜。自然,这幅画中的一切宗教情感统统丧失了,但是没人反感,何况这位画家是在基督教世界首脑的私人礼拜堂中工作的。

有一些个别的艺术家,如伟大的多纳泰洛,对于历史瞬间的统一性颇具感受力。他的叙事场面是15世纪最优秀的,但对其他艺术家来说,要想集中注意力,不去单纯娱乐别人,严肃认真地描绘事件,是极其困难的。莱奥纳尔多主张,一幅历史画应当给观众亲临其境的情感印象[2],但是,当忍耐着将整群四处站立、左顾右盼、无所事事的人画入图画中时,多半不会有很好的效果。乔托在他的画中让每一个人物都以某种适合自己的方式参与进来,或者是积极的,或者表示出同情或兴趣。但是15世纪艺术同时引入了那些默不作声的合唱队人物,允许将他们画入画

---

[1] 甚至在一些还愿图中,我们也发现有一个天使孤独地坐在宝座脚下,正忙着调拨诗琴(西尼奥雷利,卡尔帕乔 [Carpaccio])。我们再次问问自己,怀有怎样的宗教情感才能在虔诚的画中容忍这类不相干的东西。
[2]《论绘画》,路德维希(Ludwig)编,意-德版,No.188。

中，因为对表现生动事物和个人特征的兴趣，变得比对动作与所画人物相互关系的兴趣更为强烈。通常作品的委托人及其所有亲属都希望自己被画入故事画中，或者只是些地方上的名人，被其同乡以这种方式给予殊荣，并不要求在画中扮演特定的角色。莱昂·巴蒂斯塔·阿尔贝蒂（Leon Battista Alberti）显然毫不犹豫地在他论绘画的论文中为自己寻求这种荣誉。[1]

人们在研究西斯廷礼拜堂的湿壁画组画时，一再因艺术家对题材的无所谓态度而感到吃惊。他几乎不去强调主人公，不同兴趣之间的冲突几乎大有以非本质之物淹没本质之物之势。比起西尼奥雷利的湿壁画中的摩西的听众，还有哪位立法者的听众更漫不经心呢？观者要理解所描绘的情境几乎是不可能的。至少波蒂切利似乎是这样一个人，他以强烈的情感描绘可拉（Korah）反叛的骚动场面，其中整组人物皆处于骚乱引起的激动中，即便这类突然爆发的激动也很快在几排冷漠的旁观者中消失了。

当拉斐尔《使徒行传》(Acts of the Apostles)的若干挂毯最初与15世纪历史画一起出现时，一定给人以深刻的印象，因为这是一些认真处理画中题材的画。画中所有不必要的人物都被清除出场，舞台呈现出戏剧性活力，直接抓住了观众。保罗在雅典布道，他的听众不是一些头部具有个性特征的平静人物，而是面部准确表现出了对讲道的反应及信服程度的人。当某些奇异的事件发生时，如亚拿尼亚的猝然之死，每个目击者都以最动人的惊讶与恐惧姿态做出反应。然而即便埃及居民统统淹死于红海，也没有一个15世纪画家会将哪怕一个犹太人描绘成兴奋的样子。

16世纪注定不是去发现人的感情世界，即那种震撼心灵的巨大激情，而是要艺术地利用这种激情。这种艺术的主要特点之一是对事件中的人物心理抱有强烈兴趣。"试探基督"(The Temptation of Christ)是一个非常适合新时代精神的画题，波蒂切利对此无所作为，他只是再现了一个仪式场面以填满他的湿壁画。相反，在16世纪，当画家们不得不处理缺乏戏剧性的题材时，他们往往误入歧途，将情绪和大幅度手势纳入并不需要它们的题材中，例如"基督诞生"这种田园诗般的场景。随着16世纪到来，绘画中天真快乐的描述性细节不见了，纵情于宽广世界及其中

---

[1]《短文选》(Kleinere Schriften)，亚尼切克（Janitschek）编，第162—163页。［莱奥尼（Leoni）的1726年英译本，《绘画三书》(Three Books of Painting)，第27页。——英译注］

图 161a　吉兰达约,《牧羊人的崇拜》,佛罗伦萨圣三一教堂

许多事物的那种愉悦感也消失了。当一位 15 世纪艺术家必须描绘一幅 "牧羊人的崇拜"（Adoration of the Shepherds）时,他会不择手段,正如我们在佛罗伦萨美术学院那幅吉兰达约描绘此题材的绘画（图 161）中所见到的那样。[1] 此画中各种动物描绘得非常细致——一头牛和一匹驴子,一只绵羊和一只金翅雀,还有鲜花和岩石,明媚的风光,此外还可见到家庭出行所带的行李——地上搁着一副破旧的马鞍,旁边有一小桶酒。出于考古爱好,这位画家还添上了一些装饰性的物件：一口

[1]［现在移至圣三一教堂的萨塞蒂礼拜堂中（Sassetti Chapel）,这幅画是为这个教堂画的。——英译注］

石棺，一对古式柱子，背景有一座崭新的凯旋门，蓝色的中楣上刻有金色铭文。

这种为喜好壮观景象的公众提供娱乐的做法，与崇高风格是格格不入的。我们稍后再谈眼睛在别处寻求满足的方式，这里只讲两点就够了：在一幅历史画中，注意力必须仅仅集中于所描绘的实际事件，力图通过有意味的和富有情感表现力的动作获得主要效果，于是自动排除了对色彩鲜明的杂物的纯视觉乐趣。这也意味着对"圣母生平"以及类似题材的分散叙述，必须经过严格的压缩。

5

在16世纪，连肖像画往往也有点戏剧化了。的确，从多纳泰洛的时代起，到处都在尝试着摆脱单纯对模特的被动描绘。然而，这些对画肖像时逼真再现模特的一般规则来说是一些例外情况。15世纪的人物肖像具有非常可贵的单纯性，丝毫不想强调个人特质，然而与古典式肖像画（classic portraits）相比，可以说那些人物显得"无动于衷"。16世纪艺术要求特别的表达方式，应当直接表现出模特在想什么或他想说什么。只表现脸部的不变结构看上去如何是不够的，还应当描绘出自由精神生活的瞬息面貌。因此，现在每个画家都寻求发现模特性格中最有意味的方面，人的尊严倍受尊重，而且我们得出这样的印象：出生于16世纪初的一代人是拥有更强能力和更敏锐感受力的一代人。洛马佐（Lomazzo）在他的论文中提出这样的准则：画家应当忽略模特身上的任何缺陷，应当在他的肖像画中强调并提升伟大和值得赞扬的特征。这就是古典时代人们已主动实践过，后来形成的一条理论公式："*al pittore conviene che sempre accresca nelle faccie grandezza e maestà, coprendo il difetto del natural, come si vede che hanno fatto gl'antichi pittori.*"（"每个画家都应该加强脸部的崇高与庄严感，掩饰自然的缺陷，就像古代画家所做的那样。"）[1] 显然这种预先安排包藏着歪曲个人特性，将模特的个性强行纳入与其不相干的表现图式的极大危险。然而，直到这个伟大时期以后，蹩脚的

---

[1] 除其他人之外，他还提到了提香，说提香在《阿里奥斯托》（*Ariosto*）画像中体现了"雄辩与美化"，在《本博》（*Bembo*）画像中表现出了"威严与精确"。（洛马佐，《绘画论文集》[*Trattato della Pittura*]，编于1585年，第433页。）

模仿者们才陷入了这种危险。

这种更崇高的人性观念可能与一个事实有关，即当时肖像画委托订件的数量比先前少了。显然人们不可能指望艺术家给每张平庸的脸作肖像。据说米开朗琪罗确实认为，模仿任何有其自身局限性的俗物都是艺术的堕落，除非被模仿的事物具有无与伦比之美。

6

不可避免的是，这种不断增强的高贵精神将影响到关于超自然存在的观念及其表现。宗教感情可以以不同的方式表现出来，但圣人社会地位的提升是非宗教前提带来的结果。人们的注意力已被引向这样一种表达方式，即"圣母领报"变成贵族气的和冷漠寡言的：羞怯的少女成了女王，15世纪抱着"小耶稣"（Bambino）的圣母可能是街坊中某位受人尊敬的主妇，现在变得高贵、庄重而不可接近。她不再对观众微笑，不再是双眼垂视、羞怯谦恭的马利亚，也不再是目光盯着孩子的年轻母亲：她现在显得大气而自信，在虔诚的人们眼前像一位女王，习惯于看人们跪倒在她跟前。这个角色是可变的，有时像在安德烈亚·德尔·萨尔托的画中那样有一种世俗的贵气，有时如米开朗琪罗作品中那样英雄般的高居尘世之上，但是在每一例中都可以看到类型的变化。

同样，小基督不再是那个从石榴果中剥下一颗籽递给他母亲的小顽童（见菲利波·利皮的画），也不是以小手做祝福姿势但无人会认真对待的笑嘻嘻的小淘气——当他像在《阿尔皮耶的圣母》（图125）中那样微笑时，面向观众的是一种不十分令人愉快的媚态，对此安德烈亚·德尔·萨尔托应负有责任。但通常他是严肃的，非常严肃，以拉斐尔在罗马作的图画为证。然而，米开朗琪罗是第一个用这种方式表现圣婴的人，他没有把不像孩子的姿势——如祝福强加给小耶稣，他创造出一个真正自然的男孩，无论是醒是睡，但他是一个没有欢乐的孩子。[1]

波蒂切利清晰地奏响了15世纪这种诠释的序曲。随着岁月的流逝，他变得越

---

[1] 德国艺术在其最佳时期有一种类似情况，即让小基督摆脱给人祝福的那种非孩童功能。在霍尔拜因作的达姆施塔特（Darmstadt）的《圣母》中，圣婴伸出左手，已经不再做祝福的手势。

来越严肃。在这方面,他对吉兰达约一幅画中的浅薄微笑提出了强烈抗议。然而,不能将他同新世纪的典型艺术家归为一类,因为虽然他的圣母相貌相当严肃,但她是个情绪抑郁且悲哀伤感的人物,缺少尊贵庄严的气质。他的小基督也不是世界的主宰。如果我没有搞错的话,再现怀抱小基督的圣母形象的方式越来越多样化,这与理想的变化有着某种关联,因为16世纪的人们可能认为这样的场景缺少尊严。不错,布贾尔迪尼画了一幅《哺乳的圣母》(Madonna del Latte,藏于乌菲齐美术馆),但是他让圣母指着乳房好像在对观众说:"这是哺育基督的乳房。"就是这个画家在他的《圣凯瑟琳与圣婴基督的婚约》(Betrothal of St. Catherine to the Infant Christ,藏于博洛尼亚美术馆)中,并没把圣婴表现为不能理解这个仪式之意义的样子,而是相反,由于这个小男孩完全知道这一情境,他伸出手指似乎在规劝那位羞怯的新娘。

画面内在意义的变化引起了画面外在形式的全然改变。从前是将世上所有财宝统统堆砌在圣母宝座周围,圣母本身也饰以光彩夺目的优质衣料和贵重饰物,地上铺有图案鲜亮的东方地毯,蓝天衬托着雪白晶莹的大理石栏杆,马利亚被簇拥在枝繁叶茂的树荫里,或被置于一幅从上方挂下来的沉甸甸的紫色帷幕之前,帷幕上绣着金丝图案,缝缀着珍珠并以昂贵的貂皮衬里。随着16世纪的到来,所有这种愉快的变化都立即消失了。没有更多的鲜花和地毯,宝座上没有贵重的饰物,也没有令人愉快的景色;人物支配着一切,如果将什么建筑引入画中,也是些厚实单纯的母题,所有世俗的饰物都被从衣着上去除了。天国王后应当被描绘得高贵而单纯,这种变化是否表现了更深的虔诚,对此我未做过研究,但有些人持相反意见,认为小心翼翼地回避世俗性表明了宗教信念的动摇。[1]

伴随的圣徒也得到了类型上的提升:不再允许依靠随机取自街头的人物类型并让他们站到圣母宝座周围。15世纪的艺术乐于从皮耶罗·迪·科西莫那里接受圣安东尼的形象,圣安东尼是个老态龙钟的老人,鼻子上架着一副眼镜,没有爱干净的习惯。其他艺术家有较高目标,但16世纪则坚持仪表堂堂的外貌。虽然这未必是一种理想化的典型,但画家必须在挑选模特时做出选择。我们不用谈拉斐尔,他的

---

[1] 其他人可能会谈到那些被归为受萨沃纳罗拉影响所发生之事件所占的比重:过多地依赖这个人存在着某种危险。整个问题一定与普遍现象有关,而不仅仅与宗教现象相关。

性格描写是无可比拟的,但是即使安德烈亚·萨尔托在其比较浅薄的时候也从不向我们展示粗俗卑下的东西,而巴尔托洛梅奥修士则集中全部精力不断地试图获得男圣徒的表现力。

此外还可以谈谈可称为家庭的若干成员与马利亚及小基督之间的联系。例如从前是圣婴基督游戏伙伴的圣约翰,现在是如何变得满怀敬畏并跪下来礼拜,但我们将限于对众天使的题材做一些评论,如在新世纪艺术中所表现的那样。

16世纪的艺术从其先辈那里接受了两种天使类型,即小天使和有青春魅力的少女天使。正如每人都会想到的,后者最有魅力的例子是在波蒂切利和菲利皮诺的画中。她们有时作为秉烛者被引入画面,如波蒂切利的那幅藏于柏林的圆形画,该画中有一位少女注视着闪烁的火苗,脸上流露出朴实憨傻的神色;有时她们拿着鲜花或唱着歌在小基督身旁徘徊,如藏于科尔西尼美术馆(Corsini Gallery)中的菲利

图162　菲利皮诺·利皮,《圣母子与众天使》,佛罗伦萨科尔西尼美术馆

皮诺画得非常微妙的早期图画（图 162），画中一位少女怯生生的，眼睛垂视，将一只花篮献给小基督。小基督高兴地扭转身子抓住这个礼物，另两位天使正虔诚地和着音乐歌唱，不过其中一位往上瞟了一眼，脸上隐隐现出一丝微笑。为什么 16 世纪不再返回到这样的母题上呢？新的天使缺乏少女含羞的魅力，她们把率真放到一边：在某种程度上，她们现在拥有了王室的尊严，因此举止也相应而变。一定不能让观众欢乐起来。

为了表现飞行的天使，16 世纪回归到过去哥特艺术中所见的那种庄重的飞翔姿势。那些精灵身上的阿拉伯纹样和飘动的衣饰对 15 世纪现实主义者已不再有任何意义，他们追求动态的可信性，并以在小片托云上奔走的姿势取代了飞行的姿势。于是便出现了那些敏捷的少女形象，她们既不美丽也不尊贵，但非常令人信服地踢起裸露的脚跟。不久画家们又尝试以游泳动作来描绘飞行，有很多踢腿动作。但正是一种成熟风格从那时起变得常见了，这种风格最初发现了表现整齐而庄重地飞越天空的手段。[1]

关于小天使这一类型，应注意的是，他们也被允许具有幼年耶稣像那种孩童的特性。只要求他们是孩子即可，虽然视情况他们可以反映某种普遍升华的东西和持久的情感。在《福利尼奥的圣母》（图 84）中拿着书版的小天使给人的印象，即使他不在祈祷，也比圣洛伦佐教堂中德西代里奥做的圣体龛上的两个裸童更为严肃，因为当他们热情地迎向祝福的基督时，只能将之视为一个轻松无忧的场景。我们已熟知威尼斯的图画中坐在圣母脚下的年轻乐师，他们活泼纯熟地弹奏着吉他或其他乐器，但 16 世纪发现这样画也不合适，便采用较古老的手法，描绘成了为庄严的会晤做音乐伴奏，以维护感情的纯洁性。新世纪最受欢迎的、真正具有孩子气的小天使实例，可见于《西斯廷圣母》（图 87）脚下的两个形象。

---

[1] 中世纪飞行的形象直接来自古代。文艺复兴时期奔跑类型的发明，是向最早始于希腊艺术的飞行形式的无意识回归，考古学称这种形式为"屈膝型"（如迪洛斯［Delos］的《尼开》［Nike］，可以与贝内代托·达·马亚诺的《手持烛台的天使》插图相比较，图 6）。更富有表现力的类型源自游泳者的动作，在古代一度与其他类型并存（参见施图德尼茨卡［Studniczka］的《胜利女神》［Die Siegesgöttin］，1893 年，第 13 页），而且在现代艺术中也有这种类型的相似形式。藏于佛罗伦萨美术学院的佩鲁吉诺的《圣母升天》将两种类型一起展示出来；当波蒂切利和菲利皮诺使他们的天使立起来时，人们在同代人的作品中仍可以找到过去的奔跑天使，如有时在吉兰达约作品中所见的那样。西尼奥雷利大概比任何其他 15 世纪的画家都更易获得新图式的最完美形式（奥尔维耶托的湿壁画），而拉斐尔的《辩论》就取决于他。后来增添了透视短缩和更大的运动，以及进进出出的飞行，图画的景深等。这样的例子在和平圣马利亚教堂（Santa Maria della Pace）的《四位女预言家》中，或在《华盖圣母》中，都很容易见到。

7

既然出现了这样一种明显的倾向——要确保祭坛画得到人们更大的尊重，并要放松天国与俗世之间过于紧密的联系，所以出现以下现象就不奇怪了，即不但要用光环与后光，而且要用以一种理想化方式呈现的事件来直接展示与再现奇迹。在从前奇迹是以最现实最详尽的方式描绘的。[1]

巴尔托洛梅奥修士第一个将圣母对圣伯尔纳的显现表现为从天而降，安德烈亚·德尔·萨尔托继承了这一做法，他使"圣母领报"中的天使驾云而来。为了支持这种做法，他还可以举出14世纪的原型。安德烈亚的《圣母降生》（图106）表现驾云的天使挤进一间普通的房间里，那里圣母已经降生。15世纪的艺术乐于将圣母想象为坐在一个实在的宝座上，我们可以发现自该世纪末起马利亚再度升上天空——"荣光中的圣母"，在《西斯廷圣母》中，这种过时的图式以一种意想不到的独特方式被转变成瞬间的灵现。

8

这种对表现题材的超自然方面的强调，给我们提出了与新艺术的现实性有关的更普遍的问题。对15世纪来说，艺术的最高目标是现实性——现实主义。不管美不美，在一幅《基督受洗》中，基督必须被表现为双足浸没于溪水之中。诚然，一个地方画派中的某位理想主义者偶尔会无视这种禁令，将基督描绘为双脚站在水面上，如藏于伦敦的皮耶罗·德拉·弗兰切斯卡的画，但对佛罗伦萨人来说这是不允许的。然而随着新世纪的到来，这种理想化很自然地悄然而至，其他题材也是如此。米开朗琪罗将《圣母怜子》（图20）中的圣母表现得很年轻，而坚决不为任何异议所动。进一步的例子，是莱奥纳尔多《最后的晚餐》（图12a）中过小的餐桌以及拉斐尔的《捕鱼神迹》（图69）中不真实的船只，这说明新的理想不再将现实性视为决定性因素，如果非自然因素有助于艺术效果，那就接受它。

---

[1] 在15世纪有像费拉拉的弗朗切斯科·科萨（Feancesco Cossa of Ferrara）这样的艺术家，他那麻木不仁的现实感，使他从不以标准的光环来再现圣母领报中的天使，而是将一只黄铜盘子扣在天使头上（藏于德累斯顿的图画）。

然而，当人们谈到 16 世纪的理想主义时，通常指的是某种不同的东西——普遍拒绝受时间、地点或个别人物界限的束缚，这种理想主义与现实主义的对立被认为代表了古典艺术和 15 世纪艺术之间的本质区别。这个说法并不恰当。可能那时没有人懂得这些概念，只是在 17 世纪这些对立面本身首次出现时，这些概念才有了意义。在向 16 世纪艺术过渡之际，与其说是否定了旧的艺术，不如说是强化了它。

15 世纪的《圣经》场景从来没有按现代画家所用的现实主义方法描绘过；现代画家似乎希望将历史事件转译为现代生活术语：其意图是创作出最可信、最实在的印象。为了达到这一目的，他们采用了取自当代日常生活的母题，但总是以必要时可以修正为条件。相反，从避免接触现实性，以牺牲描绘的清晰性来以换取纪念碑式效果的意义上来说，16 世纪的艺术并没有理想化：虽然它的花朵是从旧土壤中生长出来的，但开得更加茂盛。艺术仍然是对日常生活的一种说明，但人们感到，只有精选现实中几乎不存在的各种类型、服装和建筑，才能满足呈现尊严这一更高的要求。

试图将古典主义与对古代的模仿等同起来是完全错误的。与老一代的艺术作品相比，我们在 16 世纪艺术作品中更清楚地感受到古代样式，这是完全可能的。在下文的另一相关之处我们将回到这个问题上来。但是古典时期的艺术家对古代文化的探索，就其意图而言，与 15 世纪的人在本质上并无不同。

有必要做一些细节研究，我们可以从题材地方化的处理方式开始。我们知道吉兰达约在他的画中将大量空间用于描绘建筑：他要向我们展示佛罗伦萨吗？当然我们到处都可瞥见这个城市的某条狭窄的街道，不过他画的所有庭院和殿堂都是虚构的。这是些从未有过的想象中的建筑物，因为他唯一关心的是产生一种宏伟壮丽的效果。16 世纪保持了这种观点，只是有关宏伟壮丽的观念有所不同。艺术家不再去描绘宽阔的城市景观和全景式的风光，这不是因为要对不确定的和一般化的印象进行探索，而是不再对此特别感兴趣了。这里还没有发现法国古典主义的"无处不在"（*ubiquité*）。[1] 在背景设置方面这确实向理想主义做出了让步，这一点让我们

---

[1] 拉斐尔的确允许过一个费拉拉人在《福利尼奥的圣母》中画风景细部（这幅画的风景并非再现福利尼奥）。《蒙泰卢斯的圣母》（*Madonna of Monteluce*，藏于梵蒂冈）展现了蒂沃利的神庙（Temple at Tivoli），人们还可以想起其他许多例子。

觉得很奇怪。像"圣母往见"这样的故事，我们指望在画中看见一间屋子的入口，那是以利沙伯的家，但蓬托尔莫却设置了一个舞台，只有一个大壁龛以及通向它的一段台阶。然而我们必能记起，吉兰达约那幅藏于罗浮宫的《圣母往见》（图 181），以一座大拱门作为背景，而这座拱门并没有以任何方式有助于解释这个场景，但大体上可以说，我们北方人关于这些题材的观念不应影响我们的判断，因为意大利人具有将人物看成某种完全独立于其环境的东西并漠视这些环境的能力，对此我们很难理解，因为我们总是将一个人物看成是与其环境密切联系着的。对我们来说，仅仅一个壁龛便会使《圣母往见》丧失令人信服的逼真性，尽管我们也能欣赏这样处理所获得的形式效果。对意大利人来说，只要人物形象栩栩如生，任何背景都可以。蓬托尔莫不可能以我们所能感受到的力量去感受概括化的场景——我们会说这缺少现实性。[1]

一种更高程度的理想主义导致将圣母置于基座上，仿佛她是一尊雕像：这也是崇高风格对形式效果的让步，必不会被北方人宗教情感中的"亲密无间"观念所认同。这里，意大利人同样能够对冷漠母题注定会具有的恼人效果漠然置之，而且在遇到以下情况时他们也保持着相同的态度：只为表现一个动态母题，便毫无理由地将一个方块或之类的东西垫在人物脚下。

莱奥纳尔多借机告诫艺术家不要使用现代服装，因为它们在审美上大多是无益的，对坟墓倒很合适。[2] 他建议使用古代样式的服装，不是为了古代的外观，只是因为它使身体得到最佳表现。安德烈亚·德尔·萨尔托不顾这一告诫，冒险把他的湿壁画《圣母降生》（图 106）画成一个完全现代的社交场景。在这幅画中他也许比任何前辈都更好地保持了一致性，因为甚至是吉兰达约也不断将古代理想母题同当代的衣着混合起来，这种习惯后来还继续着。锡耶纳的由索多马（Sodoma）和帕基亚（Pacchia）合作的《圣母生平》组画，展示了在现代生活图画中相似的古典要素。德利多罗厅拉斐尔所画的壁画这一例子就足以表明，当时的美学完全未受

---

[1] 每一个外国人都一定已经注意到了意大利的舞台是如何经常破坏戏剧性错觉的。在这个意义上我们不得不接受由蓬托尔莫以及其他人引入他们图画中的那些无历史相关性的角色——这是在 16 世纪以前很久就开始的做法。
[2]《论绘画》，路德维希的意-德版，No. 451。

到以下这些顾虑的困扰,即纪念碑风格是否可与当代日常生活和谐共存,或历史画是否应转变为更有秩序的现实,如古代作品那样。这些顾虑直到后来古典风格衰落时才出现。

裸体和半裸体的使用令我们吃惊:这里似乎为艺术的理想,为创造一个理想的世界而牺牲了现实性。不过,不难表明15世纪艺术已经在历史画中引入了裸体,甚至阿尔贝蒂也已对裸体做了理论阐述。[1] 在当时的佛罗伦萨,尽管生活方式很自由,但人们可能不会遇到一个裸体男子,如吉兰达约的《圣母进殿》中坐在教堂台阶上的那个人;不过没有人会想到以现实的名义挑这幅画的毛病。因此不能说像《街上之火》这样的图画已从根本上与15世纪的传统决裂了——只不过16世纪的艺术创造了更多的裸体形式。

首先,寓意人物必须适应这一情况——这些人物丢掉了一件又一件衣服,而安德烈亚·圣索维诺的教士陵墓表现的那位不快乐的"忠诚"(Fides)形象,则穿着一件古式浴袍坐着,裸露身体的含义完全猜不出来。这种对形象意义的冷漠是无法解释的,但是这些寓意人物甚至在较早的时候也绝不是地方性的或为人熟悉的类型。在宗教图画中露出赤裸裸的四肢肯定是令人不快的——我此刻想到乌菲齐布道坛米开朗琪罗画的圆形画《圣母》,不过这个女主角的例子不能当作这个时代的典型,只有这样说才是对的:如果有什么人可以对文化史上的主要变革负责的话,这个人就是米开朗琪罗,他造就了概括性的英雄风格(heroic style),使得时间和地点被忽视了。总之,他的理想主义属于最有影响和最无拘束的一类:通过他,现实世界遭到破坏,而他却从文艺复兴本身汲取了美妙的乐趣。

现实主义与理想主义问题中的决定因素,既不是服装也不是地点,15世纪所有的虚构渲染只是一种建筑与服装的无害游戏:真正引人注目的现实印象取决于画中人物脸部和人体的个体特征。吉兰达约可以在他给我们展示的配饰中自得其乐,而对于一幅像《圣殿中的扎迦利》(Zacharias in the Temple,新圣马利亚教堂)那样的画,我们马上会说:"这些人站的地方一定是佛罗伦萨。"有人会在一幅16世

---

[1] 阿尔贝蒂,《论绘画》(亚尼切克编,《阿尔贝蒂艺术理论文集》[Albertis kleinere kunsttheoretische Schriften],第188—119页。英文版,1726年,III,第18页)。

纪的图画中得到同样的印象吗？显然，肖像式的人物头部刻画更为罕见了，人们很少觉得非要打听画中这个人或那个人的姓名不可。虽然对个体的兴趣以及描绘个体的能力一直没有消失——想想在湿壁画《驱逐赫利奥多罗斯》（图65）中的肖像群像或安德烈亚·德尔·萨尔托在圣母领报教堂中画的图画（图103—106）——但是，只是想着将人物头部的肖像画得栩栩如生而心无旁骛，并认为让每个头像本身成为人们感兴趣的对象就足以证明其存在于历史题材中是合理的那一时代，已然过去了。一旦题材被认真对待，一排排麻木不仁的观众被去除，情况就根本地改变了——现在对个体人物的兴趣在情感再现方面遇到了一个令人生畏的对手，这是一个难题，不时会取代对性格的兴趣。身体的姿势变得如此有趣，以至人们几乎不为头像所吸引。人物形象作为构图要素获得了新的价值，并且在整体的构建中变得举足轻重，但作为在构筑性结构中发挥作用的各种力量的简单提示，本身并无重大意义。而不为较早一代人所知的这些形式作用，自然而然导致了仅仅是肤浅的描绘。类似的几乎毫无个性特征的一般化头像在整个15世纪都可发现——在吉兰达约的作品中有不少——而且在新旧艺术之间并不存在根本性的差别，致使新艺术漠视个性。看上去像肖像的那种人物头像不太常见，但这并不属于这样一种情况，即古典风格要求表现一般化和理想化的人类类型。就连米开朗琪罗——他再次采取了自己的立场——在早期的西斯廷湿壁画上也有一些看上去是从生活中撷取的头像，如《大洪水》（图31）。在这以后，米开朗琪罗开始对个别性失去兴趣。而在第一间小厅（Stanza）中的拉斐尔，变得对个别性越来越感兴趣。然而我们绝不要相信这两个人已简单地变换了位置——成熟的米开朗琪罗给我们的不是亚个别性（the sub-individual）的普遍性，而是超个别性（the super-individual）的普遍性。

艺术家是否以先前相同的方式构想和再现个别性，则是另一个问题。他们占有自然直至最细微衣褶的热切愿望以及对现实本身的乐趣已经低落下来。16世纪的艺术在人物画中寻求宏伟与有意义的东西，并认为它的这一目标是通过简化和抑制无关紧要的东西而达到的：如果它忽略了某些东西，不是因为观察力的衰退，而是相反，是一种强烈的感受能力使然。视觉的高贵性是一种内在的理想化，与美化装

图163 多纳泰洛,《抹大拉的马利亚》,佛罗伦萨洗礼堂

饰,即外部的理想化无关。[1]

可以合理地假定,即便在这一艺术盛期,艺术家们偶尔也会对自然所提供的东西感到不满意。要讨论这些感情是非常困难的,而且就15世纪和16世纪这样两个时代之间的差别而言,冒险对两者做出确定的概括确实也是草率的。在对模特有意识的改造方面,一旦艺术家上了手,就会经历数百个阶段。拉斐尔创作的《该拉忒亚》给人一种与模特无关的、完全是自发获得美之观念的印象。[2] 正好我们有文献可以证明拉斐尔的理想主义。然而波蒂切利无疑也会以同样方式表达自己,难道他的《维纳斯的诞生》(图174) 是缺少任何想象力的创作吗?甚至在"现实主义的"15世纪,也存在着理想的人物形象和理想的头像,在任何地方我们都发现差别只是渐渐产生的,不过很显然16世纪理想化的程度要大得多,因为那个时代的抱负同前一世纪艺术中所保持的与日常生活的密切联系是不相容的。注意到下面这点至关重要:就在艺术为自己发现一种更崇高的美的同时,教会也在为基督教信仰中的重要人物寻求一种更高贵的尊严。圣母不再是生活在

---

[1] 洛马佐的《论文》(*Trattato*,1585年,第433页)中有一段讨论大师们在肖像作品中所用的方法:"*Usavano sempre di far risplendere quello che la natura d'eccellente aveva concesso loro.*"("总是闪光的东西正是卓越的大自然赋予他们的东西。")即模特良好的品质。

[2] 古尔(Guhl),《艺术家书信集》(*Künstlerbriefe*)第二版,1,第95页。[芒茨在他的《拉斐尔》中给出了一个英文译本,伦敦,1882年,第490页。——英译注]

图 161b　吉兰达约,《牧羊人的崇拜》局部

街坊中的一位受人尊敬的普通妇女,她必须脱尽她的人类出身和社会地位的一切痕迹。现在再度出现了能够表达这种理想的人:米开朗琪罗,这位最伟大的自然主义者,也是最伟大的理想主义者。米开朗琪罗具备佛罗伦萨人在个性描绘方面的所有天赋,同时也是这样一个人,他最彻底地放弃了外部世界,按照自己的想法进行独创:他创造了他自己的世界,他做出的榜样,正是导致下一代人对自然缺乏尊重的主要原因,虽然这并非他的过错。

最后,在这一点上我们应当看到,16世纪更加注重对于美的沉思。这是一种顺应变化的欲望,有时会在其他兴趣面前消失殆尽。15世纪的先行艺术也具有一种美,一种独特的美,不过它极少寻求表现,因为其中存在着一种追求表情、特征和生命力的更迫切的欲望。我们再次以多纳泰洛为例：这位曾创作了巴杰罗博物馆中青铜《大卫》（图2）的大师，也会孜孜不倦地钻研丑的事物，甚至准备将圣徒表现得在形式上令人讨厌，因为他的唯一目的是表现令人信服的生命力，在这种生命特性所创造的印象下，他的观众不会就美与丑的问题提出疑问。佛罗伦萨洗礼堂中的《抹大拉的马利亚》(*Magdalen*，图163）是"一个瘦长的憔悴不堪的怪物"(《古物指南》第一版），而《施洗者圣约翰》（巴杰罗博物馆中的大理石像）是个体力衰竭的苦行者，更不用说在佛罗伦萨钟楼上的雕像了。然而到这个世纪末，美开始取得惊人进展，16世纪的艺术普遍开始了对各种人物类型的改造，不仅以一种更崇高的观念取代了谦卑的观念，也完全摒弃了某些形式，因为它们不美。

抹大拉的马利亚是位美丽的罪人，而不是形容憔悴的忏悔者；施洗者圣约翰具有在风雨中成长起来的男子汉的阳刚之美，毫无穷困或苦行之相。然而，年轻的圣约翰却被再现为漂亮男孩的类型（图168），成为这个时代最受欢迎的人物形象。

第二章

新型的美

当我们谈到一种新风格兴起时,首先想到的是已经有了一种建筑意义上的变革,但是如果更仔细地做一番研究,就会发现这种变革不仅限于人的环境——主要或次要的建筑特征、家具或服饰——而且人本身在外表形体上也已改变。风格的真正核心是对人体的新看法及对举止与动态的新观念。这种关于风格的观念比现在严肃多了,如今风格的变化就像化装舞会上穿的服装。然而,风格的突变只是从我们这个世纪(指19世纪。——中译注)才开始的,我们实在是没有什么权力侈谈各种风格,只能说流行式样。

如果我们在一幅像安德烈亚·德尔·萨尔托作于1514年的《圣母降生》(图106)的绘画和吉兰达约的一幅题材相似的湿壁画(图164)之间做一比较,16世纪艺术的新形体和新动态就显得非常清楚了。妇女的实际步态已完全改变,不再生硬做作,而是一种沉着庄重的动作,步速慢了下来,成为"庄重的行板"(*andante maestoso*);再没有任何头部或个别肢体生硬突兀的扭转,只有全身缓慢舒展的运动,轻松且具有连续节奏的曲线取代了散漫僵硬的姿势。早期文艺复兴时期瘦骨嶙峋、骨节突出的羸弱人体不再能体现理想的美——安德烈亚·德尔·萨尔托所表现的丰满匀称、发育良好的人物形象,光彩照人而富有魅力,从拽地衣褶的厚重衣服中露出浑圆的颈项;吉兰达约画的衣服则很短,袖子紧绷。在此表达了快速敏捷动作的衣服,后来因人物形体过于丰满起着阻碍行动的作用。

图 164　吉兰达约,《施洗者圣约翰的诞生》,佛罗伦萨新圣马利亚教堂

1

在 15 世纪下半叶,人物动作是以一种优雅的,往往是做作的方式表现的。圣母抱着小基督,往往肘尖突出,翘起小手指。吉兰达约生来对微妙的事物不感兴趣,但是他也完全吸收了这种手法主义(mannerism),甚至像西尼奥雷利这种具有强烈个性的艺术家也对这个时代的趣味做出让步,在不自然的修饰之中寻求优雅效果。圣母崇拜圣婴时,并不是简单地双手合十,而是只让两个食指并拢而其他手指分开。

像菲利皮诺这样感觉敏锐的人,一想到要表现牢牢抓住某个东西似乎就退缩了,若要表现某个圣徒拿着一本书或施洗者圣约翰握着十字架,让人物轻轻接触到物体就足够了。拉法埃利诺·德尔·加尔博(Raffaellino del Garbo)或洛伦佐·迪·克雷迪也都一样,他们画的圣塞巴斯蒂安以故作优雅的姿势取出箭夹在两指之间,仿佛在递一支铅笔。人物站立的姿势有时变成一种摇摇晃晃的舞蹈动作,这是一种在雕塑中的不稳定形式,给人以最不愉快的印象,如巴杰罗博物馆中贝内代托·达·马

图 165 "韦罗基奥",《托拜厄斯与天使》,伦敦国立美术馆

亚诺的《圣约翰》,这件作品在这方面并非无可指责。人们急切地期待着下一代人的坚定步态,甚至米开朗琪罗作的步履蹒跚的《巴克科斯》也站得更稳了。

在 15 世纪后期,这种做作的趣味集中体现于"韦罗基奥"的《天使长们》(Archangels,佛罗伦萨美术学院[1])中,这幅画可以说与伦敦的《托拜厄斯与天使》(Tobias and the Angel,图 165)是一对。[2] 面对这种矫揉造作的动作,我们不禁感

---

[1][现藏乌菲齐美术馆。——英译注]
[2] 现在人们放弃了将这幅画归为韦罗基奥所作的观点,转而认为作者是弗朗切斯科·博蒂奇尼(Francesco Botticini)[N.G. Cat., 1951,博蒂奇尼是韦罗基奥的追随者。——英译注]就风格而言,其可以与波拉尤洛在圣彼得教堂西克斯图斯四世和英诺森八世陵墓上的那些非常奇特的作品相比较,那些作品中矫揉造作的女性形象,堪比最糟糕的巴洛克风格。

到一种古老的装饰风格正在瓦解，我们见证着拟古风气的崩溃。

稳健、简单和自然的动作随着16世纪的到来又复归了，人物姿势越发稳重，那些过度装饰、生硬造作和立足不稳的缺点都已克服。安德烈亚·德尔·萨尔托的《阿尔皮耶的圣母》（图125）稳健有力地站立着，体现出一种全新的景象，我们几乎可以相信她只用单臂就能抱起沉重的小基督。她将书搁在大腿上，一只手扶着书的边缘，创造了一个宏大而连贯的形式，这种表现方式同样是16世纪最卓越的风格。在每件作品中，人物动作都被赋予更强的气势和活力，例如拉斐尔的《福利尼奥的圣母》（图84）。谁会相信，我们必须追溯到多纳泰洛那里，才能找到另一只像这幅画中圣约翰那样牢牢握住的手臂？

在15世纪，人物躯干的扭转或头颅的转动经常显得有些犹豫不决，仿佛羞于做强有力的表现。但现在人们对体现强大气质的有力动态的兴趣又恢复了，转动的头颅和伸出的手臂突然获得了新的力量。我们可以感受到人体具有更强的生命活力。而且，仅仅是观看这种单纯的动作，确实也被赋予了一种前所未知的力量，16世纪再一次能够描绘出一种敏锐而坚毅的凝视。

15世纪喜欢敏捷、匆忙的人物所表现出的最为迷人的动作：当时所有艺术家都运用这种母题不是没有道理的。一个天使托着蜡烛匆匆而来；一个婢女带着产自农村的酒和果子走向产床上的妇人，她从门口匆匆步入，衣裙被微风拂起层层皱褶（图166）。这个婢女的形象具有典型的时代特征，可与16世纪的《街上之火》（图167）中顶水的妇女相对照：这两个形象之间的对比包含了两种形式观念之间的全部差别。那个头顶水罐手提水壶的妇女身子挺直，镇定而坚毅地跨步向前。她健壮的胳膊承受着重量，这是拉斐尔成熟而雄浑的美感意识所创造的最辉煌的形象之一。在《主显圣容》的前景中，背过身来跪着的妇女属于同一类形象。如果我们也拿《驱逐赫利奥多罗斯》中那群妇女中相似的形象做比较，便有了一个标准，可据此判断出拉斐尔最后的风格朝着轮廓简洁有力的方向发展。

另一方面，新时代的趣味最不能容忍的是过度紧张和受约束的动态：韦罗基奥作的骑手科莱奥尼有足够的精力以及钢铁一般的力量，但缺乏动态之美。贵族式轻松自如的观念适合新型的理想美，并要以一种轻松流畅的线条表现出来：在卡斯蒂寥内伯爵的《廷臣论》中，有一段关于骑马话题的评述，恰好可以引用于此，大意

图 166　吉兰达约,《施洗者圣约翰的诞生》局部　　　　图 167　拉斐尔,《街上之火》局部,梵蒂冈

是骑马者不应"alla Veneziana"(像威尼斯人那样")拘谨僵硬地坐在马鞍上(威尼斯人被认为是蹩脚的骑马者),而应当非常从容。他用了"disciolto"(放松)一词。当然,这只是对未穿盔甲的骑者而言,因为身穿便服的骑手能够轻松地骑在马上,若是披挂沉重盔甲便几乎只能直挺身体了——"一种情况下骑者膝盖是弯曲的,另一种情况下膝盖是僵直的"[1]——但是为了达到艺术的目的,从此往后艺术家们

---

[1] 蓬波尼乌斯·高里库斯,《论雕塑》(布罗克豪斯版,第115页)。

只采用前一种姿势。

佩鲁吉诺早就向佛罗伦萨人展示了如何描绘温柔优雅的动作,因为在他那个年代,将人物身体重量落在一条腿上而另一条腿松弛地弯曲着,同时头部相应地向相反方向倾斜,这种站立姿势在佛罗伦萨还是相当新颖的母题。托斯卡纳人关于优美的观念较为生硬笨拙,虽然许多艺术家试图采用佩鲁吉诺的母题,但没有一个人能画出他那种甜美的动态和柔和的线条。然而,16世纪完全放弃了这个母题[1]:拉斐尔很年轻的时候就沉迷于此,但在后来的作品中再也没有采用过。我们完全可以想象得出,米开朗琪罗会对这种姿态嗤之以鼻。新的姿势在轮廓上显得更加紧凑,更有节制,除了其感伤情调外,佩鲁吉诺的美已经不够了,它不能满足对团块的新趣味。分隔、孤立各部分的做法已被放弃,要求的是整个形式的集中与稳定。因此,整整一个系列的手和臂的动态得到了改造,例如,祈祷时双臂交叉在胸前便成为这个新世纪独特的母题。

2

仿佛佛罗伦萨人中突然成长出一种新型人体。罗马一向拥有丰满、厚重的形状,这些形状成为新的理想,但它们在托斯卡纳相当少见。总之,艺术家们依旧画画,好像15世纪的佛罗伦萨没出现过后来安德烈亚·德尔·萨尔托在他的画中所描绘的那种佛罗伦萨妇女模特。早期文艺复兴的趣味更喜欢那种未充分发育的形体,苗条而敏捷,青年人的瘦削优雅和富有弹性的线条比成年女子的丰腴饱满或成年男子的筋肉发达更有魅力。波蒂切利和菲利皮诺的少女天使,关节锐利,臂膀纤细,代表了青春美的理想,而这种收敛性甚至在波蒂切利画的翩翩起舞的美惠三女神群像中也没改变,虽然她们处于更为成熟的年龄。对这个问题16世纪有不同的见解:甚至莱奥纳尔多的天使在形体上也更柔软,而且无论是拉斐尔的《该拉忒亚》还是米开朗琪罗的《创造夏娃》,都与15世纪后期艺术中的维纳斯存在着多么巨大的差别啊!从前纤细修长的颈部,刻画得像斜削双肩上的一个倒置漏斗,现在变成了宽阔

---

[1] 它仍保留在安德烈亚·圣索维诺所作的《基督受洗》(图156,始作于1502年)的基督形象上,但已被修改。

图 168　拉斐尔，《施洗者圣约翰在布道》，乌菲齐美术馆

强壮的双肩上的粗短脖子。拉长形体的做法被抛弃了，四肢都表现得更丰满、更强壮。美再度见于古代理想中的丰满躯干和肥大臀部，眼睛寻求的是宽大而统一的面。韦罗基奥做的《大卫》在16世纪有件极相似的作品，即本韦努托·切利尼的《珀尔修斯》（*Perseus*，图183）——这个羸弱柔顺的男孩不再被认为是美的。无论如何，当需要表现一个少年时，艺术家就赋予其圆润丰满的体格。拉斐尔画的《施洗者圣约翰在布道》（图168，位于乌菲齐布道坛中）便是这种画法的一个很能说明问题的例子，即为了赋予一个男孩的身体以男子气的形体，而不顾自然的真实。

美的形体关节分明。16世纪意大利艺术具有如此强烈的结构感以及表现内在形式的强烈愿望，以至相比之下一切细节描绘都变得毫无意义了——在这个领域，理想化倾向早已开始而且效果显著，以至藏于乌菲齐美术馆的洛伦佐·迪·克雷迪的

图169 洛伦佐·迪·克雷迪,《维纳斯》,乌菲齐美术馆

图170 "弗兰恰比焦",《维纳斯》,罗马博尔盖塞美术馆

裸体模特[1]以及藏于博尔盖塞美术馆的弗兰恰比焦的理想人物(更可能是安德烈亚·德尔·布雷夏尼诺[Andrea del Brescianino]所作,图169、170)之间出现的平行现象,就具有多方面的启发性了。

---

[1] 我们可以顺便提一下,这个人物形象的头部素描藏于阿尔伯特图形博物馆(Albertina),发表于《古代艺术大师绘画手册》(*Handzeichnungen alter Meister*)中,III,第327页。

人物头部变宽，由各个大面构成，并强调横向线条：人们赞赏结实的下巴和丰满的面颊，甚至嘴巴也不必过于小巧。虽然过去曾经认为，女性最美莫过于能展示出高高的、光洁的前额（波利齐亚诺所说的"*La fronte superba*"［高傲的前额］），甚至为了符合标准要将头发拔掉一些[1]，但是16世纪认为低浅的前额是更合意的形式，因为人们觉得这给脸部增添了一种更宁静安详的神态，眉毛也要用更平稳的线条来描画。我们再也看不到如德西代里奥做的女孩胸像雕像中那种高挑的弯眉，她们微笑与惊奇的面庞上，眉毛高高扬起，暗示了波利齐亚诺的《比武篇》(*Giostra*)中的诗句，她们每个人都——

Nel volto meraviglia
con fronte crespa e rilevate ciglia.

（皱起额头挑起眉
脸上流露出惊奇。）

同样，别致的小翘鼻可能有过不少欣赏者，但现在不再时髦了，肖像画家会费很大的劲将不规则的线条画得更平滑，将鼻子形状调整得温和而匀称。我们称之为高贵的鼻型，如我们在古代雕像中所欣赏到的，是在古典时期首次复活的一种理想。

美，给人以一种平静和力量的印象，而形成于这个时期的"匀称美"(regular beauty)的概念，与这个时代是完全吻合的。这个概念的含义不仅指脸庞两侧完全对称，而且也指清晰性，或可以说是易识别性，以及脸部各部分之间合逻辑的比例关系。这很难用词语解释，但会立即从总体印象中闪现出来。肖像画家刻意强调这种匀称感，16世纪第二代人在这方面对画家们提出更多的要求：布隆齐诺画的那些的确很漂亮的肖像画，脸部都描绘得极其光洁柔滑。

在这里，图画比语言更能说明问题，如果把皮罗·迪·科西莫的《美女西莫内塔》(*La bella Simonetta*) 和米开朗琪罗所谓的《维多利亚·科隆纳》(*Vittoria*

---

[1] 参见关于《蒙娜·丽莎》的注释，第30页。

图171　皮耶罗·迪·科西莫,《美女西莫内塔》,尚蒂伊博物馆　　图172　"米开朗琪罗",所谓的《维多利亚·科隆纳》,素描,乌菲齐美术馆

Colonna)[1]（图171、172）放在一起,就可以看到一种显著的平行现象,因为二者都是理想的人物形象,代表了两个时代的趣味。

在16世纪可能没有一组作品可与15世纪佛罗伦萨的女孩胸像相比:16世纪的美人画廊是由一些女人味十足的女子像构成的——如皮蒂宫的《韦拉塔夫人》（图82）,柏林的《多萝西亚》（图81）、乌菲齐布道坛的《"面包师之女"》、藏于马德里和温莎的安德烈亚·德尔·萨尔托画的那些美丽动人的女子像等等。审美趣味已转向更富魅力的成年女子。

3

15世纪顽皮的想象力在头发处理上释放出种种奇思异想,画家们创造出各种华美的发型,饰有无数五彩花环和绺绺发辫,点缀着宝石,串串珍珠平添生气。但

---

[1]　莫雷利（Morelli）首次正当地对米开朗琪罗的作者身份提出异议,但这并不影响我们现在的讨论。

我们必须把这些神奇精巧的打扮与人们实际梳理的发型区别开来——不过实际的发型也是够任性的了。这种喜欢把头发划区分股以及装饰细节的倾向，与后来喜欢单一团块的简单形式的趣味形成了对比，甚至在装饰上也不是让宝石在头发上单独闪光，而是将其融为一个和谐的形体。蓬松的波状卷发被拒绝，艺术家的画家们偏爱结实的统一体：飘浮的卷发曾在吉兰达约和他的同代画家的作品中非常普遍，它垂落到面颊，遮住耳朵。这只不过是个漂亮的母题，但危及整体的明晰性，故此时消失得无影无踪了。耳朵在整体结构上是一个重要的部位，必须清晰可见。前额头发汇成一条单纯的线，越过太阳穴，具有框住面庞的作用。而15世纪的艺术家并不想看到这样，他们改变了前额的自然轮廓，增加了它的尺寸，超出了正常的界限。旧时的风格喜欢将一件珠宝饰物佩于头顶，以进一步强调这种布局的垂直性，而大气的16世纪艺术更喜欢以强有力的水平线作为边界。

于是就发生了风格的反转。15世纪美人修长的脖颈必须显得灵活而柔软，需要与16世纪粗壮的脖子不同的饰物：串线悬挂的单件珠宝过时了，代之以沉甸甸的珠宝链；原本合身轻巧的项链也变得沉重而下坠。总而言之，人们追求的是重量感和尺度感，异想天开的创造乐趣被强制性纳入严谨单纯的轨道。诚然，甚至也有人提出过头发应表现出自然散乱的状态，还认为皮肤的自然色泽（*palidetta col suo color nativo*）比用红白脂粉化妆更美，所以一个女人只是在早上梳妆打扮时才改变了她的天然肤色。这句话出自卡斯蒂寥内伯爵之口，是对15世纪后期浮华做作风气的重要反拨。

有鉴于此，我们至少应当注意到，先前男人蓬乱的头发现在被捋平为简单的轮廓。克雷迪和佩鲁吉诺画的肖像，将头发画成像被微风拂乱的样子，并非出于偶然，因为刻意求工的风格要求这样做。16世纪的肖像都把头发画成梳得光滑服帖、有条不紊的体块。16世纪还普遍允许男子蓄胡子，因为它突显了尊严高贵的神采。尽管当卡斯蒂寥内坐下来让拉斐尔给自己画像时蓄着络腮胡子，但是他认为应当让每个男人自己决定是否要这么做。

服装为这种新观念提供了更清晰的暗示，因为衣着直接表现了关于人体及其动态的流行观念。16世纪的艺术必然转向质地柔软而厚实的衣料、宽大松垂的衣袖，以及拽地的裙裾，如我们在安德烈亚·德尔·萨尔托作于1514年的《圣母降生》

（图106）中所见到的。正如瓦萨里明确指出的那样，这种样式描绘了当时的时尚。我们的目的不是详细分析各个母题，关键的因素在于普遍追求着装的饱满度和重量感，强调宽厚的线条，突出垂挂或拖曳的效果，所有这些都减缓了运动。相反，15世纪则强调运动的自由性和灵活性。短而贴身的衣袖使手腕活动自如；服饰上没有华丽的锦簇，只有优雅的修饰，袖口有几条细长的开衩和丝带，要么除了一些狭长的褶边和接缝外别无其他装饰。16世纪要求的是分量感和窸窣作响的饱满度，拒绝复杂的裁剪和琐碎的母题，缀有花纹的衣料消失了，代之以裙子厚重的、深深的褶皱。服装只考虑大面的对比关系，只选用那些能产生大效果而不必近观细察的衣料。波蒂切利画的美惠三女神胸部穿着一种网线织物（图7），这种体现古风的微妙手笔对新一代人来说，就像飘动的丝带、纱巾和类似的薄轻透明之物一样，令人不可思议。触摸感以另一种不同的方式得到满足，即用手牢牢握住物体，而不是用指尖轻轻触摸。

4

从这一观点出发，我们可以看一下建筑及其在16世纪的变革。像服装一样，建筑也是人及其体积感向对外部世界的投射：在这种体积感为其自身创造的空间中，在天顶和墙面的形式中，就像在人体及其动作的程式化中那样，一个时代得到了清晰的表现，宣布了自己的理想和价值标准。16世纪对人与建筑的关系、对美妙空间的谐振，有着特别强烈的感受力。如果没有构筑性概念和建筑方面的基础，就很难想象这种感受力的存在。

像其他事物一样，建筑也变得庄重而严肃，将早期文艺复兴放荡的游动性限制为一种更讲究尺度的步态。各种欢快的纹样、宽阔的拱券、细长的圆柱全都消失了，取而代之的是庄重而有节制的形式、庄严的比例和严肃的单纯性。宽敞而有回音的房间是举行盛大礼仪活动所需要的，现在对这些房间的探索不是为了娱乐。只有严格遵守规则法度，才能取得庄严肃穆的效果。

吉兰达约为我们提供了15世纪晚期佛罗伦萨建筑室内装饰的一个信息宝库。《施洗者圣约翰的诞生》（图164）一画中的房间，各个角落中的壁柱、连续性的上楣、饰有泥金纹样的木格天顶，以及墙上不对称挂着的彩色挂毯，展示了一幅相当准确的贵族宅邸画面。四处布置的家具既实用也可作为装饰，但毫不考虑常规的安排：似乎只要是美的东西，放在任何地方也一定是美的。

相比之下，典型的16世纪房间显得清冷空寂，因为建筑外部的庄重形式也影响到室内装饰。室内再也没有生动的细节和如画般的角落，因为一切东西，无论是形式还是装饰与陈设，其风格都建筑化了，艳丽的色彩全被摒弃了。这就是我们在安德烈亚·德尔·萨尔托作于1514年的《圣母降生》（图106）中所见到的画面。单色的处理方法与进一步努力获取高贵效果相关联：有节制的用色和中性的色调虽不引人注目，却比突兀的或华而不实的色彩更为可取。卡斯蒂寥内伯爵说，绅士一般应穿朴素的深色衣服。只有伦巴第人才会穿着色彩鲜艳、装饰华丽的衣服招摇过市。在中部意大利如果有人想这么做，会被当作疯子。[1] 色彩鲜艳的帘帷挂毯，连同条纹腰带和东方披肩一起消失了，因为对这类东西的喜好现在看来幼稚可笑。

色彩也从自命为富丽堂皇的建筑中被排除出去，并从立面上完全消失，而在室内则受到最严格的限制。高贵的建筑应当是无色的，这个观点造成的影响持续了很长时期，因此许多古老的纪念碑式建筑深受其害，以至我们不得不从相对残破的遗迹中重构15世纪的建筑形象。在这方面，戈佐利或吉兰达约画中的建筑背景仍对我们有很大帮助，尽管在细节上不能完全当真。吉兰达约对鲜明的色彩有着特别的嗜好——蓝色的上楣，黄色的壁柱条饰，杂色大理石地面，不过瓦萨里仍然称赞他的画朴实无华，理由是他在画中放弃使用泥金纹样。[2]

雕塑也是如此。我们已经提到15世纪彩绘法的一个重要实例，即圣米尼亚托教堂中安东尼奥·罗塞利诺做的陵墓。另一个例子是德西代里奥作的圣十字教堂中的马尔苏皮尼陵墓，虽然凑近细察还能发现色彩痕迹，但现在却呈现为苍白颜色。在我们这个时代修复旧物，着手处理这件备受损害的作品并让它再度焕发出旧日悦目的光彩，是一项有价值的工作。要获得色彩效果并不需要用很多颜色：寥

---

[1] 从这里到采用西班牙服装只有一步之遥。在卡斯蒂寥内的书中经常可以看到对西班牙人格——*grave e riposto*（严肃和平静）——的赞赏。他认为西班牙人比性情活泼易变的法国人更像意大利人。

[2] 翁布里亚人使用金色比佛罗伦萨人持续时间更长，观察一下金色如何从拉斐尔在梵蒂冈的作品中逐渐消失的，将是饶有趣味的。

寥几笔金色就足以去除白色石头的无色外观,即消除它与周围彩色世界之间不协调的外观。安东尼奥·罗塞利诺做的藏于巴杰罗博物馆中的《圣母》浮雕(图4),以及贝内代托·达·马亚诺的《圣约翰》就是用这种方式处理的,并未过分泥金,只是通过头发或皮衣上的寥寥数笔便获得了五颜六色的闪烁效果。金色天然与青铜为伍,青铜和泥金大理石结合在一起能产生特别精美的效果。例如,在罗马人民广场圣马利亚教堂中的福斯卡里主教(Bishop Foscari)的陵墓上,死者的青铜像躺在一个装饰有泥金纹样的大理石垫子上。

米开朗琪罗从一开始就摆脱了色彩效果,结果使得所有人都立即开始用单色画法创作,甚至特别适合彩绘修饰的赤陶雕塑也不再使用任何颜色,这在贝加雷利(Begarelli)的作品中可以清楚地看到。人们常常反复宣称,现代雕塑不用色彩应归功于模仿古代雕像的雄心,对此我不敢苟同。在任何一个考古学纯粹主义者想到这一点之前,色彩就已经被断然拒绝了,而且这类影响深远的趣味变迁并不是由各种历史思考所确定的一条法则。只要文艺复兴还使用色彩,便将古物视为着色的;在所有画有古物的作品中,这些古物都被画成了彩色的。从不再渴求色彩的那一刻起,古物就被看成白色的了,但说古物提供了原始推动力,那就错了。

5

每一代人在这个世界上看到的都是与自己意趣相投的东西,15世纪显然拥有与16世纪完全不同的视觉审美标准,因为这个世纪以不同的眼光看待世界。波利齐亚诺的《比武篇》中有一节描述了"维纳斯花园"(Garden of Venus),这是对15世纪关于美的感受力的概括。他吟咏阳光明媚的树林和清澈的泉水,列举出许多好看的颜色和可爱的花朵,对它们一一做长篇描述,不怕听众或读者腻烦,还以最微妙的感觉描写了一小片片绿茵茵的芳草地:

> ... scherzando tra fior lascive aurette
> fan dolcemente tremolar l'erbette.

（……多情的微风在花丛中戏谑

惹得小草儿甜蜜地颤抖。）

对画家来说，一片鲜花盛开的草地同样也是纯粹的个别存在物的集合，每一个体都有自己的生命情感，他都可以分享。据说莱奥纳尔多曾以非凡的技巧描绘过一束插在花瓶里的鲜花[1]，我引用这个例子说明当时画家们所做的种种努力。艺术家对宝石、樱桃、金属器皿上闪耀的光泽和反光，都是以一种新的敏锐洞察力来观察的，这种洞察力源于15世纪的尼德兰图画。给施洗者圣约翰画上一个带金属环的玻璃十字架，表明了一种特别珍贵的趣味：闪烁的簇叶，鲜丽的肤色，蓝天衬托下的朵朵白云，这些都带来了绘画的乐趣。每幅画都在追求最绚丽的色彩。

16世纪不再懂得这种乐趣。鲜艳美丽的色彩并置不得不给浓重的阴影和透视效果让路。莱奥纳尔多曾嘲笑那些不愿为造型而牺牲色彩之美的画家，把他们比作妙语连珠却又不知所云的空头演说家。[2] 16世纪的绘画缺少仔细的观察，只要实现庄重的动作和主要的明暗效果，便不再关注草叶的颤动和结晶体上闪烁的光芒。不仅如此，对外部世界的兴趣越来越只限于人物形象：我们已看到祭坛画和历史画如何致力于其自身的特定效果，不去迎合对可视世界的一般喜好，而从前的祭坛画是聚集天下一切美好之物的地方。故事画不只是历史画家的工作，而且是兼画建筑、风景和静物的画家的工作。现在这些兴趣变得互不相容了。甚至在那些既无意于表现戏剧性场景，又无意于表现庄重的与宗教性的场景，而着意于表现纯粹田园风光或平静再现世俗及神话题材的作品中，人物形象之美淹没了几乎所有其他的考虑。在这些艺术伟人中又有谁会画莱奥纳尔多的玻璃瓶插花呢？当安德烈亚·德尔·萨尔托描绘任何这类题材时，他总是很肤浅地草草挥就，仿佛担心危害纪念碑式风格的纯粹性。[3] 不过在他的作品中我们有时也发现有美丽的风景。作为一个纯粹的画家，拉斐尔至少就其潜能而言是这些伟人中最多才多艺的一个，然而他在这方面的创作

---

[1] 瓦萨里（米拉内西版［Milanesi］），III，第25页。这出自一幅《圣母》画。文杜里（Venturi）在论述到博尔盖塞美术馆中洛伦佐·迪·克雷迪作的圆形图画（No.433）时引用了这段话。

[2]《论绘画》，路德维希的意-德版，No. 236。也应当记住，在建筑（和雕塑）中增强阴影效果是对色彩不利的。

[3] 现在纪念碑风格和非纪念碑风格之间有一种区别：对画箱上的小型图画来说，完全不同的风格标准也是有效的。（画箱：Cassone，意大利文艺复兴时期流行的一种大箱子，通常在新婚时使用，常聘请著名画家在上面作画。——中译注）

图 173a 菲利皮诺·利皮,《音乐的寓言》,柏林

却极少。虽然一切绘画手法依然可用,但似乎出现了一种只注重人物画而忽视一切非人物画的倾向:耐人寻味的是,有一个受雇于拉斐尔工作室的意大利北部画家乔瓦尼·达·乌迪内(Giovanni da Udine),专门描绘画中景物的细部。后来,正是卡拉瓦乔这个伦巴第人,又以插花花瓶这个题材在罗马掀起了一场真正的风暴:这是一种新艺术的先兆。

像菲利皮诺这样一位 15 世纪画家,将《音乐的寓言》(Allegory of Music,藏于柏林,图 173)画成了一位年轻女子在打扮阿波罗的天鹅,风将她的斗篷吹散开来,具有 15 世纪艺术风格的欢快"色调"(coloratura)。这幅有小天使和动物、水面和树叶的图画,便拥有了勃克林(Böcklin)所画的神话故事的全部魅力。但是 16 世纪只重视雕像式的母题,对自然的总体感受力变得越来越有限,这无疑对艺术的发展是极不利的,因为盛期文艺复兴的工作范围如此狭窄,以至总是存在着自我衰竭的危险。

在意大利艺术中，欣赏趣味向雕塑性的转变与趋向古代美是相一致的，人们倾向于以刻意模仿古代艺术这同一种原因来解释这两种现象，仿佛是因为偏爱古代雕像而放弃了世界中的如画美景。然而，绝不要将判断建立在从我们这个世纪得来的研究这类问题的历史方法的各种类推之上。如果其力量处于顶峰状态的意大利艺术表现出了一种新的创作冲动，只能将它解释为自身内部发展的结果。

6

总之，我们必须再次谈到与古代的联系。流行的观点认为，15世纪的艺术家的确目睹了古代文物，但当他们自己从事创作时却完全忘记了这些外来因素，而独创天赋稍逊一筹的16世纪却从来没能摆脱这种由古代造成的印象。于是便有了这种心照不宣的假设，即两个时代都以同样的方式看待古代艺术，但这是有争议的。如果15世纪的眼睛观察到16世纪未曾看出的大自然的某些方面，那心理学上的推断便是，面对古代艺术，在所感知的对象上同样的因素对两种意识来说并不会同样显著。情况总是如此，一个人只会看见他在寻求的东西，需要长期训练才能克服这种视觉天性，虽然我们无权假设在一个艺术作品多产的时代曾有过这样一种训练，因为这不单单是一个视网膜上反映了什么的问题，而且也是实际上观察到了什么的问题。因此，这才是更正确的设想，即假设有一种类似的追求"古风"的欲望，15世纪和16世纪肯定会得到不同的结果，因为每个世纪以不同的方式理解古代艺术。也就是说，每个世纪都会寻找自己在那里的映像。因此，如果16世纪的艺术于我们看来显得更具古风气息的话，那一定是它自己的精神生活变得更近似于古代的缘故。

建筑最清楚地表明了这种关系，因为没有人会对15世纪建筑师恢复"古代优良风格"的真诚意图表示怀疑，不过在他们的作品和古人的作品之间却极少有相似之处。15世纪力求掌握罗马形式语言的种种尝试，使人觉得他们对古代的了解只是道听途说：建筑师们采用了圆柱、拱券和上楣等想法，但设计单个构件并将它们组合在一起以构成更大整体中各个要素的方法，使人很难相信他们曾见到过罗马的废墟。不过他们确曾见过、赞美过、研究过这些废墟，而且相当自信地认为他们是在亲手创造古风的效果。罗马圣马可教堂的立面模仿了大斗兽场的连拱廊，但在最本质的比例问题上却大相径庭——它属于15世纪的风格——这样做的意图并不是要将建筑物从其古代原型的束缚中解放出来，而是人们认为可以如此建造而仍不失古风。建筑师们借用了字面的形式体系，但在精神上却保持着独立性。研究一下以下问题是很有教益的，例如就拿古代凯旋门来说，它们立在地面上可供早期和后期的人们模仿，我们可以观察一下文艺复兴的人们是如何避免提图斯凯旋门（Arch of Titus）所提供的古典范例而利用了拟古主义手法的，这些手法与里米尼（Rimini）或更遥远地方的奥古斯都时期的建筑有相似之处，直至它们自行变成了经典。[1]

古风式人物的情况也是这样，艺术家们以准确的感觉从这些备受赞美的典范中仅仅撷取自己所理解的东西，即驾轻就熟的东西。我们甚至可以说，包括了成熟和烂熟风格之实例的古代雕刻储备，不仅对现代艺术风格发展进程毫无影响，也不会导致任何不成熟风格的发展。当早期文艺复兴艺术家选用某个古代母题进行创作时，在这一母题再次出现于艺术作品中之前，就从根本上被更改了，其处理方法与诸如巴洛克和洛可可这类显著的风格发展时期对古代雕像所采用的方法完全相同。16世纪的艺术发展到了这样的阶段：它曾一度面对面地、平等地看待古代艺术。这是它自身内在发展的结果，而不是刻意研究古代残迹的结果。意大利艺术的洪流沿着自己的路线奔腾向前，无论有没有古代雕刻，16世纪都会如此发展。它的线条美并非来自《观景楼的阿波罗》（Apollo Belvedere），它的古典的静穆也并非来自《尼俄柏之子》（Niobids）[2]。

要想习惯于欣赏15世纪的古风艺术得花一些时间，但它的存在是毫无疑问的：当波蒂切利开始进行神话题材创作时，他希望再造古代形相。他的《维纳斯的诞生》中那个平静地立于贝壳上的维纳斯让我们觉得有点奇怪，而他的《阿佩莱斯的诽谤》（Calumny of Apelles）也是如此，意在用与古代画家同样的方式描绘这些题材。他的《春》，再现了身着饰有金色图案的红裙的爱之女神、婆娑起舞的美惠三女神

---

[1] 参见沃尔夫林，《古代凯旋门：一项关于罗马建筑发展史及其与文艺复兴关系的研究》，载《艺术科学文库》，XVI，1893年。

[2] 总之，在16世纪初，佛罗伦萨的《尼俄柏之子》尚未为人知晓。

和播撒鲜花的花神，被认为是一幅具有古代精神的作品。站在贝壳上的维纳斯与古代维纳斯没有什么相似之处，波蒂切利画的那组美惠三女神在相貌上与古代三女神也完全不同。但不必以为波蒂切利是故意让自己与古代艺术区别开来，因为他的做法并未超出同时代建筑界的同事们。当这些建筑师用修长的圆柱、宽敞通风的拱劵和丰富的装饰细节建造连拱廊时，也认为自己是在模仿古代。[1]

假如当时出了一个温克尔曼来宣讲古代艺术的"高贵的单纯和静穆的伟大"，他会发现没有人理解他。虽然15世纪初期要更接近于这种理想，但是像尼科洛·德·阿雷佐（Niccolo d'Arezzo）或南尼·迪·班科（Nanni di Banco），甚至多纳泰洛这样的艺术家的认真尝试却未得到延续。人们寻求运动感，看重装饰的多样性，整个形式感已发生了根本的改变。然而没有人会认为与古物的接触业已停止，因为正是古代艺术品提供了运动与飘动衣饰的最佳典范，而且古代文物是装饰细节的取之不尽的宝藏，适合于陈设、衣物和建筑物。[2] 人们再也想不出比用古代建筑填补背景更好的办法了，而且对这些文物是如此狂热，以至像罗马君士坦丁凯旋门这类作品，尽管实际上呈现在每个人的面前，但还是被反反复复画进湿壁画中，在同一幅画中不只出现一次而是两次。诚然，它在画中并非以实际的状态，而是以画家想象中应有的样子出现的，而且被涂上了颜色，装扮得很华丽。每一幅再现古代场景的画面所追求的效果都是古怪离奇的，近乎童话般辉煌壮观。同时，在这个古代世界中人们追求的不是庄重，而是欢快宁静。躺在草地上身系鲜艳彩带的裸体人物是令人愉快的形象，可被称为马尔斯和维纳斯。画中没有出现要任何雕像式或大理石般的形象，因为还不存在宣布放弃色彩的多样性、光洁润泽的肌肤和百花绽放的草原的问题。到那时为止，还不存在对于古代世界之"庄严"（gravitas）的感受力，人们阅读古代诗人的作品，但侧重点不同。维吉尔诗中的情念得不到回应而消失。那些高贵的段落在后来代代人的记忆中留下了深刻的印象，例如迪多（Dido）临死前的一句话，"*et magna mei sub terras ibit imago*"（"我伟大的灵魂

---

[1]在韦罗基奥作的表现托尔纳布奥尼家族（Tornabuoni family）中一位成员之死的浮雕（出自新圣马利亚教堂陵墓，现藏巴杰罗博物馆）中，我们可以看到以古代方式处理的一个当代场景。弗里达·肖特米勒（Frida Schottmüller）发现了古代的原型，参见《艺术科学文库》，XXV，第403页。
[2]按瓦萨里的说法，菲利皮诺是第一个将大量古代母题塞进自己图画中的画家。

图174 波蒂切利,《维纳斯的诞生》, 乌菲齐美术馆

将去往地下的世界")——但是当时的人们对此还没有足够敏锐的感受力。从那些根据古诗所绘的插图来看,我们相信这么说是不会错的,即画面的整个基调完全不像我们所期待的样子。要创造一种古代的印象是多么容易,我们从韦斯帕夏诺(Vespasiano)对人文主义者尼科洛·尼科利(Niccolò Niccoli)进餐时的迷人描述中就能够体会到这种古代印象。[1] 桌布是上好的白色亚麻布,摆着富丽的饭碗和古色古香的器皿,而他却只用一只水晶酒杯啜饮,这位如痴如醉的叙述者叹道:"*A vederlo in tavola, così antico come era, era una gentilezza.*"[2] 这幅小小的图画以一种拟古的方式描绘得惟妙惟肖,它与15世纪关于古代的概念完全吻合,但在16世纪简直难以想象!谁还会称它为"古代的"呢?尤其是,谁还会在这类语境中描写用餐?

关于人的尊严与美的新概念,将艺术带入了与古典古代之间的一种新关系之

---

[1] 布克哈特所引,见他的《文艺复兴时期的文化》(费顿版,1944年,第129页)以新近出版的《文集》(*Beiträgen, Die Sammler*,第332页,注释)。

[2] 伯克哈特在《意大利文艺复兴时期的文化》一书第224页引用了这句话(中译本第212页),并评论道:"这句话是难于翻译的,大意是'桌上的这些酒杯像时间一样古老'。参见《美术译丛》,1987年第1期。——中译注

中。两种趣味立即相遇，现在眼睛第一次学会了注意在复制古代人像过程中的考古学准确性问题，这是合乎情理的结果。奇装异服不见了，维吉尔被表现为一位古罗马诗人而不再是一个东方术士，古老的诸神也恢复了恰当的形式和标志物。现在，古风已被看成它实际的样子，那种天真的方法消失了。但从这一刻起古代艺术又变成了一种危险，对于能力较弱的人来说，一旦他们尝过这棵知识之树上的果实，与这种艺术的接触便会带来灾难性的后果。

拉斐尔的《帕尔纳索斯山》（图64）提供了与波蒂切利的《春》（图7）一个十分有益的对比，并且提出了一种古代场景新构思的美妙观念。在《雅典学院》中，我们见到一个独立的阿波罗形象，具有纯正的风貌，但这里的问题不在于这个形象是否基于某件古代宝石雕刻[1]，重要的是它立即使我们不由自主地想起了某件古代艺术品。古代雕像第一次以真正合理的方式被重新制作出来：现代的线条感和团块感已发展到很高的程度，以至能够跨越时代的间隔。不仅人体美的再现受到了影响，而且再次出现了对古代衣饰庄重品质的赞赏（这种品质的迹象在15世纪初期的艺术作品中已经显露出来）。尊贵的古代风貌，高贵而有节制的姿势，都再度为人们所感知。马尔坎托尼奥的铜版画《我非把你们》（*Quos ego*）[2]中取自《埃涅阿斯纪》的场景，与15世纪的插图形成了颇有教益的对比。这个时代对雕像式的品质已变得非常敏感，这种主要以塑造性方式观看的倾向必定会导致古风艺术达到十足的饱和度。

不过所有大师对经验的态度仍然保持着独立性，不然他们就谈不上伟大了。无论是接过了个别的母题，还是受这个或那个原型的启发，绝无相反的证据。可以将古代艺术看作米开朗琪罗或拉斐尔教养中的一个因素，但这只不过是次要因素。丧失独创性的危险对雕塑家比对画家更大——就在这个世纪刚刚开始，圣索维诺在他为人民广场上的圣马利亚教堂制作的壮观陵墓上，在彻底模仿古代艺术方向上开了个头。与像波拉尤洛在圣彼得教堂内做的陵墓那类较早的作品相比，圣索维诺的风

---

[1] 几乎可以肯定，将它与美第奇家族的宝石雕刻《阿波罗和玛息阿》（*Apollo and Marsyas*）联系起来是不会错的。
[2] 拉丁语 *Quos ego* 是维吉尔《埃涅阿斯纪》中海神威胁不服从的诸风神时说的一句话（I, 135），牛津大学出版社2007年版 *Aeneid* 英译本作 "You, that I . . ."（第7页）。此处译名采用杨周翰先生的译本《埃涅阿斯纪》（卷一），上海世纪出版股份有限公司，2017年，第43页。——中译注

图 173b 《音乐的寓言》局部

格具有一种新罗马艺术宣言的效果,然而米开朗琪罗本人却能确保艺术不会在一种起同化作用的文物古典主义中步入迷途。同样,古代艺术对拉斐尔的艺术环境起着越来越大的作用,然而他最伟大的成就总是独立于古代艺术的影响。

必须永远记住这一点,即尽管罗马废墟肯定比以往产生了更有说服力的影响,但建筑师们从不去精确再现古代建筑。现在人们理解了古代建筑的单纯性,克服了自己对装饰的放纵追求。他们能够理解古代建筑的团块性,也掌握了与之相类似的比例,现在更灵敏的眼睛渴望对它们做精确的测量。人们已开展考古发掘工作,拉斐尔本人就以半个考古学家的身份出现。人们在自身的发展中已走过了一个阶段,现在他们也能在古代作品中区分出不同的时期。[1]然而,尽管有这样敏锐的洞察力,这个时代仍然保持着自己的本真性和"现代感",而巴洛克艺术就是从考古学研究的成果中脱颖而出的。

---

[1] 在这方面,可参见关于罗马出土文物的所谓"拉斐尔备忘录"(印于古尔的《艺术家书信集》I以及其他书中 [例如菲谢尔(Fischel)的《拉斐尔》,1948年,第201页]),还有米开朗琪罗对万神殿各个建造时期的令人吃惊的评论,就我所知,这些评论符合最近研究的结果(瓦萨里,米拉内西版,IV,第512页,见《安德烈亚·圣索维诺传》)。

第三章

新的图画形式

最后这一章应该讨论各种新的呈现方法,我们所指的是将一个特定的对象转变为一个适用于图画形式的视觉图像的方法,在这个意义上"图画形式"(pictorial form)的概念可应用于所有的视觉艺术。

显然,这种对团块与运动的新的感受力,正如已经解释过的那样,肯定会使人感觉到,它们在一幅图画的形式中是一些制约因素,而且在一幅图画所产生的印象中,静穆、伟大和重要等概念将作为决定性要素浮现出来,无论所描绘的实际题材是什么。但这样说并没有穷尽新的图画形式的根本原因,因为还有其他原因也在起作用,它们不依赖于之前的诊断与界定,也不能从中推断出来;这些原因与情感和心智状态无关,只是眼力受到更全面培养和教育的结果。这些原因是真正的艺术原理——一方面是可视对象的清晰性和形象的单纯性,另一方面是对于视野中更多样化内容的渴望。眼睛渴望更多的东西,因为它的吸收能力已大大增强,同时所再现的对象更易于为眼睛所接受,图画已变得更简单更清晰。此外还有第三个因素——整体性地、同时性地观看各部分的能力,也就是将视域中不同事物作为一个单元来把握的能力,这种能力与这样一种构图相联系:在这种构图中,整体中的每个局部都让人觉得其在整体中拥有必要的、不可或缺的位置。

这些问题可以用两种方法中的一种来谈:要么长篇大论,要么非常简略,简略得就好像是新闻提要。因为不长不短的篇幅很可能不会给读者带来启示,只会令他们厌烦。我选择了较为简短的方法,只有这样才适合本书的篇幅。因此,如果本章显得有点无足轻重的话,但请允许作者申明,它并非快速写就的。收集变动不居的现象,大概要比捕捉并确定形成成熟而又复杂的风格概念的不同刺激因素容易得多。如果本书这一部分比通常情况缺少可读性,这种尝试的新颖性就必须作为一个借口,至少是部分借口。

1. 平静,开阔,团块与尺寸

每一代人所作的图画,从整体来看都跳动着独特的脉搏,就像任何一位大师的作品。线条或连续而疾速,或徐缓而平静,完全独立于所描绘的题材;画面上的各个面或塞得满满当当显得很拥挤,或将物体布置得从容不迫且有空间环绕;在造型上,或小气局促,或大度并有联系。在介绍完16世纪新型的美之后,在该世纪对人体及其动作的感受力方面,我们可以期待图画本身将变得更平静、更厚实、更开阔。在所再现的空间与这个空间中所布置的物体之间,一种新的关系被建立起来,构图变得更感人、更有分量,而且在轮廓与造型上我们感受到了同样的平静、同样的沉默,这些与新型的美是密切相关的。

(1)

假如我们将米开朗琪罗年轻时作的拿着书的《圣母》(*Madonna*)和可以代表老一代人的安东尼奥·罗塞利诺所做的类似的圆盘形浮雕放在一起(图4、23),鲜明的对比立即跃入眼帘。在后者中我们看到闪烁不定的变化;前者则是一种基于大块平面的简单风格:这不只是删去什物和简化题材的问题——这已讨论过了——而是如何处理各个面本身的问题。罗塞利诺在其多岩石的风景中,以闪烁的光和影使背景富有生气,并以一缕缕卷云装点平展的天空,这只是对塑造头部和手部所使用的风格的一种延续。米开朗琪罗首先在人的形体中寻找各个主要面,然后使它们相互联系起来,而这么做时,如何处理剩余部分的问题就迎刃而解了。上述原则也适用于绘画:在这里,对奇思怪想以及多重波状表面的嗜好也中止了,转而追求巨大平静的明暗团块。在音乐中,这种倾向称为连奏(*legato*)。

这种风格的变化或许在线条处理上更为清晰可辨。15世纪的线条有些突兀繁杂,因为作图者的主要兴趣在于运动的形式,他无意识地在轮廓、头发和形式的每一细

图 175 "韦罗基奥",《天使头像》,素描,乌菲齐美术馆

枝末节处夸张了运动。嘴唇曲线丰满的口部形状是 15 世纪的特色,波蒂切利或韦罗基奥的作品,以一种近乎丢勒式的力量,令人信服地再现了张开嘴唇的动作、嘴唇本身的曲线以及限定嘴唇外形的轮廓线。同样,鼻子的软骨可使鼻子的形状具有极丰富的变化,所以鼻子成为 15 世纪特别喜爱描绘的五官之一。艺术家以深厚的

兴趣塑造翕动的鼻翼，几乎没有一个15世纪的肖像画家会放弃表现鼻孔。[1]

这种风格随着这个世纪消失了，16世纪带来了缓缓流动的线条：现在的艺术家会以完全不同的方式描绘同一个模特，因为他的眼睛是用不同的方式观看的。现在看来，艺术家对线条本身产生了新的兴趣，仿佛已经认可线条拥有独立存在的权利：原先在连绵不断与令人窒息的纠缠之中突然中断的现象，现在都被回避了。佩鲁吉诺开创了这一进程，拉斐尔无比敏锐地延续了下去，甚至连其他气质完全不同的人也认识到了这种高贵流畅的线条的美及其抑扬顿挫的节奏感。波蒂切利仍可能使一个尖突的肘部正好触及画的边框（藏于慕尼黑的《圣母怜子》），而现在线条相互照应，必要时做出让步，其结果是眼睛对这种老手法中清晰的平分画法变得敏感起来。

（2）

追求更开阔空间效果的普遍欲望，必然引起画中人物形象与它们周围空间的一种新关系，早期图画中的那种关系现在令人觉得太局促了。早期作品中的人物立于舞台前部，因此产生了一种空间不足的印象，无论背景的殿堂或风景如何开阔，也消除不了这种印象。甚至莱奥纳尔多的《最后的晚餐》也表现出这种15世纪的局限性，画中的餐桌被一直向前推到画面的边缘。这个时期的肖像画展示了正常的空间关系——与画中有大量空气流通的16世纪肖像相比，生活在洛伦佐·迪·克雷迪安置他的《韦罗基奥》（Verrocchio，乌菲齐美术馆）的那个小房间里，是多么不舒服。新一代人希望作品中有空气和活动空间，他们主要通过增加所画人物的身长来获得这些效果——四分之三身高的肖像是16世纪的发明，但是即便他们只表现人物身体的一小部分，现在也能给人以空间宽敞的印象。卡斯蒂寥内似乎对自己待在其画框的边界之内感到相当满意。

如同时尚一般，15世纪的湿壁画一般都显得很受限制，被紧巴巴地纳入其所处位置。弗拉·安杰利科修士（Fra Angelico）在梵蒂冈尼古拉斯五世礼拜堂中画的湿壁画有一种局促感，而在美第奇礼拜堂中，戈佐利画的《三王》不管仪式多么辉煌壮观，观者仍不能完全摆脱不舒服的感觉，甚至对莱奥纳尔多的《最后的晚餐》

---

[1] 藏于乌菲齐美术馆的著名素描《天使头像》被归为韦罗基奥所作（图175），它概括了所有这些特征。藏于佛罗伦萨美术学院（现藏于乌菲齐美术馆）的一幅大天使图画几乎毫厘不爽地重复了这个头像的画法。

也完全可以如此评说：我们期待一个框子或边界，但这幅画没有，而且从来不可能有过。

在描绘小厅组画的过程中，拉斐尔应有所发展，这正是他的特点。如果我们观看签字厅里的一幅湿壁画，例如《辩论》，若单独地看，我们并不会注意到这幅画与其墙面的关系有何不妥；若将两幅相邻的画放在一起看，我们就会意识到，在墙角相接之处有一种旧式的缺乏空间感知的现象。在第二间小厅中，两面墙壁的接合是以不同的方式处理的，考虑到可利用的空间，这些图画的幅面明显缩小了。

(3)

尽管有着追求宽敞空间的欲望，但如果人物的大小与边框的比例成正比，就没有矛盾。[1] 人们感到这些人物作为团块应拥有引人注目的效果，因为现在有一种寻求坚实之美的倾向。艺术家避免多余的空间，因为他们认识到这会使人物形象缺乏力量。尽管有明显的限制，但创造雄浑开阔效果的手段仍唾手可得。

总的趋势是走向紧凑、坚实和厚重的效果。水平线变得重要起来，其结果是，一组人物的轮廓被压低和拓宽，构成底边宽阔的三角形组合，在此基础上形成了一个高高的金字塔：拉斐尔的许多圣母像是说明这点的最好实例。把两个或三个站立的人物安排成紧凑的一组人物，其原因也是如此；那些试图将人物组合起来的老式图画显得单薄而零碎，与新风格厚重的坚实感相比，整体上显得轻飘飘的，近乎透明。

(4)

最后，作为不可避免的结果，绝对尺寸普遍增大了——也就是说，人物形象在艺术家手下长大了。拉斐尔不断加大小厅组画的尺度，这是众所周知的事实。安德烈亚·德尔·萨尔托以他在圣母领报教堂庭院中作的《圣母降生》超越了自己，接着蓬托尔莫又超越了他。对强有力效果的兴趣是如此强烈，以至连新觉醒的统一感也未提出抗议。架上绘画也一样，我们可以在任何一个美术馆中看到这种变化。在16世纪绘画发端之时，绘画尺寸变大，画中人物也相应增大。之后我们将再次谈及

---

[1] 置于壁龛中的雕像经历了相同的变化。

将单幅图画表现于建筑环境之中的方法，以及人们是如何不再将其仅仅视为图画本身，而是作为墙壁所必需的一部分的。所以，仅从这个观点来看，绘画就必定要加大尺寸，即使艺术没有主动地朝这个方向发展。

刚刚提到的风格特点基本上是物质性的，与特定的情绪表现相一致。但是，正如我已说过的，现在属于形式性质的其他要素出现了，它们与新时代的性情没有关系。这些问题不能用精确的数学方法来平衡，因为在传达平静意义上的"单纯"时，遇上了旨在图画中取得最大限度的清晰性的"单纯"，而追求团块感和综合性的倾向则遇到了旨在获得日益增强的视觉图像的丰富性这一强大意志的反抗——这种意志创造了集中于一个主要单元的群像，首次揭示了对第三维度的充分把握。其意图一方面是要使知觉行为尽可能易于为眼睛所接受；另一方面是要将尽量多的内容塞进图画。

现在我们将转而谈谈那些可以归在"单纯"与"清晰"两个标题下的内容。

2. 单纯性与清晰性

（1）

古典艺术恢复了基本的垂直与水平轴向，恢复了原来的全正面和正侧面的方位。用这些手段达到全新效果是可能的，因为15世纪不惜一切代价地尝试表现运动，放弃了这种非常单纯的轴向和方位。甚至像佩鲁吉诺这样一个从单纯性方面来考虑问题的艺术家，在例如藏于皮蒂宫的《圣母怜子》中，并没有画一个纯正侧面像，也没有画一个全正面像。现在艺术家们掌握了变化的整个范围，原始画法突然获得了一种新的价值：画家们并不是在故意仿古，而是逐渐认识到丰富中的单纯效果，因为它形成了稳定整幅图画的一个标准、一个规范。莱奥纳尔多以两个绝对垂直的侧面人像框住《最后的晚餐》（图12）的画面两侧，所以他是一个革新者——

---

[1] 在托尔纳布奥尼礼拜堂湿壁画（Tornabuoni frescoes，该礼拜堂是佛罗伦萨新圣马利亚教堂中的主礼拜堂，其中大面积的壁画保存完好，是由吉兰达约和他的作坊在1485—1490年间创作的。——中译注）中的一些肖像式的头像很难在此被加以考虑，因为它们不是由于艺术家的形式意图使然，而是控制着行为与姿态的社会习俗所致。从他的其他作品中也可以看出这一点。

至少这是他不可能从吉兰达约那里学到的东西。[1] 米开朗琪罗从一开始就意识到单纯性的价值，而拉斐尔几乎没有一幅绘画，至少在他成熟的作品中，不是有意识地利用单纯性以获得强烈而显著的效果，从而深深打动了我们。在过去一代人中，谁会像他在《博尔塞纳的弥撒》（图68）中那样，敢于以三条并排垂直线来表现瑞士卫兵呢？然而正是这种单纯性在这里创造了奇迹。在最崇高的画作中，即《西斯廷圣母》（图87），他使用了具有巨大效果的单纯垂直线，这是最完美之艺术布局中的一个基本要素。巴尔托洛梅奥修士的构筑性结构，如果没有向这些基本原则回归，将是不可想象的。

我们仅以一个人物形象为例，如米开朗琪罗在西斯廷天顶上画的斜躺着的亚当。这个人物显得如此坚实和稳当，我们一定会承认，如果没有使这个人物的胸部正对着我们，就不可能获得这样的效果。这个形象之所以令人印象深刻，是因为这是一个很难获得的"正常"视图，所以这个形象安排得很稳当，恰到好处，具有某种必然性。体现了这种可称之为构造性视图效果的另一实例，是拉斐尔在《施洗者圣约翰在布道》（乌菲齐美术馆，图168）中画的那个坐着的形象。本来很容易赋予他以一种更引人注目的或更有画趣的姿势，但因为他坐在那里直挺着头，整个胸腔正面朝向我们，所以不仅这位布道者的嘴巴在说话，他的整个形体都从画中发出呼喊，而这种效果是不可能以别的方法获得的。

16世纪的艺术家也寻求支配光照的一些简单方案：我们发现了全正面的头像，沿鼻子中线均等地被一分为二，即一半明一半暗。这种类型的照明易与最高的美结合起来，例如米开朗琪罗的《德尔斐的女预言家》（图38）和安德烈亚·德尔·萨尔托的理想化的《青年头像》。当光线从人物上方照射下来时，确保获得宁静平和效果的另一个方法，是给人物的两个眼窝以同样多的阴影，如巴尔托洛梅奥修士画的《圣母怜子》（图99）中的圣约翰，或藏于罗浮宫的莱奥纳尔多的《施洗者圣约翰》。所有这一切并不意味着这种用光方法总被采用，它不仅仅是简单的方向轴：很简单，单纯性的效果被感受到了，其特殊的、真正的价值实现了。塞巴斯蒂亚诺在威尼斯圣克里索斯托莫教堂（S. Crisostomo）中作的一幅早期图画，画中有三个女圣徒一起站在左边，我必须列举这组人物作为这种新布局方法的典型例子，不过我不谈人物的身体，只谈头部（图177）。这显然是非常自然的选择：一个是侧面；

图176 卡尔帕乔,《圣母进殿》局部,威尼斯美术学院

第二个比较突出,是四分之三侧面;第三个斜向一侧,本质上不太重要,在光照上也处于从属地位,形成了挨着两条垂直线的唯一斜线。如果我们仔细考察15世纪的所有实例以寻找相似的安排,马上就会确信单纯的东西并不总是令人一目了然。对单纯性的感受力在16世纪才得以恢复,不过在1510年,就在塞巴斯蒂亚诺身边,卡尔帕乔(Carpaccio)仍然在《圣母进殿》(图176,藏于威尼斯美术学院)中画了三个并列的妇女头像,三个人物同等重要,完全是旧式风格。画中每个人物倾斜的角度稍有不同,但没有明显的区别,既没有主从之分,也没有清晰的对比。

(2)

对基本布局方法的回归离不开对比构图法的发明:在这点上我们可以用"发

图177 塞巴斯蒂亚诺·德尔·皮翁博,《圣克里索斯托姆》局部,威尼斯圣克里索斯托莫教堂

明"这个词,因为正是古典时期首先清楚地看到一切价值都是相关的,每一个体块或方向,只有与其他体块和方向相关时才产生效果。现在人们第一次认识到垂直线是必需的,因为这是偏离垂直方向的各种变化得以为人所感知的一个参照标准。现在,人们也通过经验认识到,在整个可视的领域直至人类富于表情的姿势,任何一个个别的母题,只有与它的对立面结合起来,才能最充分地发挥其表现力。被小物体包围的物体显得大些,无论它是身体的一部分还是整个人体;与复杂物体放在一起的物体显得单纯些;与运动物体相对的物体显得平静些;如此等等。对比效应的原理在16世最为重要:所有古典构图都建立在这条原理之上,其结果必然是,在一件尺寸有限的作品上,每个母题只可以出现一次。像《西斯廷圣母》这样的艺术奇迹,是建立在完整的、独特的对比基础上的,与其他作品相比,人们很可能会以

为，作者对此画效果未做过多的精心推敲，但实际上画中充满了强烈的对比。只需举一个例子，画家决定，必须将圣巴巴拉画成往下看的样子，以作为与向上看的西克斯图斯相对应的人物。这个决定是在给予她往下一瞥以特定理由之前，很早就做出的。拉斐尔图画的特点是，观者不会超越总体效果而停留在确保这种效果的个别手段上；而后来的安德烈亚·德尔·萨尔托则使他精心设计的对比第一眼就引起我们的注意，所以对比在他手中变成了无意义的公式。

同样的原理也能从心理学角度加以应用，所以任何一种情绪表现都不应出现在相似的情绪附近，而应与不同的情绪安排在一起。巴尔托洛梅奥修士的《圣母怜子》是处理这种心理关系的范例，而拉斐尔将完全平心静气的抹大拉的马利亚引入他的《圣塞西利亚》（图83）的那一组人物中，他们全都陶醉在天国音乐之中，他充分意识到这一事实：只有与这个陪衬角色对比，他们着迷的程度才变得有效。15世纪的画中并不缺少无动于衷的旁观者，但这种精心推敲在那时还是缺乏的。最后，没有必要去评论《驱逐赫利奥多罗斯》或《主显圣容》这类运用对比手法的作品处于古老艺术视野之外究竟多远。

（3）

对比是一个难题，它与一幅画所要制造的情感效果的增强有关，而为简化形象和增强意蕴所做的一切努力，只不过是实现同一目标的若干步骤。当时在建筑中所发生的一切——净化并排除在总体效果中不起作用的所有细节的过程，对若干大形体的选择，大大增强的造型效果——都为绘画和雕塑提供了一个完整的类比。

图画经过了精心安排以使支配性线条得到强调。那种凑近观看、寻找个别细节、在画面上从一处到另一处徘徊的老方法被抛弃了，构图必须创造出整体性效果，甚至从远处观看也可被清楚地理解：16世纪绘画具有更强的"可读性"，对观者来说感知过程变得极其容易。关键之处立即浮现出来，画面有了明确的主次之分，眼睛被引向特定的轨道。只要以《驱逐赫利奥多罗斯》的构图为例就足以说明这点：如果给一位15世纪的画家这样一片墙面让其作画，他会把一些本身同样重要且同样显眼的东西强加给观者，一想到这种画法我们就会陷入困惑。

这种赋予整体以活力的风格也同样存在于局部之中。在服饰方面，16世纪与

15 世纪的区别就在于出现了贯穿整体的主线条，单纯部分与装饰部分对比鲜明，以及这样一个事实，即要让身体这一最重要的表现对象在衣服之下看得出来。15 世纪的奇特形式在很大程度上是由布料的衣褶系统构成的，尽管缺乏视觉敏感性的人会忽视这些配置，甚至可能相信这样的琐碎细节多少是自发产生的。人们只需要尝试着复制这样一块衣料，以获得对它新的敬意，并从这些毫无生气的混乱素材中领悟出一种确定的风格，即一种特定意志的表现；随后人们便注意到衣料所泛起的涟漪与窸窣作响的声音。每个艺术家在衣饰处理上都有自己的风格：波蒂切利最草率，以惯常的急躁心态画出长长的简单布纹，而菲利皮诺、吉兰达约和波拉尤洛兄弟则热心地、一心一意地设计出各种最为复杂的衣褶形式，如皮耶罗·波拉尤洛（Piero Pollaiuolo）画的那个将斗篷搭在腿上的"谨慎"（Prudence）坐像（图 178）上可见到的那样。[1]

15 世纪将它的财富挥霍地缀满人物身体，若没有显眼的衣褶，就会画有衩缝、开口、褶裥或布料图案以引人注目，不可能让眼睛得到片刻空闲。我们已经看到，16 世纪新的意趣影响了服饰的处理方式。看过莱奥纳尔多的《圣母子与圣安娜》（图 17）、乌菲齐布道坛中米开朗琪罗的《神圣家庭》或拉斐尔的《阿尔巴家族的圣母》（图 59）中的妇女，就足以领会这种新风格的目的：问题的实质是不要让衣服模糊了具有造型效果的母题。[2] 衣饰是从属于人物的，不应作为一个独立的对象突显出来。安德烈亚·德尔·萨尔托乐于让他沙沙作响的衣料在破碎而如画式的衣褶中闪光，但就连他也从不允许衣饰脱离人物的运动，而在 15 世纪服饰本身往往作为一个对象吸引人们的注意。

在一块布料上，褶皱多少是可以任意安排的，因此易于理解的是，新的趣味应脱离复杂性而趋向单纯性，寻求强有力的主导性线条。不过即便不能任意改动的头

---

[1] 在吉兰达约的《圣母和两个大天使以及两个跪着的圣徒》(Madonna with Two Archangels and Two Kneeling Saints，藏于乌菲齐美术馆）中，圣母的服装与罗浮宫莱奥纳尔多作的著名的、经常被人复制的衣纹习作有直接关联（参见，如芒茨，第 240 页；米勒-沃尔德，图版 18）。吉兰达约真的模仿了莱奥纳尔多的习作吗？或者，如拜尔斯多尔夫尔（Bayersdorfer）感到疑惑的，这幅素描是吉兰达约画的吗？贝伦森正确地断定莱奥纳尔多是这幅画的作者。
[2] 莱奥纳尔多，《论绘画》，路德维希的意-德版，No. 182："决不要把你的人物装饰得过于花哨以至干扰了人物的形式和位置。"

图 178 皮耶罗·波拉尤洛,《谨慎的象征形象》,乌菲齐美术馆

部或身体的固定形式,也得服从于新风格所明示的寻求转变的渴望。15 世纪人物头部的共同特征是强调人物眼睛的闪光,因为深色的瞳孔和虹膜的效果比其周围暗淡的阴影大得多,以至我们在人物头部首先看到的必然是眼睛,这在现实生活中或许是常见的现象。16 世纪把这种效果降到次要地位,要抑制住眼睛的闪光,因为现在头部的骨骼结构发挥了最重要的作用。阴影被画得更深,赋予形体更大的活力;

而且阴影不再被割裂为小块碎片,而是结合在一起成为相互连接的大体块,起着连接、排序并形成各部分间过渡的作用,于是先前不同细节的集合变得连贯而统一了。单纯的线条和稳固的轴线受到青睐,一般吞并了特殊,不允许任何细枝末节分散注意力。主要形体必须得到强调以便发挥其影响,甚至在远处也必须能分辨得一清二楚。

不做实际演示便很难令人信服地讨论这类问题,如果没有个人对艺术作品的经验,甚至演示也没有用。我们不做详细讨论,只提一下拉斐尔和佩鲁吉诺的两件类似的肖像画——《卡斯蒂寥内伯爵》和《弗朗切斯科·德洛佩拉》(图 77、78)——让这两幅插图自己说明问题。观者很快会确信佩鲁吉诺只使用了少量阴影,而作为整体中精致的细节,这些阴影并无深度感。事实上,他非常谨慎地使用阴影,以至他一定是将阴影视为一种"必不可少的恶"(necessary evil);而拉斐尔则持相反的看法,采用了强烈的、深色的阴影,不仅产生了更强烈的浮雕效果,而且主要是为了将整体还原为几个大块形体。他一笔就能将鼻子和眼窝统一起来,而眼睛本身在周围的大块阴影中显得清澈而单纯。在 16 世纪这种眼窝和鼻子的连接总是得到强调,因为它在人物面相上非常重要,是许多表情线索汇聚的中心。这就是以尽可能少的手段表达丰富内涵的宏伟风格(grand style)的秘密。

我们并不打算对这些观念做深入研究以观察它们如何运用于整个身体,也不想详细说明将人体简化到最基本要素的方法。这里决定性的因素与其说是解剖学知识的增加,不如说是根据人物的大块形体将其视觉化:对关节的把握,对身体上所反映的各个生理发育阶段的理解,其先决条件是对有机结构的感受力,这种感受力与解剖学知识无关。

这相同的发展过程也发生在建筑上,这里仅举一例足矣。在 15 世纪没有人在乎一个壁龛入口处所环绕的线脚是否连续不断地环绕整个拱券,但现在却需要一条拱座的线脚——也就是说,标明起拱处的关键点必须得到清晰的强调。就像要求人体关节具有很强的清晰性一样——例如,一种将颈部安装于躯干之上的新方法产生了。各个部分更清楚地相互区别开来,同时身体作为一个整体需要更令人信服的统一性。连接处的关键点得到了强调,古代以来长期传授的教诲现在被人们习得并理解,以至于从长远来看这变成了一个仅仅按规定图式构造身体的问题,但对此我们不能追究大师们的责任。

现在的问题不只是再现处于平静状态的人物，更多的是再现人的动态、再现肉体和精神活动的问题，而且无数有关情感状态和面部表情的全新问题出现了。站着的、走动的、抬着或提着东西的、奔跑的和飞行的，一切都得按新的要求来做，一切情感表现也需如此。总之，在清晰性和更强大的表现力方面，超越15世纪似乎既是可能的又是必然的。西尼奥雷利在再现动态裸体方面已做了最充分的准备工作。他不像佛罗伦萨人那样对细节做非常仔细的研究，而是以更可靠的方式，获得了在视觉上表达这种观念的重要且必需的手段。然而当与米开朗琪罗比较时，他的所有艺术都只是一种暗示和预感。米开朗琪罗首先发现了迫使观众在所表现的人物动作中去理解和欣赏肌肉功能的那些方面。他从创作所用的材料中获得了如此全新的效果，以至好像从前几乎没有人尝试过似的。既然《沐浴的士兵》的底图已经佚失，西斯廷礼拜堂的奴隶坐像（图40—44）就应当被称为《朝圣进阶》（Gradus ad Parnassum，一百首钢琴练习曲。克莱曼蒂作于1817年。——中译注），即真正的教学规程。即使只观看手臂的素描，我们仍然能够猜测出整件作品的重要性。15世纪追求最易于把握的形体视面——如肘部最单纯的视面是侧面——接着一代代人重复着这些图式。现在出现了一个人，他突然打破了这些限制，描绘出完全暴露在观者眼前的关节和四肢。这些奴隶强有力的四肢不再以最宽的视面出现，以越过这个面的整个宽度，也不再被呆滞的平行轮廓线所限制，其结果是四肢拥有了自己的生命，超出了现实生活的影响。进进出出的线条运动以及收缩扩张的形体产生了这种效果，下面我们将谈谈关于透视短缩的一些问题。

米开朗琪罗依然是演示什么是最有说服力的视面的伟大导师。举一个简单的例子，我们可以参看吉兰达约和拉斐尔画的负着重物的妇女形象（图166、167）。如果我们能清楚地看到拉斐尔画的提着重物下垂的左臂是如何优于吉兰达约所画的，就有了一个据以判断15世纪和16世纪作图法之间的区别的立脚点。[1]

一旦关节的重要性变得很清楚，自然就出现了一种让关节全都可见的欲望，所以我们看到手臂和大腿裸露着，甚至连圣徒也不例外。男圣徒经常卷起衣袖，为的

---

[1] 不幸的是，我们必须从湿壁画上而不是从素描原作上复制拉斐尔的一个人物形象的局部，素描的线条也许更有表现力。

是展示出肘关节。但米开朗琪罗走得更远，甚至将圣母的手臂也裸露出来，一直裸到肩膀（乌菲齐布道坛的《圣母》）。其他人在这点上并没有追随他，但是袒肩露臂的处理方法在天使身上变得尤其普遍。美就在于分节的清晰性。

15世纪对有机结构的理解是有缺陷的，其典型实例大概可见于对基督或圣塞巴斯蒂安形象的缠腰布的处理。这块布料遮蔽了从躯干向四肢过渡的线条，破坏了身体的完整性，令人无法忍受，但波蒂切利和韦罗基奥似乎对这一方式没感到不安。而在16世纪，缠腰布是以一种新方式得到重新设计的，清楚地表明了结构观念得到了欣赏和理解，人们渴望保持图像的总体性。毫不奇怪，佩鲁吉诺具有构筑性的心理气质，因此他早就该得出类似的解决方案了。

为了用一个更重要的实例来结束这一讨论，让我们将藏于柏林的皮耶罗·迪·科西莫画的《马尔斯和维纳斯》（Mars and Venus）中的维纳斯，同藏于乌菲齐美术馆的提香画的《斜卧着的维纳斯》做一比较（图179、180）。在这种情况下，提香还必须代表16世纪的中部意大利，因为找不到其他合适的比较对象了，那么，我们就有了两个斜躺着的女裸体，她们效果上的明显差别就源于实际人体之间的差别。但如果承认在这里存在着16世纪的分节之美（如我们在谈弗兰恰比焦的部分已提到的）与15世纪特有的人物形体缺乏分节之间的区别，并进一步承认，16世纪强调的是永久的、可理解的潜在形体永久性而不是滚圆的肉体，那么一个拥有16世纪趣味的人物形象就必定具有更为明晰的优点，即便这样，以绘画处理形体的方法仍然存在相当大的差别。在某种情况下，形体被表现得不完整而且很零碎；在另一种情况下，形体则被提炼得极其清晰。甚至一个对意大利艺术所知甚少的人，当他注意到画中人物的右腿被画成上下一般粗并与画框相平行时，也会大吃一惊。很有可能这个模特的腿部外形就是这样的，但为什么画家满足于此呢？为什么他不试图去描绘腿部的结构与关节呢？因为他并不认为有必要这样做：这条腿是伸直的，如果它是完全僵硬的，看上去也不会有什么不同；它被另一条腿的重量压着，看上去枯萎了。这就是新风格所反对的那种对物体外形的变形。如果说这只是因为皮耶罗的素描功夫比提香差是不对的，因为实际上我们正在讨论的是风格的一般差别，任何研究这个问题的人，都会因为发现类似情况如此之多而感到吃惊——甚至在丢勒

图179 皮耶罗·迪·科西莫,《马尔斯和维纳斯》,柏林

的早期素描中也可能发现与皮耶罗非常相似的情况。

鼓胀的腹部坠向一边,正如在15世纪总会看到的那样,这本身并不可爱,尽管我们可以允许自然主义画家满足于此,如果他还没有割断躯干与大腿之间的一切联系,以至完全缺乏必要的过渡形体的话。

同样,左臂突然消失,从肩膀往下没有给出我们可在想象中跟随它的任何暗示,直到最后我们突然发现有一只应当属于左臂的手,但这只手与手臂完全缺少视觉上的联系。如果我们寻求对功能的解释,例如手臂对身体的明显支撑作用,头部的扭转或手腕的动作,会发现皮耶罗什么也没有告诉我们。而提香非常清晰地描绘了身体的结构,未留下一个未经交代的细节。此外,他适度但仍令人满意地表现出了肌肉的功能。这里无需谈及线条的和谐与轮廓线——特别是右侧——连贯而有节奏地流动的方式,但我们可以表达一般性的意见,即甚至提香从一开始也并不是如此构图的。乌菲齐布道坛中那幅较早且较单纯的、画有一只小狗的《维纳斯》,此画具有更清新的优点,但还不太成熟。

单个人物形象是这样,群像中若干人物的安排就更是如此了。15世纪对眼力提出了难以置信的要求,因为观者不仅必然会遇到从一排排密集的头像中辨认个别面孔的巨大麻烦,而且会发现自己在观看几乎不可能想象为完整形体的人物形象的各个局部。尚不可确定的是在重叠与遮挡人物的方法上到底能走多远,我可以列举吉兰达约的《圣母往见》(藏于罗浮宫)或藏于乌菲齐美术馆的波蒂切利的《三王来拜》(图181、182)中碎片化的、令人不快的人物形象,这后一幅画的右半部分

图180 提香,《斜卧着的维纳斯》,乌菲齐美术馆

有待分析。而对高年级学生来说,可以建议他们去分析西尼奥雷利在奥尔维耶托作的那些壁画,其混乱状态几乎无法解释。当目光转向拉斐尔画的有众多人物的作品时,是多么轻松啊!——我说的是他罗马时期的作品,因为《下葬》(图53)那幅画仍然缺乏这种清晰性。

在建筑细节的处理上,我们也发现了同样的缺陷:在吉兰达约的湿壁画《约阿基姆的献祭》(*Joachim's Sacrifice*)中,门廊这么安排是为了使壁柱柱头正好达到图画上部边缘。现在人人都会说,他应该做的是,要么将柱上楣(entablature)也画出来,要么在柱头水平线下方将壁柱截断,但我们是从16世纪了解到这些标准的。佩鲁吉诺在这方面也走在其他人的前面,我们甚至在他的作品中依然发现了这种拟古主义,例如他试图通过在图画边缘伸出来的柱上楣转角来表明拱券的整个跨度。然而较年长的菲利波·利皮对于空间的算计,其效果确实是荒唐的,这一点构成了本书第一章中关于他的相关描述。

图 181　吉兰达约,《圣母往见》, 罗浮宫

3. 复杂性

(1)

　　人体动态的完全解放应列为 16 世纪各种知识进步之首, 因为正是这一点成为 16 世纪图画产生丰富效果的基本条件。身体好像被赋予了更强的生命活力, 这就令观者的眼睛增加了活动性。动态不再被理解为空间位置的改变, 因为 15 世纪已

图182 波蒂切利,《三王来拜》局部,乌菲齐美术馆藏

经有大量奔跑的和跳跃的动作,尽管仍必然伴随着某种贫乏和空虚。就运用人体的分节与关节而言,到那时为止人们往往只在相当有限的程度上探究大小关节内在的扭转与弯曲的可能性。16世纪从这里起步,由于充分利用了人体,甚至用一个静止的人物表现出整个形象的丰富性,所以我们意识到自己已迈入了一个全新时代。现在突然之间,身体的轴向增加了,变得多样化了,从前认为只不过是一个平面的东西,现在也按深度考虑了,它成为一种复杂形式,第三维度在其中发挥着作用。

认为一切事情在任何时候都可能发生，认为一旦艺术获得了表现力就能同样出色地表现一切运动，这是在业余艺术爱好者中普遍存在的一种错误认识。然而，事实上真正的发展恰如一株植物的生长，慢慢地、一片一片地长出叶子，直到长得丰满完整，向四面八方伸展。这种平静而有序的生长是所有有机艺术形态所特有的，虽然在古代和意大利的艺术中它看上去最纯粹。

我再重复一遍，这并不是一个动态问题，旨在实现某个目标或进一步获得某种具体的新表现手段。这只是对坐着的、站着的或斜靠着的人物的精心刻画，具有与先前相同的主要功能，但可以是表现四肢和躯干的一种非常不同的模式，依靠的是扭转的上身和下身的对比，头部与躯干的对比，抬起的一只脚，横过身体的手臂或向前推挤的一个肩膀，以及诸如此类的更多动态可能性。很快，某种规则就被系统化并被应用于这些母题。*Contrapposto*（对应姿态）一词指一种逆对应关系，如弯曲的右腿与弯曲的左臂相对应，反之亦然。然而不应该用"对应姿态"这个概念来涵盖整个现象。

在此意义上，人们可以设想出一套图表，制定出身体各相应部位——臂与腿、肩与臀——之间的区别。这些图表能给出在三维空间中新发现的种种动态可能性的一份摘要。然而在这里读者不要指望有这类东西，它只能满足于看到若干精选的实例，因为关于形体的造型多样性已经谈得很多了。当艺术家必须表现一个绝对静止的人物时，如"钉十字架"，任何变化似乎都是不可能的，因为手和足都被固定着，而这时却可以最清楚地看到新风格在发挥作用。16世纪仍然能够从这个貌似贫乏的母题中创造出某种新的东西，即将一个膝盖置于另一膝盖之上，使一条腿从属于另一条腿；使整个人物扭转，以便产生上身与下身之间的方向对比——这一点在谈及阿尔贝蒂内利时已提到了。正是米开朗琪罗将这个母题的表现推向极致，顺便提一下，也正是他增添了感情色彩，因为他创造了这样一种被钉上十字架的基督：他的眼睛仰望上天，因极度痛苦而张嘴呼号。[1]

被缚人物这一母题提供了更大的可能性——绑在柱子上的圣塞巴斯蒂安、被鞭挞的基督，或具有圆柱功能的奴隶群像，这些便是米开朗琪罗创作尤利乌斯陵

---

[1] 瓦萨里（见米拉内西版，VII，第275页）对此做了不同解释："抬首仰面，将灵魂托付给圣父"（*alzato la testa raccomanda lo spirito al padre*）。这件作品只见于复制品。它是17世纪出现的钉在十字架上的基督像的原型。

墓时心中的种种形象。我们能够在宗教主题中非常清楚地探索这些"被俘者"的影响，如果米开朗琪罗为这个陵墓完成了整个系列的话，那就不会有别的什么东西留待发现了。

当我们探讨独立式人像时，似乎无限宽广的视野自然地展现在我们面前。我们要问 16 世纪会就多纳泰洛的青铜像《大卫》（图 2）做些什么？甚至在那一年代，大卫动态的总轮廓如此接近于古典趣味，四肢的区分如此有效，以至除了形体的处理之外，人们甚至可能会认为它会使后代满意。答案可以在本韦努托·切利尼做的《珀尔修斯》（图 183）中找到。这是一件后来的人像，做于 1550 年，但构图相对简单，因而适合于比较。在这里我们能看到那尊《大卫》像缺少了什么，因为这个雕像不仅四肢间的对比得到明显加强，而且摆脱了单一的面，能够向前后伸展。我们可以认为这预示了雕塑的衰退，不是个好兆头。我之所以以它为例，是因为它是上述倾向的代表。

诚然，米开朗琪罗更为多样化，不过他以一种封闭的方式在整块石料的限制内构图。但同时他努力在深度上发展人像，这一点在将《阿波罗》（图 26）与以扁平的和浮雕式的手法创作的《大卫》（图 25）做比较时就已经讨论过了。从头顶到脚趾贯穿着整个人物的扭转动作，起着激发三维空间观念的作用，而横过身体的手臂之所以有价值，不仅因为这是一条形成对比的水平线，而且在空间上也很重要，因为它标明了纵深度，还建立起了前后两个面之间的关系。在密涅瓦神殿附近圣马利亚教堂中的《复活的基督与四福音书作者》（图 143）是以同样的方式设计的，而藏于柏林的《乔瓦尼诺》（图 184）也应归入这种类型，只有米开朗琪罗不会认可其松散的聚合方式。任何对这个雕像的动态进行分析的人，如果将米开朗琪罗的《巴克科斯》考虑进来都会有所获益：这件早期原作所具有的老式的单纯与扁平的形式观念，出现在一个后来模仿者的作品中，与朝着若干方向转动的复杂动态明显相左。对不抱偏见的观者来说，很明显这不仅是两个个人之间的区别，而且也是两代人之间的区别。[1]

在美第奇礼拜堂中，米开朗琪罗起稿、由蒙托尔索利（Montorsoli）完成的《圣

---

[1] 这种将杯子举到唇边的相当复杂的动作——一种更为单纯的趣味，表现了啜饮的实际动作，也同时出现在绘画中，如布贾尔迪尼作的藏于博洛尼亚美术馆的《焦万尼诺》。

图 183　切利尼，《珀尔修斯》，青铜模型，巴杰罗博物馆

图 184　被归为米开朗琪罗所作，《乔瓦尼诺》，柏林

科斯马斯》(*St. Cosmas*, 图 185)，可以被举为 16 世纪坐像的实例。这是一个平静而高贵的人物雕像，可称作镇静版的《摩西》。关于这个母题没有什么特别引人注目之处，然而它是对以下这个 15 世纪不可能解决的难题做出的准确陈述：如果我们回想一下 15 世纪佛罗伦萨主教堂的那些坐像，就会发现那些较早的大师中甚至没有一个人曾想过，为了使两腿有所区别而把一只脚抬高到另一只脚之上，更不用说躯干前倾了。此外，在这里头部产生了一种新的轴向，而尽管双臂的姿势具有平静而谦恭的特性，在构图中仍形成了非常有力的对比。

图185 蒙托尔索利,《圣科斯马斯》,佛罗伦萨圣洛伦佐教堂

图186 雅各布·圣索维诺,《施洗者约翰》,威尼斯弗拉里广场上的圣马利亚教堂

坐像具有如下优越性:形体变得更为紧凑,如一个团块,于是各轴向的对比就更强烈。坐像比立像更容易获得造型的多样性,因此在16世纪坐像更常见就不足为怪了:坐像类型的年轻圣约翰几乎完全取代了立像,在绘画和雕塑中都这样,后来(1556年)由雅各布·圣索维诺在威尼斯弗拉里广场上的圣马利亚教堂(S. Maria dei Frari)做的雕像(图186)更能说明问题,它是那么夸张,表现出了必须显得有趣而耗费的一片苦心。

斜躺着的人物为集中式的多样性和复杂性提供了最多的机会,只要提一下美第奇礼拜堂中的《一天的时光》（图 137—140）就足够了。甚至提香也抵挡不了它们的影响，他去过佛罗伦萨之后便感到，从乔尔乔涅（Giorgione）以来威尼斯人所画的漂亮裸女的修长形象过于简单了。因此他在四肢的安排上寻求更强烈的方向对比，将《达那厄》（Danae）画成身体半坐起的姿势，而当她把黄金雨收集到大腿之间时，一个膝盖是抬起来的。特别值得注意的是，这一画题在提香的画室中被重复了三次。[1] 每一次重画，这个姿势就更加蜷缩，无论主要人物还是次要人物，对比都变得越来越强烈。

到目前为止，我们选择的例子是雕塑而不是绘画，这不是由于绘画发展的进程不同——两者的发展是绝对平行的——而是由于在绘画中立即出现了透视问题，因为同一个动态，根据艺术家的不同视点，会产生或丰富或微弱的效果。到目前为止，我们只论述了现实的、客观的动态的增加。一旦我们联系若干人物来考察这种客观的动态，就不可能再将绘画置于次要地位了：雕塑的确能够表现成群的人物，但在这方面它很快就达到其自然的极限，这个领域只好让给了画家。米开朗琪罗在乌菲齐布道坛的圆形绘画《圣母》中画的纠缠在一起的动作，即便在他的雕塑作品中也找不到类似的表现；而一件安德烈亚·圣索维诺的《圣母子与圣安娜》（1512，罗马圣阿戈斯蒂诺教堂）与莱奥纳尔多的变体画相比，也显得非常贫乏。

有一个惊人的事实是，虽然 15 世纪具有活泼性，但甚至当时最易激动的画家——我想起菲利皮诺——所画的人群也从未呈现出非常复杂的面貌：在局部中虽然存在骚动不安，但在整体上却几乎没有运动，因为在那些主要的方向之间缺少变化。菲利皮诺可以把五个头像并排画在一起，实际上每个脑袋都以同样的方式倾斜着。这并不是一幅表现列队行进的图画，而是一群妇女，她们正目睹死去的德鲁夏娜（Drusiana）奇迹般复活（佛罗伦萨新圣马利亚教堂）。只举一例，在拉斐尔的《驱逐赫利奥多罗斯》（图 65）中，那群妇女的轴向对比是多么丰富啊！

当安德烈亚·德尔·萨尔托将两位漂亮的佛罗伦萨女士引入她们所访问的产妇房间里时（图 106，圣母领报教堂），他让她们呈现出两种轴向完全相反的姿势，

---

[1] 我们可以准确地确定这些图画的顺序。众所周知，第一幅是在那不勒斯的那幅（1545），其次——有相当多的变体——是藏于马德里和爱尔米塔什博物馆的那些图画，这个画题最后的和最完整的变体是藏于维也纳的《达那厄》。

图 187　波蒂切利,《圣母子与施洗者圣约翰以及福音书作者圣约翰》,柏林

结果他仅以两个人物就创造了比吉兰达约一大群人丰富得多的印象。就是这个安德烈亚,能将若干平静站立着的圣徒组合在一幅还愿图中,而且能使简单站立着的人物(《阿尔皮耶的圣母》)拥有比波蒂切利这样的画家的笔下人物更丰富多样的效果,即使后者加上使主角坐着这一变体,也依然如此,如藏于柏林的《圣母子与施洗者圣约翰以及福音书作者圣约翰》(Madonna and Child with St. John Hu Baptist and St. John the Evangelist,比较图 125、187)。在这里,这一区别的决定性因素并不是个别人物或大或小的动态:安德烈亚的优势在于,全正面的中央主要人物和两个呈

明确正侧面姿势的陪伴人物之间具有强烈的对比。[1] 只有当站着、跪着和坐着的人物同时出现时，增加前后视面以及上下部分的区别，才能看出一幅画中的动态大大增强了，如安德烈亚作于 1524 年的《圣母》(皮蒂宫）或藏于柏林的 1528 年的《圣母子与八圣徒》(*Madonna and Eight Saints*)，这些画可以在波蒂切利的《圣母子与诸天使以及六圣徒》(*Madonna and Child with Angels and A Six Saints*)[2] 的巨幅作品中找到 15 世纪类似的表现，在那幅画中，六个直立的人物并排站着，在安排上几乎完全平均用力，他们没有什么区别（比较图 128、188、189）。

最后，如果我们想起签字厅中那些复调式作品，在这种对位式艺术面前，15 世纪就立即没有了可比性。我们相信人的眼睛已发展出新的知觉潜势与能力，在一幅画实际可被欣赏之前，这些潜势与能力就已形成了必要的，甚至更为复杂的视觉模式。

（2）

如果说 16 世纪带来了轴向上新的丰富性，那么这是在全面开放的空间背景下展开的。15 世纪仍然被平面的魔咒所束缚，人物形象被并排安置，横贯整个画面并分层次构成：在吉兰达约的《施洗者圣约翰的诞生》(图 164) 中，主要人物都是沿着一个面展开的——抱着孩子的妇女，来访者和拿着水果的侍女排成一行，与画面相平行。安德烈亚·德尔·萨尔托的作品（图 106）则完全不同，因为纯粹的曲线、向内向外的运动给人以空间充满活力的印象。尽管如此，对于诸如"平面构图"和"空间构图"之类的对立说法一定要有所保留，因为 15 世纪的意大利艺术家本身也想获得深度感，有一些《三王来拜》的作品采用了他们所知的一切手段将人物推入中景或背景，从而远离前景。但观者通常失去了本应被引导着进入纵深空间的线索。换句话说，这幅画被分成毫无联系的不同层次。西尼奥雷利在奥尔维耶托作的湿壁画最好地说明了拉斐尔小厅组画中巨大空间构图的真正意义，旅游者来

---

[1] 这里可以引用莱奥纳尔多的话（《论绘画》，意-德版，No. 187）："我再说一遍，直接的对比应安排得相互靠近并混合在一起，因为这些对比相得益彰，它们越是相互靠近就越能相互增辉。

[2] [从前藏于美术学院，现在藏于乌菲齐。——英译注] 这里给出的插图显示了这幅著名图画上面的五分之一已被裁去，因为这部分显然是后来加上去的。只有这样这些人物才恢复了原先的效果，因为其高而且空旷的上部，与 15 世纪对均匀填塞空间的要求来说是完全不相容的。

图 188　安德烈亚·德尔·萨尔托，《圣母子与八圣徒》，柏林

图 189　波蒂切利，《圣母子与诸天使以及六圣徒》，乌菲齐美术馆

到罗马之前便通常看过这些湿壁画。我认为，西尼奥雷利和拉斐尔之间的差别充分体现了这两个时代之间的对比。西尼奥雷利的众多人物似乎立刻像一堵墙一样挡在我们面前，以至可以说他只能展示巨大空间的前景；而拉斐尔则从一开始就毫不费力地创造了从图画深处朝我们涌来的丰富形体。

我们可以进一步说，15世纪拥有的整个形式观念是二维性的。不仅是分层而构图，就连个体人物形象都被看成剪影，虽不是就这个词的字面意义而言，但在早期和盛期文艺复兴制图术之间所存在的这种差别，几乎不可能用任何别的方式来表述。我再次引用吉兰达约的《施洗者圣约翰的诞生》，特别是坐着的妇女们的形象（图164）来说明。我们难道不应承认这位画家是在将人物扁平地投影在画面上吗？相比之下，在安德烈亚画的分娩场景中，婢女们组成了弧形，主要目的是寻求各部分凸起和凹入的效果——也是说，这种画法追求的是形体的透视短缩视面，而不是二维视面。波蒂切利作的藏于柏林的《圣母子与施洗者圣约翰以及福音书作者圣约翰》以及安德烈亚·德尔·萨尔托作的《阿尔皮耶的圣母》（图187、125）提供了又一实例。为什么安德烈亚的福音书作者圣约翰在效果上更为丰富多样呢？的确在动态方面他占有优势，但不仅如此，他所表现的动态使观者立即产生各种塑形观念，并在想象中体验形体的凸出和凹入。除了光影之外，还存在一种不同的空间效果，因为垂直面被打破了，可触知的三维图像取代了平展的二维图像。在这三维图像中，纵深方向的轴线——确切地说是透视短缩视面得到了最自由的发挥。在此之前透视短缩法就已得到了运用，从15世纪初我们就能注意到艺术家们在尽力解决这个问题，但现在这个问题似乎已被彻底地、明确地解决了，如此彻底，以至可以谈及关于透视短缩问题的一个全新观念。在已提到的波蒂切利的《圣母子与施洗者圣约翰以及福音书作者圣约翰》中，圣约翰伸出手指，以施洗者特有的手势指点着，而手臂在画面上的位置与观者相平行，这个形象在整个15世纪都可以找到，而且与这里布道的圣约翰的形式完全相同，他用手指着小基督。在普遍试图摆脱这种二维风格之前，15世纪还没有结束，在本书有限的插图之中，最好的证据可见于吉兰达约和安德烈亚各自画的《施洗者圣约翰在布道》（图109、110）之间的比较。

在16世纪，透视短缩法被看作素描技术的顶点，所有图画都据此做出判断。阿尔贝蒂内利最终对无休止谈论"外观"（*scorzi*）感到如此厌烦，以至将他的画架换成了客栈的吧台，而像卢多维科·多尔切（Ludovico Dolce）这样的威尼斯艺术业余爱好者也会赞同他的看法："透视短缩法实际上只是行家的事情，何必为此自找麻烦呢？"[1]这很可能是威尼斯人的普遍看法。应当承认威尼斯人的绘画已具备愉悦眼睛的足够手段，所以他们可能感到没有必要去探听托斯卡纳大师这种富于吸引力的方法。然而在佛罗伦萨和罗马的绘画中，所有大师都在研究第三维空间的问题。

某些母题，例如指向画外的手臂，或正面低垂呈透视短缩效果的头部，几乎在各地同时出现，研究一下这些例子的统计资料是有趣的。然而这并不是单件作品的精湛技巧和令人惊讶的"外表"问题：真正重要的是物体在平面上的投影的普遍变化，是眼睛已习惯了三维图像。[2]

(3)

显然，在这种新艺术中，光影也会发挥一种新的作用，人们完全可以相信，通过造型方法要比通过透视短缩法，能更直接得多地获得可触固体性和周围空间的效果。事实上，在理论和实践方面，莱奥纳尔多同时向两个目标努力。按瓦萨里所说，在莱奥纳尔多还是一个年轻艺术家时，他的理想就是"赋予形象以最大限度的浮雕感"（*dar sommo relieve alle figure*），这一直是他毕生的理想。为实现这一理想，他开始时使用更深的背景，使人物形象从中浮现出来，但这与早期使用纯黑色来衬托人物的做法完全是两回事。他使阴影的色调变得更深，明确坚持一幅画中最强烈的阴影应当出现在高光旁边。[3]米开朗琪罗堪称一位最严格意义上的素描画家，甚至他也经历了同样的发展阶段。创作西斯廷天顶画的过程演示了阴影在不断加深；而那些作为纯画家的艺术家们，则一个接着一个地依赖于深色背景和强烈的高光。拉斐尔的《驱逐赫利奥多罗斯》（图65）提供了一个实例，与这幅画相比，不仅他自己画的《辩论》，而且早期佛罗伦萨人画的所有湿壁画，都一定显得是平面的。有哪一幅15世纪的祭坛画能够与巴尔托洛梅奥修士画的具有强烈造型生命的作品

---

[1] 卢多维科·多尔切,《阿雷蒂诺》（*L'Aretino*，维也纳的《原始文献》[Quellenschriften]版，第62页 [威尼斯第一版，1550年]）。
[2] 因为这个原因，在这里无需提及乌切洛（Uccello）以及其他人的实验。意大利风景画明显未受透视问题的影响，科雷焦的艺术出现于意大利北部并不是偶然的。
[3]《论绘画》，意-德版，No. 61。

相提并论呢？他画的人物具有强烈的肉体触觉力量，他画的巨大壁龛结实厚重，其半圆顶带有浓重的阴影，这些在当时一定产生了一种我们今天只能自己吃力重构的效果。

普遍增强的浮雕感，自然牵涉绘画边框形式的变化。15 世纪那种带有轻盈的柱上楣的扁平式壁柱边框被废弃了，艺术家转而喜爱一种饰有半圆柱或四分之三圆柱以及厚重山花的神龛式边框。这类边框的戏谑式装饰处理也被放弃了，转而喜欢严肃而高贵的建筑形式，这一内容可以作为另一章的撰写材料。[1]

现在运用光影不仅是为造型服务，而且人们很快便普遍认识到，光影对丰富整幅图画所描绘的视觉图像提供了极其宝贵的帮助。当莱奥纳尔多主张身体明亮的一侧应当以深色来衬托且反之亦然时，他可能还是从浮雕效果的角度想问题，但光影很快便在一种类似于造型中的"对应姿态"（plastic contrapposto）的意义上得到了普遍运用。甚至米开朗琪罗也在探索半阴影（partial shadow）的魅力，后来天顶画上的奴隶形象可以证实这一点。一些作品中人体的整个一半完全消失在阴影之中，这个母题几乎可以运用于身体各部分间的造型划分之处，弗兰恰比焦的《维纳斯》（图 170）或安德烈亚·德尔·萨尔托的《施洗者圣约翰》（图 130）都属于这一类型。如果我们观看构图而不是单个人物形象，就可以更清楚地看到这些要素对这种复杂艺术是必不可少的。安德烈亚·德尔·萨尔托画中如果没有那些使整幅构图显得在振动的色斑阴影，他会不知所措；而拥有构筑性观念的巴尔托洛梅奥修士在很大程度上依赖于由明暗团块的涂绘处理方法所产生的效果。在缺少这种明暗团块的地方，如在还只是一幅画之草图的《圣母子与圣安娜》中，图面似乎就在等待着生命气息的注入。

我将以摘自莱奥纳尔多《论绘画》[2]中的一段话来结束这一部分，他说，只为无鉴别力的老百姓作画的艺术家在他的作品中表现不出什么动态、浮雕感和透视短缩。换句话说，在他看来一幅图画的艺术品质取决于它的作者钻研特定问题的深度。运动、透视短缩、明显的实体性——这些是我们试图阐明其对新风格之重要性

---

[1] 我不知道前几年为藏于慕尼黑美术馆的两幅著名的 15 世纪图画（佩鲁吉诺和菲利皮诺所作）的带山花的边框所依据的原型是什么，我觉得它们似乎有点太沉重而且太具构筑性了。

[2]《论绘画》，意-德版，No. 59。

的一些观念，如果这一分析没有深入下去，责任可以推到莱奥纳尔多头上。

4. 统一性与必然性

构图作为一种观念是长期存在的，甚至在 15 世纪就是人们讨论的一个话题。然而就该词的严格意义而言——将各个部分安排得使它们必须被同时看到并相互联系着——实际上它最早出现于 16 世纪，先前所谓的构图，现在看来只是没有任何特殊形式的聚合。16 世纪通过对整体框架内局部功能的理解，不但把握住了一种更重要的协调关系，取代了较早的特写式逐个处理细节的方法，而且它还涉及各部分的联系，一种必然如此的布局，事实上这种布局使所有 15 世纪的创作显得不协调而且任意。

这一点的意义仅从一个例子就可看得很清楚，我们可将莱奥纳尔多的《最后的晚餐》与吉兰达约的同名作品（图 12、13）做一比较。在前一幅画中，有一个处于支配与协调地位的中心人物，以及一群人，他们每个人在整体行动中都扮演着分配给自己的角色。这是一座抽去一块石头便会破坏整体平衡的建筑物。在后一幅画中，有几个并排的人物，没有任何法则支配着排列顺序，画多少实际人数也不是一定的——可以多些也可以少些，每个人都可以摆出不同的姿势，整个外观也不会有任何实质性的变化。而还愿图总是要遵循对称布局的原则，也有些世俗题材的作品，如波蒂切利的《春》就坚持着这样的原则：中央应有一个人物，两侧的各部分保持着平衡。然而 16 世纪无论如何也不可能满足于此：中央人物对 15 世纪来说还只是其他人物中的一员，整体是大致同等重要的各部分的集合。不再是要建立起一系列的相似环节，人们的新愿望是要建立起以明确的主导性或主从关系为基础的结构，主从关系取代了较早的同等关系。为了证明这点，我可以举一个最简单的例子，即有三个人物出现的还愿图。在波蒂切利的《圣母子与施洗者圣约翰以及福音书作者圣约翰》（图 187）中，三个人物是并排布置的，每个人在构图中都是独立的组成部分，在他们后面的三个相同的壁龛特别强调了这幅画可以被分成三个部分的观念。当我们面对这个画题的古典变体时，这便成了一个完全不可思议的观念，如我们在安德烈亚·德尔·萨尔托作于 1517 年的《阿尔皮耶的圣母》（图 125）中所见的。在这幅画中，两侧的人物仍是组成要素，他们在构图之中，以及他们本身的确都是非常重要的，不过中央人物的支配地位仍是明显的，将他们与中央人物联系在一起的纽带是牢不可破的。

历史画向新风格的转变比这类还愿图更为困难，因为在这个领域中首先必须做的是建立集中式的构图模式。不过在15世纪后期不乏各种尝试，吉兰达约在他画的新圣马利亚教堂的湿壁画中就表明了他是最坚持不懈的实验者之一。在那幅画中可以很清楚地看到，他不再完全满足于人物肩并肩的那种只是出于偶然的布局。总之，他严肃认真地致力于解决构筑性构图的难题。不过，安德烈亚·德尔·萨尔托在赤足修士修道院作的《圣约翰生平的若干场景》（*Scenes from the Life of St. John*，图108—109、111—118）还是令观者感到非常惊奇，因为他甚至用集中式方案来表现这种最没把握和最棘手的题材。他渴望获得必然性的效果，所关心的是不惜一切代价回避偶然性。没有人甘于落后：秩序和规则甚至被强加到一幅拥挤混乱的画中，即《屠杀婴儿》（*Massacre of the Innocents*，达尼埃莱·达·沃尔泰拉［Daniele da Volterra］作，藏于乌菲齐美术馆），甚至像"阿佩莱斯的诽谤"这样的题材，显然需要在整个画面上连续地讲故事，也牺牲了明晰性而变换为集中式方案——如弗兰恰比焦的小幅变体画（皮蒂宫）或吉罗拉莫·真加（Girolamo Genga）的大幅变体画（佩萨罗帝国别墅）。[1]

这里无法详细描述这个法则是如何再度松弛下来的，如何为了取得更鲜明的印象而在一定程度上而取消了支配着图像表现的诸规则。梵蒂冈的湿壁画包含了在纯构筑性风格框架中抛弃对称的著名实例，然而必然强调的是，没有人能恰当地使用这种自由，除非他经过严谨有序的构图训练。正是在牢固把握形式概念的基础之上，方法步骤的局部松弛才可能有成效。

单组人物的构图情况也是如此，类似的对构造性布局的努力探索可以追溯到莱奥纳尔多。《岩间圣母》（图8）可以内接一个等边三角形，而观者直接意识到的这种几何比例，使这件作品鲜明地区别于所有同时代的作品。人们感受到了封闭式构

---

[1] 这是提及一种透视母题的最恰当之处。15世纪有时任意将灭点安排到一侧，即实际上不是在画框之外，而是接近于画面边缘，以寻求一种有吸引力的效果，如藏于科尔西尼美术馆中菲利皮诺作的《圣母》（图162），或吉兰达约的《圣母往见》。这种不安定的成分在本质上是与古典理想和情感不相容的。

图的优点，在这种构图中，一组人物作为一个整体具有必然性的外观，而单个人物的行动自由依然没受到限制。佩鲁吉诺在作于1495年的《圣母怜子》中遵循了同样的路线，而无论在菲利皮诺还是吉兰达约的作品中都找不到类似的画法。最后，拉斐尔在其佛罗伦萨的诸圣母图中使自己成为最敏锐的构筑大师。于是即便在这里，从规则到明显不规则的变化也不可抗拒地发生了：等边三角形变成了不等边三角形，在对称的轴向体系中出现了偏移，但核心效果保持不变，必然性的印象甚至在完全非构造性的群像中也被保持下来。这样，我们就被带到了有着"自由"风格的巨幅构图面前。在拉斐尔的画中，如安德烈亚·德尔·萨尔托的画一样，我们发现了一种与构造性模式相并列的具有自由节奏的构图类型：在圣母领报教堂的庭院中，《圣母降生》（图106）被置于严肃的神迹场景旁边，而在那些挂毯中我们发现一幅《亚拿尼亚》就位于《捕鱼神迹》或《嘱咐彼得》一旁。这不单单是对旧式观念的继续容忍，因为这种自由风格完全不同于之前缺少规则的风格，在之前的风格中，一切东西都可以完全同等地被赋予一种不同的形式。为了强调对比，这样一种措辞强硬的表达是可以允许的，因为事实上15世纪不可能展现出任何哪怕近似于拉斐尔《捕鱼神迹》（图69）中的那种"不可更改的"人物组合特征。不存在将人物绑在一起的构筑性结构，不过他们依然形成了一个绝对封闭的群组。同样，尽管程度不那么高，在安德烈亚《圣母降生》（图106）中，所有人物都从属于一道横贯画面的主线，这条线在节奏上拥有一种令人信服的必然性。

为了完全弄清这种关系，可以引用一个威尼斯的画例，它恰好为观察所讨论问题的诸要点提供了非常有利的条件。我指的是谋杀殉道者圣彼得的故事，有两幅同一题材的作品，一幅是一位15世纪画家画的，藏于伦敦国立美术馆[1]，另一幅是提香为圣约翰与圣保罗教堂（SS. Giovanni e Paolo）所作的，现已毁坏，画中展示了古典形式（图190—191）。这位15世纪画家逐字逐句地讲述了这个故事——一片树林里有人受到了攻击，即这位圣徒和他的一个伙伴，他们一个往这

---

[1] 今天似乎已普遍放弃了将这幅画归为乔瓦尼·贝利尼的看法。最近雅各布森（Jacobsen）提出作者应是巴萨依蒂（Basaiti，《艺术科学文库》，XXIV，第341页）。[国立美术馆目录，1951年，称此画"被归为乔瓦尼·贝利尼所作"，但这个归属为贝伦森所接受，《文艺复兴意大利绘画》，1932年；亨迪（Hendy），《贝利尼》，1945年，以及其他著作。——英译注］

图190　贝利尼（？），《谋害殉道者圣彼得》，伦敦国立美术馆

边逃跑，另一个往那边逃跑；一个被刺倒在画面左边，另一个被刺倒在右边。提香则从这个假设，即不能并排地再现两个相似情节出发，对圣彼得的袭击必须作为主要母题，没有什么东西可以与之竞争，因此画家略去了次要的谋杀，只是将圣徒的同伴处理为一个逃跑的人物，同时将他画在同一个运动环境中，使之从属于主要的母题，这样他便延续了运动方向，强化了袭击的冲击力。这个逃跑的人物像是从主体中被甩出来的一块碎片，顺着这位圣徒倒下的同一方向被猛地抛开，于是，一个原先不安定的和分散注意力的要素，变成了整体效果中一个必不可少的因素。

如果用哲学术语表达这一进步，便可以说发展在这里也意味着综合与分化：每一个母题只应出现一次，那种旧式的各部分之间的均等关系应当为绝对的区别所取代，同时各个不同部分应当融为一个整体，缺少了其中任何一部分便会引起整体的崩溃。莱昂·巴蒂斯塔·阿尔贝蒂曾将完善的美定义为一种状态，在这种状态中，任何最微小的改变都将减损整体美。此话多被引用，已预示了古典艺术的基本特性。他用文字定义了什么是完善的美，而在这里我们要使这种观念明朗化。

在此种类型的构图中，对树木的利用表明了提香是如何采用一切附属成分来加

图 191　提香，《谋害殉道者圣彼得》，雕版画

强主要效果的，因为较早的那幅画展现了本身作为一个客体而存在的森林，而提香在画中使树木参与运动，陪伴着人物的行动，因此赋予了这一事件非同寻常的气氛与活力。当多梅尼基诺在 17 世纪重新描绘这个故事时，他在藏于博洛尼亚绘画馆的那幅著名绘画中，完全汲取了提香的启示，不过他对这种艺术智慧的感觉已经变得迟钝了。

不用说，在 16 世纪的罗马图画中，风景背景是与人物形象的效果结合在一起的，正如在威尼斯的情形。我们已经谈到过，拉斐尔的《捕鱼神迹》中的风景具

图 192　巴萨依蒂,《圣哲罗姆》,伦敦国立美术馆

有这种意义,我们在下一个挂毯《嘱咐彼得》中,恰好发现了同样的情况。山丘缓坡线条的最高点恰恰同人群中的中间空当相一致,所以也就和缓而有力地将使徒们呈现为一组非常清晰的人物,与基督的单个形象形成了对比(参见图 70)。然而,如果允许我举另一个威尼斯的例子,即巴萨依蒂(Basaiti)作的《圣哲罗姆》(图 192,藏于伦敦国立美术馆),当我们将它与提香描绘同一个圣徒的图画(图 193,藏于布雷拉美术馆)相比较时,它便像人们能期望的那样,清楚地显示出两个时代之间的观念差别。在前一幅画中,风景旨在拥有属于自己的意义,圣徒是在没有任何本质联系的情况下被嵌入风景中的;而在提香的画中,人物和山丘的轮廓从

图193　提香,《圣哲罗姆》,布雷拉美术馆

一开始就是一起被构思的,陡峭的、有树林的斜坡明显强调了忏悔者向上的运动,仿佛是把他往上拖。这作为背景的风景适合于这一特定人物,而人物同样也适合于这一风景。

　　同样,艺术家不再将建筑背景视为按多多益善原则任意添加的装饰物,而是开始在人物和建筑之间的关系上寻找必然性。总是有这样一种感觉,即人的尊严可以通过相伴的建筑来提高,但往往建筑物失去控制并压倒了人物:吉兰达约的建筑环境过于富丽,不能为他的人物提供合适的衬托。就一个壁龛中放置一个人物这种简单例子而言,令人惊讶的是,15世纪很少能有效地将两者结合起来。菲利波·利

图194　菲利波·利皮,《圣母与圣科斯马斯、圣达米安以及其他圣徒》,乌菲齐美术馆

皮将局部的人物当作单独的实体画得太远,以至他的众圣徒坐像(图194,藏于佛罗伦萨美术学院)[1]没有一个与他们背后墙上的壁龛相对应。这就展现了一种偶然且意外的处理方法,这是16世纪绝对不能容忍的。显而易见的是,他更感兴趣的是任性与激动的魅力而不是尊严。巴尔托洛梅奥修士能够通过使主要人物遮蔽壁龛

---

[1][现在(1950年),佛罗伦萨美术学院已没有归于菲利波·利皮所作的众圣徒坐像了,看来此处沃尔夫林所指的作品极有可能是乌菲齐美术馆的《宝座上的圣母以及圣徒达米安、方济各、科斯马斯和帕多瓦的安东尼》(*The Virgin Enthroned, with Sts. Damian, Francis, Cosmas and Anthony of Padua*,Uffizi 8354,图194),这件作品是在1919年从美术学院转移到乌菲齐美术馆的。——英译注]

顶部这种非同寻常的方法赋予他们尊严，如他那幅藏于皮蒂宫的《复活的基督与四福音书作者》（图98）所显示的那样。提及16世纪所有其他令人印象深刻的建筑实例将是多余的，在这些例子中，建筑好像是人本身的一个强有力的声明。然而当我们在讨论这种要将整个构图的各个部分相互联系起来的欲望时，意外地发现了古典趣味的一个特征，它超越了绘画本身，招致对整个早期艺术的批评。瓦萨里谈到一个非常典型的事情，他说那位建造佛罗伦萨圣灵教堂（Santo Spirito）圣器室门厅的建筑师曾受到猛烈批评，因为划分筒形拱顶开间的线条与圆柱的轴向不一致[1]——这个批评可以适用于其他上百个例子。

缺少贯穿整个构图的主线，对各部分做单独处理而不参照统一的整体效果，这些都属于15世纪艺术最突出的特点。

建筑从摆脱幼稚好玩的灵活性而变得成熟、讲究尺度和严谨的那一刻起，便主宰了所有的艺术。16世纪按建筑的面貌（*sub specie Architecturae*）构想一切。陵墓上的人物雕像被安排在固定的位置上，它们是封闭的，被框子框住并被嵌进去；没有什么东西可以移动或改变，甚至在想象中也不行，而且我们知道为什么各个部分不高不低恰好在它应在的地方。我们可以回顾一下第87页及其余处关于罗塞利诺和圣索维诺的讨论。绘画的情况也是如此，如墙壁装饰一样与建筑相关，而建筑总是拥有最后决定权。菲利皮诺在新圣马利亚教堂的湿壁画中获得了多么非凡的自由啊！他把舞台地面延伸到画面之外，使得部分人物站在靠我们这边的墙面前，从而使他们与建筑框架的实际要素间建立起了最显著的关系。西尼奥雷利在奥尔维耶托的做法也相同；韦罗基奥的《基督和圣多玛》群像提供了一件雕刻方面的类比作品，因为这一情节部分发生在壁龛之外。没有一个16世纪的艺术家会这么做，而绘画必须在墙壁深处寻找其空间，框子必须使舞台入口清晰，这一点成了一个明确的假设，一个理所当然的前提。[2]

建筑在风格上已变得统一了，作为必然的结果，它也要求壁画统一，而莱奥纳

---

[1] 瓦萨里，米拉内西版，IV，第513页，《安德烈亚·孔图奇（圣索维诺）传》（*Vita di Andrea Contucci*［Sansovino］），在传记中我们也可以饶有兴致地读到这位建筑师是如何为自己辩护的。

[2] 在此方面，虽然马萨乔已引入了完全明晰的观念，但在这个世纪它再度变得很模糊，以至有可能使两幅湿壁画在一个角落上连接起来而无需任何边框。以一种系统方式追溯壁画的构筑性处理将是饶有趣味的。

尔多已持有这样的看法,即图画不应该像吉兰达约的唱诗堂装饰画那样,在墙上一幅位于另一幅之上。在那些唱诗堂装饰画中,我们似乎看到一幢房子内部的不同楼层,一层摞在另一层之上,可以同时看到一切。[1] 他不赞同将两幅画并排画在唱诗堂或礼拜堂的同一墙面上。吉兰达约将两幅湿壁画——《圣母往见》和《拒绝约阿基姆的献祭》(Rejection of Uoachim's Sacrifice)突兀地并列在一起,共有一个数根壁柱连续分割、穿过的布景,而每幅画仍有着各自单独的透视图式,甚至与其相邻的画也不一致。他的这种方法当然是站不住脚的。

用一种统一风格在以建筑方式统一起来的表面上作画,这种倾向从16世纪起变得很普遍,但是图画装饰如何与其周围环境相协调的大难题现在也得到了解决,所以图画的空间构成看上去正是为其所处的房间或教堂创造的,各要素间相互参照以说明自身,别无他法。当这个目标达到时,就产生了一种空间音乐效果,一种和谐的印象,这是视觉艺术所取得的最有力的效果之一。

我们已经谈到,15世纪很少注意到对一间房间做统一处理,而只关心一个个细节,不过这种看法也可以扩展到更广阔的空间,如公共广场。例如我们可以问,伟大的《科莱奥尼》和《加塔梅拉塔》骑马像当初是如何放置在现在这个位置上的,今天人们是否会有勇气在完全不考虑广场或教堂主轴线的情况下确定它们的位置。乔瓦尼·达·博洛尼亚(Giovanni da Bologna)做的位于佛罗伦萨的两位亲王的骑马雕像体现了现代的看法,但即便如此,仍有很多东西有待我们去了解。最后,当建筑和风景被设计为从一个视点观看的效果时,统一的空间观念便获得了最大规模的伸张:我们会想起一些例子以说明这一点,如别墅与花园的布局、封闭的全景景观以及类似的图式。巴洛克时期以更大的规模采纳了这些经过规划的效果。不过,曾经站在坐落于佩萨罗(Pesaro)附近无比壮观的帝国别墅的高高露台上,眺望过以城堡为中心的乌尔比诺附近乡村山地的人,还是会感受到盛期文艺复兴的高贵眼力,甚至后来最庞大的园林布局也难以超越。

有一种美术史的观念认为,在艺术中所见到的无非是"将生活翻译"成图画(丹

---

[1]《论绘画》,意-德版,No. 119。[这段话是在麦克迪版中被翻译过来的,《莱奥纳尔多笔记》(Notebooks of Leonardo),Vol. II,第239—240页。——英译注]

纳［Taine］），而且试图将每一种风格解释为时代主导情绪的表现。谁能否认这是看待这个问题的有效方式呢？然而可以这么说，这种观念迄今至多把我们带到艺术的起点。只关心艺术作品题材的人会完全满足于这种观念，然而当我们想在艺术作品的批评中应用艺术评价标准时，就不得不尽力去理解各种形式要素，它们本身没有含义，难以形容，是一种纯视觉的发展。

因此，关于题材的描述性分析并没有对作为风格概念的"15世纪"和"16世纪"做出适当解释。"15世纪"和"16世纪"的风格现象有着双重根源，显示出一种本质上独立于任何特殊情感或任何特殊理想美的艺术视野的发展。16世纪高贵的姿态、有节制的举止，以及开阔而有力的美，是那一代人的情感特征。但所有迄今为止我们已分析过的东西——明晰的再现，渴望获得洞察更丰富更有意味之图像的有教养的眼光，直至达到能将多样性视为一个连贯统一体，并能将各部分融合为一个具有必然性的整体（统一性）的境界，便是不可能从时代精神推导出来的全部形式要素。

16世纪艺术的古典特征建立在这些形式要素的基础上。我们在这里论述各地反复出现的各种发展，讨论永久的和带普遍性的艺术形式，而使拉斐尔有别于较早一代艺术家的东西，也正是在完全不同的环境下促使鲁伊斯达尔（Ruysdal）成为荷兰风景经典画家的东西。

我们这么说并不想提倡形式主义的艺术批评：的确，正是光的作用使钻石闪闪发光。